Intercultural Literacy Brought by Citizens
who Have Originated in Foreign Countries

外国人市民がもたらす異文化間リテラシー

NPOと学校、子どもたちの育ちゆく現場から

Ochiai Tomoko
落合知子

現代人文社

外国人市民がもたらす異文化間リテラシー◉目次

序章　**外国にルーツをもつ子どもたちと教室**

第1章　異なりから生じる豊かさについて

1　私がこの本で明らかにすること ………………………………………………… 8
2　異なりから生じる豊かさに関する議論 ………………………………………… 10
　(1)　多様な人々が共に暮らすことの利点とは何か ……………………………… 10
　(2)　多文化共生という言葉の歴史と展開 ………………………………………… 12
　(3)　「異文化間リテラシー」とは何か ……………………………………………… 15
　(4)　本書における異文化間リテラシー …………………………………………… 19
3　どこから見ていくか，そして本書の構成 ……………………………………… 22
　(1)　どこから見ていくか …………………………………………………………… 22
　(2)　本書の構成 ……………………………………………………………………… 24
　(3)　調査の方法 ……………………………………………………………………… 25
4　フィールド概観 …………………………………………………………………… 27
　(1)　靴の町，兵庫県神戸市長田区 ………………………………………………… 27
　(2)　多文化なまちづくりNPO，TCC ……………………………………………… 29
　(3)　TCCにおける外国人青少年の表現活動の系譜 ……………………………… 32

第2章　私を語る
外国にルーツをもつ子どもたちの異文化間リテラシー

1　ここで語ること …………………………………………………………………… 36
　(1)　外国にルーツをもつ子どもたちの表現——自己表出の抑制を超えて …… 36
　(2)　Re:Cプログラムについて ……………………………………………………… 41
　(3)　調査の方法 ……………………………………………………………………… 45
2　Re:Cプログラムへの参加と学び ………………………………………………… 45
　(1)　会話から見る子どもたちの学び——KJ法による分析 ……………………… 45
　(2)　学びを得ている子どもたちの特徴 …………………………………………… 50
　(3)　居場所を得た子どもたちの学び——共感と対話に導かれて ……………… 51
　(4)　居場所から表現活動へ ………………………………………………………… 55
3　語り始める子どもたち …………………………………………………………… 57
　(1)　ベトナム人少女ユンの場合 …………………………………………………… 58

(2) 日系ブラジル人少女エリアネの場合⋯⋯⋯⋯⋯⋯⋯⋯⋯⋯⋯⋯⋯⋯⋯⋯　65
　　(3) 語るまでの準備⋯⋯⋯⋯⋯⋯⋯⋯⋯⋯⋯⋯⋯⋯⋯⋯⋯⋯⋯⋯⋯⋯⋯⋯　71
　　(4) 外国人として語ること──NPOの教育力⋯⋯⋯⋯⋯⋯⋯⋯⋯⋯⋯⋯　73
　4　外国にルーツをもつ子どもたちの異文化間リテラシーの形成
　　　──社会的学習理論からの分析⋯⋯⋯⋯⋯⋯⋯⋯⋯⋯⋯⋯⋯⋯⋯⋯⋯　74

第3章　あなたの声を聞く
学生ボランティアの異文化間リテラシー

　1　ここで語ること⋯⋯⋯⋯⋯⋯⋯⋯⋯⋯⋯⋯⋯⋯⋯⋯⋯⋯⋯⋯⋯⋯⋯⋯⋯　79
　　(1) 学生ボランティア──外国にルーツをもつ子どもたちとホスト社会をつなぐ人々　⋯⋯　79
　　(2) 調査の方法⋯⋯⋯⋯⋯⋯⋯⋯⋯⋯⋯⋯⋯⋯⋯⋯⋯⋯⋯⋯⋯⋯⋯⋯⋯　81
　2　ボランティアの異文化間リテラシーの形成(1)──子どもたちとの間で⋯⋯⋯　82
　　(1) 共感⋯⋯⋯⋯⋯⋯⋯⋯⋯⋯⋯⋯⋯⋯⋯⋯⋯⋯⋯⋯⋯⋯⋯⋯⋯⋯⋯　83
　　(2) 対話⋯⋯⋯⋯⋯⋯⋯⋯⋯⋯⋯⋯⋯⋯⋯⋯⋯⋯⋯⋯⋯⋯⋯⋯⋯⋯⋯　85
　　(3) 個別を見る──脱ステレオタイプの視線⋯⋯⋯⋯⋯⋯⋯⋯⋯⋯⋯⋯　87
　　(4) ボランティアと外国にルーツをもつ子どもたちの間の異文化間リテラシーのまとめ　⋯⋯　88
　3　ボランティアの異文化間リテラシーの形成(2)──ホスト社会への発信⋯⋯⋯　89
　　(1) 映像作品の制作と評価⋯⋯⋯⋯⋯⋯⋯⋯⋯⋯⋯⋯⋯⋯⋯⋯⋯⋯⋯　89
　　(2) 映像作品の上映会の開催とそのフィードバック⋯⋯⋯⋯⋯⋯⋯⋯⋯　91
　　(3) 外国にルーツをもつ子どもたちとホスト社会の双方向の交流⋯⋯⋯　93
　4　ボランティアの異文化間リテラシーの形成(3)──進路の選択をめぐって⋯⋯⋯　93
　5　異文化間リテラシーの形成過程──社会的学習理論から⋯⋯⋯⋯⋯⋯　97
　　(1) 異文化間リテラシーの形成とNPOの教育力⋯⋯⋯⋯⋯⋯⋯⋯⋯⋯　97
　　(2) 実践共同体への関与の3層構造⋯⋯⋯⋯⋯⋯⋯⋯⋯⋯⋯⋯⋯⋯⋯　100
　6　ここで語ったこと⋯⋯⋯⋯⋯⋯⋯⋯⋯⋯⋯⋯⋯⋯⋯⋯⋯⋯⋯⋯⋯⋯⋯　106

第4章　私たちの声を聞いて
表現する外国人青年の異文化間リテラシー

　1　ここで語ること⋯⋯⋯⋯⋯⋯⋯⋯⋯⋯⋯⋯⋯⋯⋯⋯⋯⋯⋯⋯⋯⋯⋯⋯　109
　　(1) 外国人青年の表現活動がもたらす異文化間リテラシー⋯⋯⋯⋯⋯⋯　109
　　(2) マイノリティによる表現活動についての議論
　　　　──コミュニティラジオ，ラップミュージックが担ってきた意味と役割　⋯⋯⋯⋯　110
　　(3) 外国人青年，ミミ・ユミ・スナ・ナムの背景⋯⋯⋯⋯⋯⋯⋯⋯⋯　114
　　(4) 調査の方法⋯⋯⋯⋯⋯⋯⋯⋯⋯⋯⋯⋯⋯⋯⋯⋯⋯⋯⋯⋯⋯⋯⋯⋯　117

- 2 外国人青年の表現——ホスト社会への発信 ･････････････････････････････････････ 119
  - (1) ラップ歌詞の分析より ･･ 119
  - (2) コミュニティラジオでの語りの分析より ････････････････････････････････ 122
  - (3) 外国人青年がホスト社会に提示した意見・視点 ････････････････････････ 128
- 3 表現活動に至る経緯とその影響——ライフストーリー分析から ････････････ 130
  - (1) エスニシティの否定期——日本人になりたい ･･････････････････････････ 131
  - (2) エスニシティの是認——自分のままで ････････････････････････････････ 137
  - (3) エスニシティへの認識の深化——もっと知りたい ･･････････････････････ 144
  - (4) 異文化間リテラシー形成——社会的学習理論からの分析 ････････････････ 149
- 4 ここで語ったこと ･･ 153

第5章 声を上げ,声を聞き,そして変わろう
外国人市民のもたらす異文化間リテラシー

- 1 ここで語ること ･･ 158
  - (1) 在日コリアン教育活動家がもたらす異文化間リテラシー ････････････････ 158
  - (2) 調査の方法 ･･ 159
  - (3) エスニシティと在日コリアンに関する議論 ････････････････････････････ 159
- 2 金信鏞氏のライフストーリー ･･ 161
  - (1) 生い立ちからエスニシティの否定〈ホスト社会への同化期〉 ････････････ 162
  - (2) エスニシティの是認〈ホスト社会からの分離期〉 ･･････････････････････ 163
  - (3) 外国人としてのホスト社会への意見表明〈ホスト社会への統合期〉 ･･････ 164
- 3 「神戸在日コリアン保護者の会」の活動 ･･･････････････････････････････････ 165
- 4 外国人市民による日本社会への働きかけ ･･･････････････････････････････････ 167
  - (1) 神戸在日コリアン保護者の会の活動 ･･････････････････････････････････ 168
  - (2) 具体的な活動①「オリニソダン＝民族学級・ハングル教室」 ･･･････････ 169
  - (3) 具体的な活動②「オープンセミナーの開催」 ･･････････････････････････ 173
  - (4) 具体的な活動③「オリニマダンと道徳副教材『オリニマダン』」 ･････････ 173
  - (5) 多文化共生社会構築力 ･･ 178
- 5 金信鏞氏のメッセージを受け止める学校教員が形成する異文化間リテラシー ･･････ 179
- 6 ここで語ったこと ･･ 185

第6章 友だちの声が聞こえる
学校空間で育まれる異文化間リテラシー

- 1 ここで語ること ･･ 191

	⑴ 学校の同化圧力と異文化間リテラシー形成の可能性 ……………………… 191
	⑵ 神戸市立甲小学校とベトナム語母語教室………………………………… 192
2	神戸市立甲小学校の取り組み ………………………………………………… 194
	⑴ ベトナムエスニシティの是認——母語教室内での取り組み ………… 194
	⑵ ベトナムエスニシティの是認の共有——母語教室外部での取り組み …… 197
	⑶ コアとプラットフォーム ………………………………………………… 203
3	教室の中での異文化間リテラシーの芽生え ………………………………… 205
4	ここで語ったこと ……………………………………………………………… 207

終章　異文化間リテラシーをもって人々が語ったこと

1	ここまで語ってきたこと ……………………………………………………… 209
2	外国人市民が異文化間リテラシーをもって語ることとその可能性 ……… 217
3	外国人としての視点をもつこと ……………………………………………… 220

引用文献……………………………………………………………………………… 222
［巻末資料1］TCC周辺小学校, 神戸在日コリアン保護者の会での調査記録 ……… 229
［巻末資料2］おもな登場人物 …………………………………………………… 231
［巻末資料3］ボランティアの学び ……………………………………………… 233
［巻末資料4］コミュニティラジオで語られたテーマ ………………………… 238

序章

外国にルーツをもつ子どもたちと教室

　1980年代，私が東京の公立中学校に通っていたときのことである。卒業を控えたある日，同学年の男子生徒が教卓に立ち，自らが在日コリアンであることを明かし，「本名の名乗り」をしたという出来事があった。他のクラスに所属していた私は，あとからこの出来事の顛末を聞き，なんだかとてもびっくりして，そして，非常に大きく揺さぶられた。
　なぜ彼は私たちと共に過ごした小学・中学校の計9年もの長い時間，本名を隠し「日本人」として日々を送らねばならなかったのか。私たちが共有していた教室の空気は彼に何を強いていたのか。そして沈黙の9年を経て，彼はなぜ本名を名乗る決意をしたのか，それを行ったあとで世界は彼にとってどう変わったのだろうか。
　平凡で退屈だった教室の風景が大きく揺らぎ，私から見えていた景色をまったく異なる場所から捉えていた彼の視覚の存在を知った。彼から見えたもう一つの教室の風景はどんなものだったのだろうか。そう考えると教室は平凡でも退屈でもなく，私のまったく知らない姿を幾重にももつ複雑で見通しのきかない場所として幻視された。

　時は流れ，2000年代，私は関西地方に居を移し，神戸のNPOのボランティアとして活動することになった。そこは阪神大震災の折，情報弱者として可視化された外国人市民や高齢者を支援する「たかとり救援基地」を前身とした多文化なまちづくりに取り組む「たかとりコミュニティセンター」(以下TCCと記述)と呼ばれる場所である。そこで私は，外国人の子どもたちの自己表現を支援する「Re: Cプログラム」[1]に関わることになる。
　そこで出会ったベトナム人，日系ブラジル人，在日コリアンの青少年の多

くは，学校の教室空間で外国人としての自分を表出することの難しさを感じていた。NPOという学校の教室とは距離をとった空間で，彼らがおしゃべりや作文で，あるいは映像作品，コミュニティFMのラジオ番組で自己表現を始めるのを傍らから見つめながら，考えていた。「教室においては何が彼らの自己表出を抑制するのか」，「どうすれば彼らは彼らから見える景色を語ることができるのか」。

彼らが彼らの視点から見えた世界を語り始めたとき，マジョリティが見ているのとは違う世界を見ているマイノリティの子どもがいるということ，そして，マジョリティから見えている世界とは違う世界の存在を，私たちは知ることになる。

共に生活空間を分け合う人々が異なる視点から世界を見詰めていることを，対話を通じて，またはコミュニティ・メディアを通じて多くの人々が知るとき，マジョリティの視点はただ一つの視点ではなく，たくさんある視点のうちの一つの視点として相対化される。

本書は，外国人市民が町に，地域に，居を定め，共に暮らしていくことによって，社会全体にもたらされるプラス価値を有するもの，つまり「利点」[2]とは何か，そしてそれはどうやって形成されていくのかを，多文化なまちづくりを行うNPOやその周辺の小学校でのフィールドワークをもとに解明していくものである。本書では，外国人市民と共にあることが社会全体にもたらす利点として，「異文化間リテラシー」の存在を指摘する。その異文化間リテラシーとは，つまり，自らの世界を見る視点はたくさんある視点の一つとして相対化する力なのではないかと考えている。

30年前，自らが在日コリアンであることを語った少年に私は揺さぶられた。

---

1 Re:Cとは，TCC内で行われている映像制作等の表現活動を行う多文化な背景をもつ子どもたちを支援する青少年プログラムである。その名の意味は，「①録画を意味する『Rec』で映像制作を，②〜に関してを意味するreと3つのC (Child, Communication, Community) で活動本体を，③Emailの返信の再挿入される「Re:」で子ども達からの手紙を，イメージしている」(Re:C, 2003) という。

2 本書では，外国人市民がホスト社会の人々と学校や地域社会で共に在り，対話していくことによって，外国人市民を含めたホスト社会を生きる多くの人々にもたらされる「恵み」，「豊かさ」，「強み」などさまざまな言葉で表されうるプラス価値を有することを総括して，「利点」という言葉で表現する。

その揺さぶりは私に，私の過ごしていた教室は平凡でも単調でもなく，見通しがきかないほどの豊かで複雑な場所であることを告げていた。

異なる視点をもつ人々と対話することを通じ，自らの視点を相対化する。それによって生じる自己変革が広く社会で共有される。それを異文化間リテラシーとすると，外国にルーツをもつ子どもたちが教室にやって来ることは，本来，大きな学びを教室に，そして社会にもたらす可能性が芽生えたということである。その芽生えを私たちはどうしたら摘み取らずに，育てることができるのだろうか。

なお，本書では議論の対象となる外国にルーツをもつ人々，子どもたち，外国人教育活動家と呼ばれる人々を「外国人市民」と総称する。「市民」のもともとの語義は「国民国家を作り出す市民革命の母体となった社会階層」を指し，「社会に対する主権意識を強くもつ人々」（鈴木ほか, 1985；現代用語検定協会, 2009）とされる。外国人に対しては，この「市民」という言葉より，これまで「住民」という言葉が用いられることが多かった（近藤, 1996）。本書では，日本に永住する意志をもち，ホスト社会に対して，新参ではあるがホスト社会の一人のメンバーとして，ホスト社会の改革を目指して外国人の視点を生かしながら提言をなそうとする人々に焦点を当てる。よって，彼らを「外国人市民」と位置づける。

第1章
異なりから生じる豊かさについて

1　私がこの本で明らかにすること

　本書は，現代日本において，多様な文化背景をもつ外国人市民がメンバーとしてホスト社会に存在することで社会全体にもたらされるプラス価値を有する「利点」とは何か，また，それがどのようなプロセスで育まれるのか明らかにすることを目指している。

　昨今の運輸・通信の爆発的な発展は国境を越えた経済活動を促進し，地球規模の国家間，地域社会間の相互関係を強めている。その結果，資本，モノ，サービスにとどまらず多くの人々が国境を越えた移動を行い，さまざまな国と地域の出身者が共に暮らす「世界都市 (The Global City)」(サッセン, 1992；Sassen, 1991) が地球上の各地に出現している。

　日本における外国人登録数は2011年6月末，2,093,938人を数える(法務省, 2011)[3]。また，2006年，この国で生まれた子どもの22人に1人が両親もしくは父か母のどちらかが外国人であり，結婚する15組に1組は国際結婚だ (厚生労働省, 2007)。

　この進みゆく日本の多文化化，多国籍化の現実のあとを追う形で，「外国人受け入れ」は検討されてきた。1980年代以来，外国人受け入れに関して各省庁ごとに議論が重ねられてきたが，各省庁とも人口減少への対応としての移民の受け入れに関しては否定的，もしくは検討事項として挙げるにとどめて

---

[3]　外国人登録者数は1980年の782,910人から比較すると，大幅な増加傾向を示し続け，2008年末に2,217,426人で過去最高の数字を記録した。しかしそののち，リーマンショックや東日本大震災の影響などで，微減傾向を示している。特に東日本大震災の影響としては，2010年末2,134,151人だった登録者数が2011年3月末までに2,092,944人に減っている。その後，2011年3月末から6月末までの3ヶ月間では944人の微増傾向を示している (法務省, 2009 & 2011)。

8

いる。しかし，日本の活力を維持するための高度人材は積極的に受け入れるべきだ，という意見は一致している[4]。

またその一方で，1989年「出入国管理及び難民認定法」（以下，入管法と略称する）を改正し，日系人の２世・３世の入国規制を大幅に緩和し，活動制限を設けないなど，実態的には単純労働力の外国からの移入を始めている。さらに医療現場，介護現場の介護士・看護師の不足を，フィリピン・インドネシアといったEPA締結国との間の人的資源の移動によって補うという具体的な「解決策」もすでに示され，実現へと動き出している。

上記のように，人口減少や労働市場の要請の結果としておもに外国人受け入れは議論されてきた。つまり，日本社会の多国籍化・多文化化は，おもに経済的な要請に応える形で進展してきたといえる。しかし，現実に人々が出会い，共に生活を築く地域社会や教育の現場では，言語やそれぞれが背負う文化の違いが巻き起こす「問題面」に注目が集まりがちだった。

特に本書で注目する子どもたちの成長の場である教育現場に関しては，その傾向は顕著である。近年の永住者や国籍取得者の増加，外国人の滞在の長期化，定住化傾向は，「結果としての移民」の増加と捉えることができる（依光，2005）。そうした「結果としての移民」の増加は，家族の呼び寄せ，あるいは日本生まれの子どもたちの出現，国際結婚と国際児の誕生などにより日本社会の中で成長する多文化な背景をもつ子どもたち＝すなわち外国人児童・生徒[5]を確実に増加させている。

教育現場における外国人児童・生徒の出現については数多の論が存在するが，その多くは，彼らとホスト社会の間の言語や文化の違いが引き起こす「問題」面に注目したものであった。外国人児童・生徒，なかでも来日１世もしくは２世であるニューカマーの子どもたちが，日本の学校で不就学・不登

---

[4] 厚生労働省，1999「第９次雇用対策基本計画」，外務省，1999「アジア経済再生ミッション」・2004「変化する世界における領事改革と外国人問題への新たな取り組み」，経済産業省，2000「21世紀経済産業政策の課題と展望」・2003「2003年版通商白書」，法務省，2005「第３次出入国管理基本計画」など。

[5] 本研究で取り上げる「外国人児童・生徒」もしくは「外国人青少年」とは，外国籍の青少年および，関口（2005）が指摘する「『国籍』による『日本人』・『外国人』の二分法では捉えきれない層，即ち日系人や国際結婚の子どもたちに代表されるような『日本人』と『外国人』の『境界空間』に位置づけられた子どもたちの存在」を含む。

校・成績不振・高校進学率の低さ等の問題を抱えている事例が数多く報告されている（例えば，宮島・太田，2005；太田，2005；辻本，2003；小島・中村・横尾，2004）。

　上記のような問題が生じ，対策が急がれることは事実であるが，多文化な人々の出会いの現場から見えてくるのは問題ばかりではなく，社会全体に対して何らかのプラス価値を有するもの，利点も生じているのではないか？　もし何らかの利点が多様な人々の出会いの場で生じるとしたら，それは何で，そしてどのようにもたらされるのか。

　本書では，その利点として，おもに地域のNPOやその周辺の青少年教育の場でホスト社会の出身者とエスニックマイノリティが出会うことによって双方が獲得する「異文化間リテラシー」（異文化間教育学会，1997等）の存在を指摘する。この「異文化間リテラシー」とは何で，いかなる形成のプロセスをたどるのか，この2点を詳細に明らかにすることで，成員の多様性が社会全体の豊かさにつながるような「多文化共生社会」が開かれるためには何が必要なのか，を解明していきたいと考えている。私が出会った多くの外国人青少年は，学校現場で日本人生徒との違いを極力目立たないようにし，外国にルーツをもつが故の多文化なオリジナリティを表現することを抑制する，もしくは抑制していた時期をもっていた。この外国人児童・生徒による「自己の表出の抑制」は，「異文化間リテラシー」の発生を阻害する現象として観察された。その阻害要因を超え，「異文化間リテラシー」を形成するにはどのような場があり，周囲との交流があったのか。

　本書では学校を超えた「地域」，特にNPOがもつ「異文化間リテラシー」形成の積極的意味を解明し，個人レベルでの「異文化間リテラシー」という能力形成をミクロな視点から明らかにしていくことを目指したい。

2　異なりから生じる豊かさに関する議論

(1)　多様な人々が共に暮らすことの利点とは何か

　先行の議論として，最初に多様な文化的背景をもつ人々が共に暮らすことによって生じる社会的な利点に関する論考を概観する。

社会心理学の古典『偏見の心理』(オルポート, 1961) において, 異なる文化をもつ多様な人々が共に暮らし, 直接接触することによって「偏見が減少する」可能性が指摘されている。このオルポートの接触仮説を, バンクス (1999) は, 下記のような条件で接触が行われた場合, 関係改善につながるとまとめている。
① 接触状況において, 集団が互いに対等な立場にある。
② 集団内における相互作用は競争的というより協調的である。
③ その接触が (中略) 権威ある存在によって是認されている。
④ 人々がお互い個人的に知り合いになれるような相互のやりとりによって特徴づけられている。(バンクス, 1999, p.5)

オルポート (1961) は, 職場や住宅などで対等で協調的に異なる人種の知己と接触する機会をもつ人々が, そうした機会をもたない人々に比べて偏見やステレオタイプから自由であるという相関関係が成り立ついくつかの研究を紹介している。しかしそれらには, 接触現場で具体的に何が起こって, いかに人々が偏見やステレオタイプを手放すに至るのか, 因果関係は記述されていない。

また, パットナム (2001) は, 社会の中に存在し, その効率を向上させる信頼, 規範, ネットワーク等からなるソーシャルキャピタルの存在を指摘し, ソーシャルキャピタル形成に寄与する「私的団体」への市民参加が民主主義のパフォーマンスを高めると主張した。さらにパットナム (2006) は,「多様なメンバーから構成されたブリッジングな私的団体」と「メンバーの均一性の高いボンディングな団体」を対比し, 前者が社会的潤滑油であれば, 後者は強力接着剤, と双方の正の社会的効果の可能性を述べながらも「ボンディングな団体はマイナスの効果が生まれやすい」(pp.18-21) と述べ, 多様なメンバーが集団を構成する利点を述べる。こうしたパットナムの指摘について鹿毛 (2002) は,「私的団体が政治的にプラスの効果をもたらすか否かは団体のメンバーの多様性に依存する。団体が多様なメンバーで構成されていれば民主主義に対してプラスの効果が生まれるし, 逆にメンバーが均一性の高い団体はKKKなどの例に見るようにマイナスの効果が生まれやすいという。ただし, ブリッジングな団体であれば常に良い結果が生まれ, ボンディングであれば

常に悪い結果が生まれるのか否かという点についての本格的な実証研究は今後の課題」(pp.74-75) と述べている。

このように背景の異なる人々、多様な人々の直接的接触は、「偏見の低減」、「民主主義に対してのプラス効果」などを生むという指摘があるが、それがいかなるメカニズムから生じるのか、ミクロの視点からの実証的な議論はまだ十分ではない。

そこで、本書では多文化な背景をもつ外国人市民とホスト社会の出身の市民が対等の立場で協調的に接触する現場で、異なる文化的背景をもつ人間同士の直接的な交流から生じる学び、社会全体への利点には具体的にどのようなものがあるのか、またそれはいかようにして生じているか明らかにすることを目指す。

(2) 多文化共生という言葉の歴史と展開

外国人市民を地域が受け入れ、多様な人々が共に暮らすことによって得られる豊かさを指す語として、「多文化共生」という言葉がある。この「多文化共生」という言葉がどのように人々の前に現れてきたのか。山脇（2005）によると、1993年1月[6]に初めて「多文化共生」という言葉が新聞紙上に登場し、1990年代後半から多くの市民団体[7]が「多文化共生」をキーワードに活動を展開する。時期を同じくして、自治体レベルでも「多文化共生」という用語が出現する。例えば、川崎市が1998年改定した「外国人教育基本方針」の副題は、「多文化共生社会をめざして」であった。省庁レベルでは、外国人市民と実際に接する市民団体や自治体よりは少しあとになるが、総務省が2005年度重点施策として「多文化共生社会を目指した取り組み」を掲げ、「多文化共生推進プラン」を策定した。また日本経済団体連合会（経団連）も、2003年に外国人受け入れの提言作りを始め、同年12月に政府に対し「多文化共生庁」の設立を提言し、外国人受け入れ施策の一元化の必要性を訴えた（山脇, 2005）。

このように、1990年代後半から急速に社会的認知を得てきた「多文化共生」

6　毎日新聞1993年1月12日「市民レベルの海外協力を考える国際フォーラム」の記事より。
7　阪神大震災で外国人支援を行った「外国人地震情報センター」が発展的解消をし、1995年10月「多文化共生センター」として活動を始める。また2001年東京都立川市で「たちかわ多文化共生センター」が設立される。

という言葉であるが，それはどのような意味と定義されてきただろうか。「多文化共生」の定義についてはさまざまな論考があるが，山脇（2005）は，「国籍や民族の異なる人々が，互いの文化的違いを認め合い，対等な関係を築こうとしながら，ともに生きていくこと」と定義している。これまで使われてきた「国際交流」や「外国人支援」という言葉と異なるのは，「多文化共生」には外国人を短期間滞在のゲストではなく住民と認め，地域社会の構成員として主体的に地域を支える存在として捉えている，という点である（山脇, 2005）。

　また多文化共生社会とは，江淵（2001）によると，「言語的・文化的背景を異にする人々が，差別を排し，相互に違いは違いとして認め尊重しあいながら，協力的に共存の道を模索し，それぞれの持ち味を生かし合うことによって個性豊かな地域文化，学校文化，職場文化の創造に向かって努力する社会」（p.116）であるという。ただ複数の文化が共存するだけではなく，またホスト社会が一方的にマイノリティである外国人市民に対して庇護・支援するのでもなく，相互の協働が社会全体を豊かにすることを目指す社会こそが多文化共生社会なのではないだろうか。

　多文化共生という語の起源について，駒井（1999）は，多くの欧米諸国で採用されている「多文化主義」にヒントを得て造語したもの，と考察している。

　では多文化主義とは何か。Bennett（1998）によると，1970年代英連邦諸国の政府の言説として登場した語であるという。梶田（1996）は，この語を「ひとつの社会の内部において複数の文化の共存を是とし，文化の共存のもたらすプラス面を積極的に評価しようとする主張ないし運動を指す」と説明している。

　これらの論考に対して松尾（2007）は，「多文化主義」を1990年代のアメリカにおいて文化多元主義的な世界観のいくつかの問題点を克服したパラダイムシフトの末の理念として紹介している。1980年代後半までアメリカにおいては，サラダボウル論に象徴される文化多元主義的パラダイムでエスニックグループは語られてきた。これは，エスニックグループごとに一貫した文化，歴史，アイデンティティを共有し，それぞれを尊重しながら共存しようというパラダイムである。こうしたエスニックグループごとに声をまとめる世界観は，「表現する手段へのアクセス」，「周縁的地位の克服」という重要な

戦略的意味があった。しかしそれは「マイノリティ集団を周縁に位置づけ」，「集団の特性を自然化してしまうという本質主義に陥る」という2つの欠点を有していた。その欠点を克服するべく登場した1990年代のアメリカにおける多文化主義は，「脱中心化」，「多様性の多様化」，「ハイブリディティ」を主要な枠組みとするパラダイムであるという。ホスト社会とマイノリティというWe/Theyの二項対立を超え，人種・民族・ジェンダー・セクシャリティその他さまざまな社会的属性の複数の軸性をもつ多様性が認められた多様な声（Voice）をもつWe社会，それが多文化主義が目指す枠組みである，と松尾は主張する（松尾，2007, pp.24-32）。

松尾の主張する多文化主義パラダイムに向かう社会にあっては，ホスト社会，外国人市民といった軸だけではなく，それぞれの中にジェンダーやセクシャリティ，年齢，障害といった多様な軸をもつ人々が，それぞれの視点からの声（Voice）を響かせながら1つの社会を担っていく，といえよう。

また，文化人類学の立場から多文化主義の「文化」とは何か問い直した松田素二（2001）は，文化本質主義や文化構築主義を超え，「創発的連帯」という言葉を用い，現前の状況において便宜的な対応をする中で暫定的なアイデンティティが生成され，放棄され，不安定な連帯によって開かれた集団が担う新しい文化像を提示した。

本書では次章以降，外国人青少年やボランティア，市民活動家，学校教員などの人々が多文化共生のための「実践共同体」（レイブ＆ウェンガー，1993）を形成するケースが紹介される。このWe/Theyの二項対立を超え，多様な人々を状況に応じてメンバーに迎え，あるいは去る者を追わない「実践共同体」は，松田素二（2001）のいうところの創発的連帯に基づく文化を担う新たな集団といえるだろう。

これらの先行の知見を概観した上で，私は本書において「多文化共生」を「多様な文化的背景を担う者がそれぞれの独自の視点に基づく意見の表明が可能で，マジョリティを含め，すべてのメンバーが相互理解を目指した交流・対話の機会が多く存在している状態」と定義する。

そこにはWe/Theyを超え，支援と被支援の関係を超え，さまざまな創発的な連帯のもと，多様なメンバーが即興的に集まる多文化共生のための実践共

同体が多数組織され，その内部で，あるいはそこから外部へと多様な声が響き，その声を受け止める人々が多数存在する。そんな社会を指して，「多文化共生社会」と呼びたい。

(3) 「異文化間リテラシー」とは何か

では，そうした多文化共生社会を実現するために，つまり，多様な背景をもつ人々が共に暮らすことが社会全体の豊かさとなるためには，個々の構成員はどうあるべきだろうか。私は，多文化共生社会の実現を「社会の構成員の資質」という個人の能力形成に焦点を置いて考えてみたい。

佐藤 (1999) は，「多文化共生社会において必要な資質・能力」として「異文化間リテラシー」を挙げている。この多文化共生社会を作り出す人々にとって必要な資質・能力とされる「異文化間リテラシー」とは，何であろうか。

1997年異文化間教育学会は，特定課題研究として「異文化間リテラシー」を取り上げている。この特定課題研究に参加して心理学の立場から検討を試みた山岸 (1997) は，この「異文化間リテラシー」の概念形成の歴史的な過程を「異文化間能力 (Intercultural Competence)」と「多文化リテラシー (Multi-culture Literacy)」の2つの流れから説明している。前者はおもに「異文化適応」，「異文化コミュニケーション・異文化トレーニング」の文脈で形成されてきた概念であり，後者は「学校教育」の文脈で形成されてきた。

「異文化適応」と「異文化コミュニケーション・異文化トレーニング」の文脈に属する研究には，海外への赴任，留学などを経験した人々の異文化環境下での成功要因を本人の資質との関連で議論する実証研究が多かったという。例えばKealey & Ruben (1983) は，平和部隊やビジネス関係者などのアメリカ人海外成功者を分析し，成功者を特徴づける特性として，共感性，敬意，現地の人々と文化に対する興味，柔軟性，忍耐力，仕事上の技術，社会性，親切さ，我慢強さ，知的好奇心，オープンな心などを挙げている。そうした特性の析出や，それらを獲得するためのトレーニングカリキュラムの作成が行われてきた。山岸 (1995 & 1997) は，この①「異文化適応」，②「異文化コミュニケーション・異文化トレーニング」の文脈の研究を概観して，「異文化間能力 (Intercultural Competence)」すなわち「異文化環境下で仕事や勉学の目標

を達成し，文化的・言語的背景の異なる人々と好ましい関係を持ち，個人にとって意味のある生活を可能にするための能力や資質」(1995, p.209, 212) としている。

次に，山岸(1997)が提示したもう一つの「学校教育」の文脈の中で語られた，「多文化リテラシー」からの概念形成の流れについて触れる。1980年代半ば，アメリカにおいて，カノン（正典）論争と呼ばれる「すべてのアメリカ国民の統合を目指した教育」の必要性が論じられた。この論争の背景には，1970年代のアメリカにおいて展開した「平等・人間性を追求した教育への批判」(佐藤, 1999)があった。特にHirsch (1987) は，「Cultural Literacy（文化的リテラシー）」という考え方を提案し，「すべてのアメリカ国民に共通して求められる（中略）アメリカにおける文化や歴史などの基礎基本を設定しそれを教えることが必要」(佐藤, 1999, p.175) であると主張した。これに対して多文化教育論者たちが異を唱えた。Hirschの挙げた「すべてのアメリカ国民が知っておくべき基礎基本」として取り上げた語彙や古典が，「西欧中心的な価値に基づいた，白人のミドルクラスの男性文化という単一文化を代表」(山岸, 1997) していると批判したのである。さらにBanksは，「Cultural Literacy（文化的リテラシー）」における知識の捉え方を問題とし，「社会的な構築物としての知識の側面を無視したものである」(Banks, 1991) と主張し，知識とは「中立的・安定的なものではなく，個人的な関心に影響されるもの」，「知識は権力や社会の中の関係性を反映している」と自覚し，その上で主流の世界観とは「異なる声を聞く」(Banks, 1993a, バンクス, 2001)[8]重要性を指摘する。BanksはHirschの文化的リテラシーへのアンチテーゼとして，上記のような知識の捉え方を基本とした「多文化リテラシー」(Banks, 1991 & 1993b) の重要性を指摘した。

山岸(1997)は，上記の①「異文化適応」，②「異文化コミュニケーション・異文化トレーニング」の文脈で検討されてきた「異文化間能力」と，③「学校教育」の文脈で検討されてきた「多文化リテラシー」を統合する形で，「異文

---

8 バンクスは，「異なる声を聞く」例として，コロンブスの「アメリカ発見」を「発見」された先住民タイノ族側から検証し直す授業例を紹介している。

化間リテラシー」という概念が形成されてきたと説明する。

　この山岸(1997)の議論を踏まえた上で，佐藤(1999)は，「異文化間リテラシー」とは具体的に下記のような能力で構成されていると指摘する。

　A．地球社会・多文化社会のあり方を理解するための力
　B．自分なりに知識を構成する力
　C．文化調整能力（自文化への囚われの気づきと他者への共感性を獲得する力）
　D．対人関係能力（葛藤を乗り越え，対話によって人との関係を作り出していく能力）

　また佐藤(1999)は，「異文化間リテラシー」は「対話」によって育成されると指摘する。この対話の重要性に関してはバフチン(1988)が，「対話とは文化的衝突を創造性に変えるもの」とした上で自己と他者を変革し，豊穣化を引き起こす「対話的能動性」の存在を提起している。このバフチンの言を引用して倉八(2002)は，「多文化社会という文化間の相互依存関係において大切なのは（中略）緊張や葛藤に耐え，積極的に文化とのかかわりを生きようとする勇気と力を持つこと，すなわちバフチンの言う『対話的能動性』を持つこと」(p.173)であるとしている。そして倉八(2002)は，対話的能動性を育成する試みとして，留学生と大学生の対話の空間作りの授業実践を報告している。留学生のスピーチとディスカッションからなるその授業の経験を，参加した60名の日本人学生の100％が留学生との対話を「かけがえのない経験」と評価し，自由記述の感想欄を質的に分析した結果，「コミュニケーションへの意欲の芽生え」，「他者への敬意の芽生え」，「自己意識の芽生え」という3つの変容がもたらされたことが観察されたという。また佐藤(1999)は，「自分と違う人間を見つめ，直接的な言語によるコミュニケーションだけではなく，多様で奥の深い対話をすることで，他者への共感性と自分との対話」(p.181)の重要性を指摘し，「(他者との) 共同作業と対話の場を意図的に設定していくことが異文化間教育の課題」(p.182)と述べる。「自分と違う人間」との対話から「異文化間リテラシー」が育まれるという佐藤の見解は本書に通じるところであるが，本書では，「自分と違う人間」とどのような場でどのように接触し，どのような学びを形成するのか，その過程をより詳細に明らか

にしていくことを目指したい。

　一方、Banksは、「多文化リテラシー」とは「ある特定の民族集団についての学習でなく、自分の属する文化の境界線を越え、他の文化を持つ人々との対話を可能にする能力であり、共感や思いやりの基礎となり、究極的には『より人間的で公正な社会を作るために、個人的、社会的、市民的な行動』に導く」(Banks, 1991；山岸, 1997) ものであると指摘した。つまりBanksのこの指摘から「異文化間リテラシー」をもう一度捉え直すならば、「異文化間リテラシー」とは、学習者が他者との対話を通じて、相手を知り、それによって変化していく自分自身を知り、自分と相手を取り巻く世界のありように関する自分なりの視点を構築していくというプロセスで獲得される。そして「異文化間リテラシー」は、それを獲得する人をさらに変革し、そして、その変革は個人変革にとどまらず彼／彼女を取り巻く社会へと変革への意思につながる可能性を秘めた非常に動的な力といえよう。

　動的な力とは何だろう。一般に「リテラシー」とは「読み書き能力」の意で使用され、「学校教育を通じて育成され、標準化された読み書きテストによって測れるもの」(平沢, 1993) と捉えられてきた静的な知識の体系であった。Hirschの提唱した「Cultural Literacy (文化的リテラシー)」は、アメリカ国民が知っておくべき基礎・基本である語彙や古典のリストというように、テストで測れる静的で中立的な知識の体系であったといえよう。それに対してBanksが提示した「Multicultural Literacy (多文化リテラシー)」は、主流の学術的な知識を変革するような広い範囲の社会の利益・経験・闘争・声などを反映した知識からなり、生徒はその問題を考えることで市民的行動を促される (Banks, 1991)。こうしたバンクスの「動的な学び」へのまなざしは、フレイレ (1979) の提起した、学びによって社会的変革が生じる「課題提起型教育」と通底している。

　従来、「異文化間リテラシー」研究は学校やトレーニングの場など教育空間における教育カリキュラムとして論じられてきた。しかし私が着目するのは、実際に人々が生活する地域の中で起こる「異文化間リテラシー」形成である。その着目点を共有する先行研究例、すなわち、地域社会における多文化な背景をもつ人々の交流から生じている「異文化間リテラシー」の研究例として

は，川村（1998）が「"共生の花"が咲いた」街と呼ぶ新宿区大久保地区の例がある。そこでは1990年代半ばから都心の人口減を外国人居住者の増加によって食い止め，エスニックなまちづくりが推進されてきた。外国人自身による自助，町内会などの組織的努力，多数の機関やボランティア組織の活動がその地に暮らす外国人と日本人に「同じ地域の隣人」としての意識をもたせ，相互理解への道を開いた。この地域の学校では文化的多様性が日常化し，互いに他者への共感性を高め，学年の垣根を越え，支え合っている姿があるという。こうした川村報告にコメントして江淵（2001）は，「異文化間リテラシー」とは，多文化共生の時代を生き抜く能力という意味で「多文化共生能力」であると指摘した上で，「学校教育における多文化共生能力の啓培は単独では不可能であり，差別のない『共生のまちづくり』のような地域活動と連携して初めて実現可能になる」（p.121）と述べている。学校教育とNPOなどの行う地域活動の連携が外国人集住地域での「異文化間リテラシー」の醸成にとって前提条件となる，というこの江淵の指摘は興味深い。

　つまり，学校やトレーニングなどの教育空間の中だけではなく，実践的な地域活動との連携の中で多様な人々が出会い，共同作業をすることが「異文化間リテラシー」の醸成には有効なのだと江淵は指摘しているのだ。私がNPOやボランティアといった学校以外の社会実践に注目する理由もそこにある。つまり，教育空間の変革はそれ単独で行われるのではなく，地域社会の生活空間の変革と連動してはじめて可能になるのだ。

⑷　本書における異文化間リテラシー

　本書では，教室の中で教育によって育まれるのではなく，地域のNPOという実践活動の場で，多様な人々が出会い，対話・交流を重ねる中で異文化間リテラシーが形成される場面に焦点を当てる。

　具体的には，神戸市の多文化なまちづくりに取り組むNPOにおいて，外国にルーツをもつ子どもたちやホスト社会出身の学生ボランティアの学びをフィールドワークによって観察し，さらに同じ地域の小学校で活動を展開する在日コリアンの教育活動家や，彼とともに人権教育に取り組む小学校教諭の協働作業を参与観察やインタビューを通じ，彼らが形成した学び，すなわ

ち異文化間リテラシーとは何か，またその形成プロセスを解明する。

　Banks (1991) やバンクス (2001) は，「多文化リテラシー」を，単なる知識にとどまらず，学習者が民主的で公正な社会への変化に関与し，市民的な行動を通じて社会変革を促していくための能力だと強調している (Banks, 1991, p.140)。つまり，「多文化リテラシー」とは，文化背景の異なる他者との対話を通じて，相手を知り，それによって変化していく自分自身を知り，自分と相手を取り巻く世界のありように関する自分なりの視点を構築し，その視点を構築する人の自己変革を促し，その変革は個人の変革にとどまらず社会変革にも関わる能力である，といえよう。

　このバンクスの指摘やその他の先行研究を踏まえ，私のフィールドでの調査・観察の結果をもとに，本書における異文化間リテラシーを次のように定義する。

　異文化間リテラシーとは，既存の知識・視点にとらわれず，エスニックマイノリティが独自の視点で世界を捉え，そこから構築される意見を認識し，他者に発信し，対話を開く。その対話を通じ，当事者は自らの視点を相対化するという自己改革を体験し，さらに当事者を超えて広く対話の場をもつことで多様な視点の存在が認識され，地域もしくは社会の変革を促していく力のことである。その異文化間リテラシーは，下記の3つの力からなる。それは，「**エスニックマイノリティ独自の意見・視点を認識・発信する力**」，「**他者との対話を通じた自己変革力**」，「**多文化共生社会構築力**」である。

　第1に取り上げる異文化間リテラシーは，「**エスニックマイノリティ独自の意見・視点を認識・発信する力**」である。これは，2つ以上の文化の間で成長する者がエスニックマイノリティであるが故に抱くホスト社会のマジョリティの人々とは異なる意見・視点を認識し，言語化し，ホスト社会に対して発信する力である。この力を形成する人がエスニックマイノリティである外国人市民であれば，「自らの中の外国人としての言葉に気づき，それをホスト社会に向かって表現する力」と言い換えることができる。また，マジョリティに属するホスト社会の出身者であれば，「外国人市民との間に信頼関係を作り，彼らの抑圧され，周縁化された声を引き出す力」と表現できる。前者は外国人市民として主流とは異なる声で「語る力」であり，後者は主流とは

異なる声を「聞く力」ともいえる。それぞれの立場で，この異文化間リテラシーを形成するまでに異なる準備段階をたどる。しかし，それぞれの準備段階を経て形成された異文化間リテラシーは，外国人市民が主流とは異なる意見・視点をもつことを認識し，ホスト社会に響く言葉へと言語化し，発信していく力であるということは共通している。

同化圧力の強い日本の学校空間を経験したエスニックマイノリティやその周囲の人々が，異文化間リテラシーを形成するために特に必要な段階である，と指摘したい。

次に取り上げるのが，**「他者との対話を通じた自己変革力」**という異文化間リテラシーである。この異文化間リテラシーは，外国人市民の主流とは異なる意見や視点を発信するという行為の帰結として生じる。その外国人市民とマジョリティ社会の人々が双方向の交流・対話をもつことで，自らの視点で現在，進行している多文化状況を理解・把握し，それまでの自己の視点を相対化し，世界の見方を変容させる力である。本論では，具体的には他者からの問いかけに答える中で自分とは何者かという認識を深め，あるいは進路を決定する際，自分に何ができるか突き詰める，といった事例が観察された。また，自分の意見表明や表現への他者の反応を知ることで，より他者に伝わりやすい形で自らの意見を表明・表現する自己革新を試みる事例も見られた。これらの事例から自己変革力の構築プロセスを具体的に記述していきたい。

最後に取り上げるのが，**「多文化共生社会構築力」**という異文化間リテラシーである。Banks (1991) が指摘した社会変革を促す能力のことである。この能力は直接，対話・交流し，異文化間リテラシーを形成する人々を超えてその周囲にいる第三者へと自らが獲得した理解や視点を伝える仕組みを作る能力である。上述の2つの異文化間リテラシー**「エスニックマイノリティ独自の意見・視点を認識・発信する力」**，**「他者との対話を通じた自己変革力」**を形成した人々が，その自らの理解・変革を他者に伝えようとする過程で**「多文化共生社会構築力」**を発揮していく姿を記述したい。

3　どこから見ていくか，そして本書の構成

(1)　どこから見ていくか

　本書では，異文化間リテラシーが形成される場として外国にルーツをもつ人々が表現活動に取り組む「場」に注目している。その「表現活動」とは，映像作品制作やコミュニティラジオの番組作りであったり，ラップ音楽表現や伝統民族音楽・舞踊など多岐にわたる。しかし，いずれの表現にもホスト社会のマジョリティの人々の主流の声とは異なるメッセージが含まれているという点では共通している。自己表現をする外国人青少年を観察すると，彼らには，彼らの自己表現やその周囲で生じる異文化間リテラシーの形成を支える「居場所・ネットワーク」があった。本書では，その「居場所・ネットワーク」，すなわち異文化間リテラシーの形成をもたらす多文化共生のための実践共同体（レイブ&ウェンガー，1993）の重要性に焦点を当て，異文化間リテラシーの形成過程を明確にしていくことを目指す。

　私は，この異文化間リテラシーの形成過程をおもに社会的学習理論（または状況的学習理論）（レイブ&ウェンガー，1993；高木，1992 & 1999；Rogoff，1990；ロゴフ，2006；野津，2007）からのアプローチによって分析を試みる。

　レイブとウェンガー（1993）によると，学習とは「実践共同体における正統的周辺参加の過程である」という。すなわち，学習とは個人が社会で活動している実践共同体の一員として認められ，その仕事の一部を担って共同体に貢献することであり，個人が共同体の新参者として参加し，仕事をしながら古参者（ベテラン）へと成長し，共同体との関わりを深めていく，つまり共同体の成員としてのアイデンティティ形成のプロセスであるというのである。

　この「正統的周辺参加」の特色を，高木（1992）は下記のように整理している。「第1に教師―生徒関係に代表されるような訓育的な学習環境の構造化がまったく存在しなくても，何らかの社会的実践への参加の過程で知的スキルの獲得が可能。第2に知的スキルの獲得は実践のコミュニティにおける主体アイデンティティの構造過程の1側面である」。このアプローチでは，学習とは「教えるものと教えられるものの二項関係を取り払い，学習を主体と社会的世界の全体的関係の中に位置づける」(pp.266-267)。

また，この社会的学習理論の問題点についても高木（1992）が指摘している。そのうち本論と関連がある問題点として，下記の点が挙げられる。
　「複数のコミュニティ間の成員の移動などの枠組みが十分ではない」。
　複数のコミュニティ間の関係が社会的学習理論では整合されていないという点に関して，Wenger（1990）は，「多重成員性（multi-membership）」という概念を提唱する。これは，1人の人物がある優位な共同体と隙間共同体に同時に参加したり，「会社員であり，父であり，町内会長であるといった具合に相対的に独立な実践共同体への参加を通じて獲得されるやはり相対的に独立な複数の成員性を同時に持」つ（高木, 1999, pp.6-7）という単層的でない，重層的なアイデンティティの構築という視点を提示した概念である。ロゴフ（2006）も，複数の文化的伝統をまたがる人生を送る難民や移民，「マイノリティ」集団を多様な文化コミュニティからなる職場，学校，近隣関係に参加している例を紹介し，コミュニティの「間」で生きる不確かさ，葛藤，そして文化変容という創造の可能性を指摘する（pp.436-484）。本書においても，まさに家庭と学校という異なる文化集団に所属する外国人青少年，市民が，彼らの周囲でぶつかり合う文化・価値観を調整する場として多文化共生のための実践共同体であるNPOが存在している。ここでは，ホスト社会とエスニックマイノリティの2つの文化コミュニティの仲介者が古参の参加者として活動をしており，このNPOに参加する青少年も自らのエスニシティを保持しながら日本社会で活躍することが奨励されている。家庭を含むエスニックマイノリティの「文化コミュニティ」と，ホスト社会の「文化コミュニティ」である学校に同時に所属しながら，その両方での学びを理解し，己のものにするための第3のコミュニティ＝多文化共生のための実践共同体であるNPOにおいて，正統的周辺参加を通じた学びを得ているといえよう。
　このように，社会的学習理論には整理されるべき点もあるが，現時点で本書の分析概念としては有効であることが予想される。
　本書においても，異文化間リテラシーを形成する人々が，NPOなどの創出した多文化共生のための「実践共同体」に参加し，そこでの活動に定着し，学びを得て活動を深化させ，表現活動を開始していく様子が繰り返し観察されている。つまり，その「多文化共生のための実践共同体」のメンバーとしての

アイデンティティの形成が，異文化間リテラシーの形成に深く関わっているのである。

野津（2007）によると，社会的学習理論では，学習の過程を「社会的状況や集団との関係から捉えようとする学習理論」であり，また「学習を共同体内に配置された人や物的資源へのアクセスとして捉え」ているという (p.156)。そこで本書では，その「実践共同体」に学習者がいかに参加し，<u>参加を深めていく過程</u>を詳しく吟味し，そこで得られるロールモデルや古参ボランティアといった<u>人的資源とのアクセスの仕方</u>，<u>表現・発信の機会の獲得の仕方</u>に視点を置いて，異文化間リテラシーの形成過程を解明していくことを目指す。

また，その場を得ることで表現を開始した外国人青年・教育家が自らの表現を通じて異文化間リテラシーを深化させ，ついにはその周囲の人をも実践共同体への参画へといざなっていく可能性も明らかにする。

(2) 本書の構成

第2章以降の本書の構成は以下のとおりである。

第2章では，TCCに居場所を求めてやって来る10代の外国人児童・生徒に焦点を当てる。ここでは，外国人児童・生徒がNPOに参加し，そこへのアクセスを深める過程で日本人ボランティアとの交流からさまざまな学びを得て，外国人であることを肯定的に捉え，外国人としての表現活動を始めるまでを追っている。この第2章では，外国にルーツをもつ子どもたちが「**エスニックマイノリティ独自の意見・視点を認識・発信する力**」という異文化間リテラシーを形成する段階までを記述している。

第3章では，第2章で登場した外国にルーツをもつ子どもたちの話し相手や表現活動の支援を務める地元の大学生ボランティアに焦点を当て，彼らが子どもたちとの交流からいかに異文化間リテラシーを形成しているかを明らかにする。彼らが多文化共生のための実践共同体へのアクセスを深め，そのメンバーとしてのアイデンティティを獲得していく過程を，異文化間リテラシー形成との関係から分析する。この第3章では，「**エスニックマイノリティ独自の意見・視点を認識・発信する力**」，「**他者との対話を通じた自己変革力**」の2つの異文化間リテラシーの形成が確認される。

第4章では，すでに外国人としての視点を生かした表現活動（ラップミュージックやコミュニティラジオのDJ）に取り組む4人の若者に焦点を当て，彼らが外国人として発信している意見・視点を解析する。また4人のライフストーリー（桜井，2002；やまだ，2007）分析から，彼らが異文化間リテラシーを形成するまでのプロセスを明らかにする。彼らがホスト社会への同化圧力から自由になるため「実践共同体」に参加し，外国人としての表現をすることによってエスニックなアイデンティティをより深化させ，自己変革を成し遂げていく過程を記述する。ここでも，「**エスニックマイノリティ独自の意見・視点を認識・発信する力**」，「**他者との対話を通じた自己変革力**」の，2つの異文化間リテラシーが観察された。

　第5章では，外国人の主流とは異なる声の発信が広く周囲のホスト社会に波及していく事例として，1世代上の外国人教育家の活動を取り上げる。TCCの若者たちの発信にホスト社会が応えて動き出すにはまだしばらくの時間がかかる。そこで先行例として，TCCと同一地域で活動する1世代上の在日コリアン2世，金信鏞（キム・シニョン）氏の取り組みに焦点を当てる。

　この事例から，異文化間リテラシーをもつ外国人市民が「多文化共生社会」作りに大きな貢献を果たす可能性を考察する。この第5章では，「**エスニックマイノリティ独自の意見・視点を認識・発信する力**」，「**他者との対話を通じた自己変革力**」，「**多文化共生社会構築力**」の異文化間リテラシーの存在を指摘する。

　最終第6章では，学校空間内部においてNPO，TCCの関係者や金信鏞氏と協働することで異文化間リテラシーを形成した学校教員の事例を紹介する。異文化間リテラシーを形成するための「実践共同体」が地域で，あるいは地域の協力を得た学校内部で生み出されていく可能性を示唆する。

⑶　調査の方法

　本書は，神戸市長田区の多文化なまちづくりを目指すNPOであるTCCを主要なフィールドとしている。そこでは，ベトナム系，ブラジル系，韓国・朝鮮系などの外国人児童・生徒および青年たちによる映像制作，ラジオ番組制作，アニメーション制作などの表現活動が行われていた。さらに自らの思い

を映像やラジオ番組，アニメーションなどに表現しようとする外国にルーツをもつ子どもたちと，その表現をサポートしようとするホスト社会出身の大学生を中心としたボランティアとの日常的な交流が存在した。

　私はそこに2004年より5年間にわたり，1ヶ月に1～2回程度の頻度でボランティアとして参加し，参加型のアクションリサーチ（佐藤，2005）を通じ，外国にルーツをもつ子どもたちたちがホスト社会出身のNPOスタッフ，学生ボランティアとの間の日常的な交流から異文化間リテラシーを獲得していく様子を確認した。また観察を補うために，学生ボランティアやNPOスタッフに対してはインタビュー（エスノグラフィックインタビュー，問題中心インタビューなど）[9]を行った。

　TCCを舞台に行われた10代から20代の若者による表現活動を通じた異文化間リテラシーの形成を観察した。しかし，実際に交流・対話する外国人青少年とホスト社会の人々を超えて，その周囲へと彼らが交流・対話から得た理解や視点が波及しているかどうか，すなわち，「**多文化共生社会構築力**」の段階の異文化間リテラシーの形成に関しては，現時点では検証が難しかった。そこで，調査対象に同じ神戸市長田区を中心に活動する1世代上の在日コリアン2世の教育活動家，金信鏞氏（50代）を加えた。彼が日本社会からの同化圧力を超え，主流とは異なる意見・視点を言語化し，ホスト社会と対話・交流の場を創出していく。その彼が神戸・長田の人権教育に取り組む小学校教員たちと「多文化共生のための実践共同体」を形成し，多文化共生社会を構築しようと志向していく様子を，彼と周辺の日本人教員へのインタビューや参与観察から解明することを目指した（TCC外でのインタビュー調査の詳細に関しては巻末資料1参照のこと）。

　本書ではおもに，フィールドでの観察をもとに異文化間リテラシーの要素である3つの力や，その形成過程を描き出していった。このようにフィールドでのデータ収集と分析が同時進行しながら，現実をよりよく説明することを志向してデータ収集と質的分析を繰り返し，理論を肉付けしていく研究

---

[9] エスノグラフィックインタビューは，フィールドワークの状況で行われ，時間・空間の枠組みがインタビューとして明確に設定されていない。問題中心インタビューは，ある問題に対するインタビュイーの見方に焦点を当て，ナラティブと質問を組み合わせたインタビューのことである（フリック，2002）。

を仮説生成研究 (箕浦, 1999) と呼ぶ。またこの質的な分析を伴う仮説生成研究では，フィールドの事象を解釈的アプローチによって捉える方向性にある。従来の実証主義的研究が「普遍的」，「客観的」な法則の確立を目指すのに対して，解釈的アプローチは，状況と主体の相互交渉の過程で人々が世界をどう意味づけているかを理解することを目指している。つまり，特定の文脈での人間の相互作用がおりなす意味を解釈していくには，非常に有効な手法であるといえよう。

4 フィールド概観

(1) 靴の町，兵庫県神戸市長田区

　本書のフィールドとなる兵庫県神戸市長田区の沿革について述べる。

　兵庫県には約98,515人の外国人が居住する。東京，大阪，愛知，神奈川，埼玉，千葉に次ぐ日本で7番目に外国人人口の多い県であり，この7都府県で日本全国の外国人人口の約半数を占めている (法務省, 2012)。

　神戸市の外国人登録者数は2011年末, 43,705人となっている。兵庫県に暮らす外国人のおよそ半数が神戸市に集中していることになる。内訳は最も多いのが韓国・朝鮮系の20,036人，2番目が中国の14,338人，3番目がベトナムの1,510人，次いで米国，フィリピン，インド，ブラジルと続く (兵庫県, 2012)。

　本書で取り上げる古くからの外国人集住地，長田区は，第2次世界大戦以前はゴム産業の町として栄えた。長田区におけるゴム産業は1909年，ダンロップゴムが神戸市中央区脇坂に進出し，タイヤチューブを製造したことに始まった。それをきっかけに，ゴム関連産業が長田区とその近隣で多数発生した (金治, 2005)。

　外国人地震情報センター (1996) によると，第1次世界大戦後，長田区のゴム工業地帯は活況を呈した。1923年の関東大震災の東京・横浜方面のゴム工場焼失により，全国のゴム注文が神戸に殺到した。長田区への朝鮮人集住はこの頃に始まったとされている。

　第2次世界大戦後, 1951年の生ゴム統制解除により，生ゴムが豊富に出回

り，大企業との競合の中，零細な長田区のゴム工場は衰退し，代わってケミカルシューズ産業が勃興した。ケミカルシューズ産業は裁断，ミシン，靴底，ビニール加工，貼り加工など10工程の下請けからなる完全分業体制で，技術習得が比較的容易で他産業からの参入者も多く，神戸を代表する産業に成長していく。最盛期には関連の会社が800社を数え，その6，7割が韓国・朝鮮人業者といわれた (落合，1977；外国人地震情報センター，1996；金治，2005)。

1980年代からは，難民として日本にやって来たベトナム系の人々も長田区を集住地として集まってきた。1979年，神奈川県大和市と並んで，兵庫県姫路市にも「難民事業本部定住促進センター」が開設され，そこでベトナム難民の人々は約半年間の日本語や社会適応訓練を受ける。しかし，研修期間が短く十分な日本語能力が得られないなどの理由から，研修後，独立を果たすとき，同センター周辺で単純作業に従事することが多かった。そうした姫路のベトナム系の人々が徐々に神戸に移動・集住してきた。

この神戸・長田へのベトナム人の集住の理由を金治 (2005) は，「長田区は『社会的弱者 (高齢者・被差別部落出身者・韓国朝鮮系の人々)』が暮らし，生活保護世帯も多く，低廉な家賃の文化住宅が多く存在していた」，「ケミカルシューズ産業は多くの工程からなり，高い技術が不必要で，日本語でのコミュニケーションが取りづらくても見よう見まねで作業が出来る」(p.13) などの分析をしている。さらに川上 (2001) は，長田区の西のはずれのカトリック鷹取教会 (現：たかとり教会) の存在に着目する。川上によると，「教会を中心にするベトナム系共同体が宗教上および社会的 (相互扶助的) 理由等により集団化」されたと指摘する。さらに立花 (2004) は，「長田区にある外国人受け入れの土壌」を指摘する。人口約10万人の長田区には7,102人 (兵庫県，2012) の外国人が居住している。長田区においても住居差別，雇用差別は存在するが，韓国・朝鮮系をはじめとする先住外国人が外国人受け入れ土壌を築いてきたのではないか，というのである。

つまり，長田区には雇用 (ケミカルシューズ産業)，住宅 (低廉な文化住宅)，共同体形成の要 (たかとり教会) が存在した。そうした要因が，言語的コミュニケーション能力が不十分で，難民として来日したベトナム人を受け入れやすい土壌を形成していったことがうかがえる。神戸市全体と各区の2011年

表1　神戸市および各区の国別外国人登録者数

	総数	韓国・朝鮮	中国	ベトナム	米国	フィリピン	インド	ブラジル
神戸市	43,705	20,036	14,338	1,510	1,236	1,056	1,050	497
長田区	7,102	5,304	657	901	27	67	22	19
東灘区	5,058	1,586	1,294	46	448	306	91	310
灘区	4,061	1,735	1,330	67	155	108	113	18
中央区	11,999	3,041	6,348	96	289	219	725	41
兵庫区	4,343	1,619	2,112	201	23	103	28	25
北区	1,982	1,136	462	22	79	39	43	24
須磨区	3,992	3,075	487	104	61	55	9	13
垂水区	2,683	1,315	921	23	88	56	10	17
西区	2,485	1,225	727	50	66	103	9	30

※　兵庫県2012年3月14日記者発表資料「兵庫県内の外国人登録者数の状況について」より作成。

末の外国人人口構成は表1のとおりである。

　韓国・朝鮮籍の外国人登録者数が神戸市，長田区ともに最多数であるが，ベトナム籍の外国人登録者の長田区における居住は神戸市全体の半分以上を占め，集住が顕著であることがうかがえる。

(2)　多文化なまちづくりNPO，TCC

　1995年1月17日の阪神大震災は，神戸市長田区に甚大な被害をもたらした。919名の命が奪われ，長田区住民の3分の1に近い35,000人が避難所に避難し，区の基幹産業であるケミカルシューズ産業は8割が全半焼，または全半壊という大打撃を受けた (神戸市長田区区役所記録誌編集委員会，1996)。

　家を失い，避難所へ移った人々は，そこで，それまで同じ区内に暮らしながら個人レベルで密接な関わりをもたなかった外国人市民と出会う[10]。復興への過程で兵庫県は在神戸各国総領事，外国人団体代表，国際交流団体幹部，有識者らで構成された「外国人県民復興会議」を開き，復興そしてまちづくりへのパートナーとして，外国人市民も話し合いの席に公的に着くことにもなる。

10　Re:Cプログラムにおける勉強会，TCC常務理事日比野氏講演より (2004年7月24日)。

被災から復興への道筋の中で，情報伝達という点で外国人市民は日本人被災者よりも苦しい立場に立たされた。そうしたマイノリティ被災者のためにボランタリーベースによるさまざまな支援が試みられていく。

本書のフィールドであるTCCも，1995年1月の阪神淡路大震災の際，被災したカトリック鷹取教会を拠点にベトナム人等のニューカマーや高齢者などマイノリティ被災者への支援活動を開始した鷹取救援基地をその前身としている。鷹取救援基地では当初，物資支給，ボランティア受け入れの拠点として活動を始め，まちの保健室（災害時医療支援から老人訪問活動へ），被災ベトナム人救援連絡会（被災情報のベトナム語翻訳と情報配布），コミュニティラジオ放送局（多言語：ベトナム語，スペイン語，タガログ語，英語，日本語，韓国・朝鮮語で情報提供をするFM放送）などが活動していた。

2000年4月，鷹取救援基地はたかとりコミュニティセンター（TCC）と名称を変え，震災後の復興から神戸市長田区で活動する多文化なまちづくりを目指す複数のNPO等の連合体へと姿を変えていく。TCCはそれ自体，法人格を持つNPOであり，現在ではマイノリティ被災者支援からマイノリティとともに歩む多文化な「まちづくり」を目指す，多様なNPOの連合体として活動を続けている。

2006年12月現在，下記の8つのNPO等がTCCの構成団体として活動している

① コミュニティラジオ放送局（多言語FM）（現在はベトナム語，スペイン語，タガログ語，英語，日本語，韓国・朝鮮語に加え，タイ語，中国語の計8言語で放送がされている）
② 在日外国人女性・アジアの女性への自立支援組織
③ 多言語翻訳・通訳コーディネイト事業を行う組織
④ 高齢者介護サービスを行う組織
⑤ 外国人児童・生徒に対する支援団体（外国人児童・生徒への家庭教師派遣，スペイン語圏の子どもへの母語教育支援，スペイン語圏出身住民への情報誌発行）
⑥ ベトナム系住民の自助組織（ベトナム系の子どもへの母語教育支援，ベトナム系住民への生活相談，日本社会へのベトナムに関する情報普及

事業)
⑦　マイノリティや市民活動へのインターネットやビデオ制作を通じた支援組織
⑧　市民活動へのパソコンなど技術的な支援組織

　これら8つの下部団体は，個々に自立性を保ちながら緩やかに連携し，多様なプログラムを展開している。そうしたプログラムは，外国人等マイノリティの支援・自助活動を行うと同時に，マイノリティと地域の市民が直接出会う機会を提供し，行政に対しマイノリティの声を届けるなど，マイノリティと日本社会の間をつないでいる点が特徴的である。

　それぞれの構成団体は基本的に独立して活動しているが，月に2回，事務局会議を開き，それぞれの団体の事業の進捗状況，活動予定を報告し合い，TCC全体として目指す「まちづくり」の方向を共有している。

　また上記8つの団体も，それぞれが10年間でさまざまな離合集散を繰り返し，現在も変化を続けている。これ以外にも，協力団体として現在も協力関係にあるが，独立して場所を移した関西ブラジル人協議会などの団体もある。

　上記団体には地域に暮らす日本人，ベトナム人，韓国・朝鮮人，日系ブラジル人，日系ペルー人など，さまざまな文化的背景の人々が集う。また，常勤スタッフ，ボランティア，インターン，地域の子ども，障害をもつ人，高齢者などが毎日やって来る。鷹取救援基地の時代より関わっているTCCの常務理事日比野氏は，活動を総括して下記のように語る。

　「ナントカ人ってかたまりになると（差別が）出てきますよね。汚いとかそういう言葉がいまだに出てきてしまう。個別に見える機会が大事ですね。いかにそういう機会を作り続けるのかがここの活動ですよね。その個別に遭遇する，両方がベトナム人日本人ではなくて名前まではわからなくても一個人としてわかる関係をどれだけ築けたのかってのが10年間の活動」。
（2005年8月19日インタビュー）

　マイノリティを支援するだけでなく，ホスト社会側の住民を活動に巻きこ

み，双方に個別の出会いを提供することによるマイノリティとホスト社会の住民の意識の変容の重要性を強調している。震災の復興から多様な人々が暮らすまちづくりへ，その作業の中で人々の個別的な出会いの場をプロデュースし，提供し続けてきたのがこのTCCの活動であるという。

(3) TCCにおける外国人青少年の表現活動の系譜

TCCにおける外国人青少年による表現活動は，1998年から2000年末まで，コミュニティラジオ放送（多言語FM放送局）で制作された，日系ブラジル人高校生とベトナム人中学生によるラジオ放送番組「多文化子どもワールド」をもって始まる。この「多文化子どもワールド」の制作に関わったTCCの代表者の一人，吉富志津代氏は，「多文化子どもワールド」開始時の目的を下記のように語る。

「初めに疑問を抱き始めたのは自分の子どもが学校に通い始めた頃。あれしちゃいけない，これしちゃいけない，あの人がこう言ってるからこれに合わせなきゃいけない。非常に生きにくそうだった。外国人の子どもたちもたくさんいた。（中略）その子たちが（日本に）来たときは生き生きしているのに，日本の学校に行くにつれてどうも自信なさげになっていく。自分の意見とか自分はこうしたいとか，自分はこうなんだってことをだんだんと言わなくなっていく。これは私たち大人がもっとしっかり考えなくっちゃ，っていうことからこれを何とかしようと多文化子どもワールドを始めた」。　　　　　（2004年1月24日「Re: Cプログラム」第1回ラジオ放送より）

外国人青少年の表現活動への支援の出発点には，まず，他の子どもとは違う文化背景をもつが故に日本の学校生活の中で萎縮し，自信を失う外国人の子どもたちの存在が語られている。同化圧力の強い日本の学校風土の中で周囲とは異なる文化を背景に育ち，異なる言語運用能力をもつ子どもたちがそうした違いをできるだけ周囲から見えなくする「自己表出の抑制」ともいうべき態度をとっていることがうかがわれる。そうした子どもたちが周囲の日本人児童とは違う表現手段を手にすることで，他者とつながり，その結果，

抑圧され，萎縮していた「声」を取り戻す。その取り戻した「声」をホスト社会に響かせることによって自信を回復してほしい，という願いが，この外国人青少年による表現活動支援には込められていたという。

このときラジオDJとして選ばれた子どもたちは，いずれも母親がTCCの下部組織のベトナム系自助組織や，日系ブラジル人自助組織のスタッフを務めていたため，日頃からTCCに出入りしていた縁で抜擢されたという。

2000年末，ラジオ番組「多文化子どもワールド」は休止する。その理由を前出の吉富氏は次のように説明する。

「だんだん続けているうちにコーディネートをしていた大人（日本人女性）が子どもたちの世話を焼くようになっちゃった。子どもと親子みたいな関係で，（中略）今日はこういう人ゲストに連れてきたからこれで話しなさいとか。今日はこんな曲があるからこれでどうぞ，ってその子たちに与えてしまってお母さんになっちゃったんですね。それでこれは当初のこの子たちが自分で何かして自分で発信してそれで何かの自信を持つってことにならない。ただ言われてやってる」。

(2005年10月15日Re: Cプログラムボランティア向け勉強会にて吉富氏講演録より)

この親世代のコーディネーターを務めた女性が子どもたちの番組を仕切ることによって，子どもたちは表現する主体ではなく，仕掛けられた表現を演じる存在になったという。

こうしてTCCにおける青少年の表現活動は1年間休止し，1年後の2001年末，新たにRe: Cプログラムがスタートする。また2002年秋には，ラジオ番組「多文化子どもワールド」のDJだったベトナム人中学生が高校生となり，日系ブラジル人と在日韓国人3世の友人を集め，計3人で後続番組「バアサムトレイス」をスタートさせる。

このとき，両プログラムでは子どもたちの主体性が阻害されないように細心の注意が払われる。Re: Cプログラムでは，中心となるボランティアリーダーは必ず「大学卒業前後で就労経験がなく何のマニュアルもない人」がリーダーの条件とされ，「多文化子どもワールド」での失敗（すなわち，コーディ

図1　TCCにおける外国人青少年による表現活動の系譜

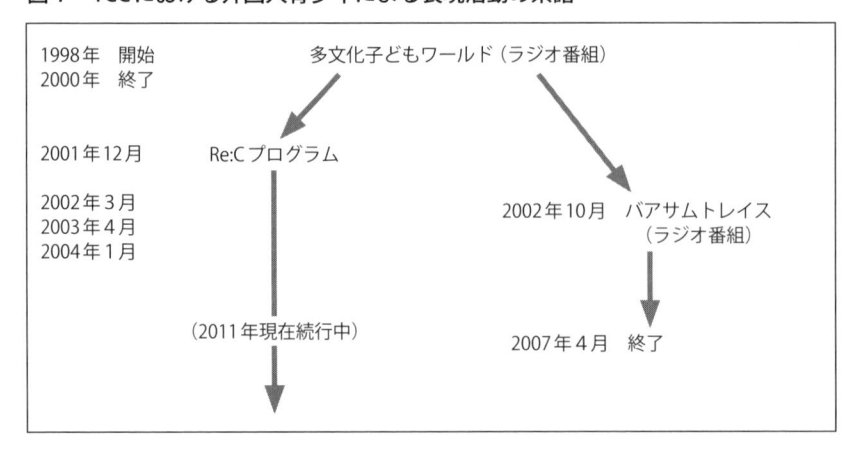

```
1998年　開始              多文化子どもワールド（ラジオ番組）
2000年　終了
                    ↓                        ↓
2001年12月    Re:Cプログラム

2002年3月
2003年4月                        2002年10月　バアサムトレイス
2004年1月                                    （ラジオ番組）
                                              ↓
              （2011年現在続行中）    2007年4月　終了
                    ↓
```

ネーターが子どもを仕切ることで子どもたちが表現する主体ではなくなった，という経験）は繰り返し語られた。また独特の子どもを待つ姿勢がボランティアの間で共有されている。「多文化子どもワールド」終了から2年後に再開した後続番組「バアサムトレイス」の番組プロデューサーの金千秋氏は，振り返って下記のように語る。

　　「（3人のDJに）あんまりいろいろは言わなかった。自分たちの世界を
　　作ってほしかった」。　　　　　　　（2008年7月15日フィールドノートより）

　つまり，番組作りは基本的にDJ役の3人の外国人青年に任されたのだ。2000年末から2001年にかけての青少年活動の休止中，TCCの代表者たちがアメリカのベトナムコミュニティを視察した。その際，交流をもった「VYDC（Vietnamese Youth Development Center）」の活動にRe: Cプログラムはヒントを得ているという。VYDCでは，ベトナム難民子弟がビデオ制作などの表現活動を通じて自己表現をすることでエンパワーメントを目指す。ラジオでの自己表現を志した「多文化子どもワールド」よりも簡単な機材で表現活動ができるビデオ制作。この新しいコンセプトのもと，Re: Cプログラムはスタートする。TCCに関係のある外国人スタッフの子弟や，母語教室や近

在の外国人児童向け学習支援教室に参加している外国人児童・生徒を中心に参加が呼びかけられたという。

　以下にこれまでのTCCにおける外国人青少年による表現活動の系譜を図1にまとめた。

　こうしてTCCにおける外国人青少年による表現活動は形成されてきたのである。

　さて，今後本書において外国人市民の表現活動を紹介していく中で，多数の登場人物が名前をもつ個人として登場してくる。当初，それらの人々を仮名で表記することを検討していた。しかし，ある登場人物から，なぜ悪いことをしているわけでない私たちの記述をするのに異なる名前で表記するのか，と問われた。名前について本名と日本名の使用について自らも悩み，子どもたちの名前についても深く考え，子どもたちとエスニシティ（民族性）の出会いを支援してきた人からの問いかけだった。そこで，登場人物本人からの承認，理解をいただいた場合，本名か本名の一部を表記させていただいた。また，本人の意向が確認できなかったり，本人が本名での表記を希望しなかった場合は，仮名表記をさせていただいた。おもな調査協力者のリストは巻末資料2に詳しい。

第2章 私を語る
外国にルーツをもつ子どもたちの異文化間リテラシー

1　ここで語ること

(1)　外国にルーツをもつ子どもたちの表現——自己表出の抑制を超えて

　ここでは，多文化なまちづくりに取り組むNPO, TCC内部に設定されたRe: Cプログラムに集う，外国にルーツをもつ子どもたちに焦点を当てる。彼らがRe: Cプログラムという居場所[11]を得て，そこで学生ボランティアとの対話を通じ，外国人であることを肯定的に捉え，主流とは異なる独自の視点をもつ存在であることを認識し，その視点をコミュニティラジオ放送や作文などのメディアを通じてホスト社会に対し発信を始めるまでのプロセスを追っている。日本社会で育ち，さらにNPO内部の居場所に参加し，多様な人的資源へのアクセスの機会をもった外国にルーツをもつ子どもたちが，いかに異文化間リテラシーを身につけるのかを解明するのが本章の目的である。

　本章で登場する外国にルーツをもつ子どもたちの多くが，学校における同化圧力を経験して外国人であることに由来する個性（外国語運用能力や生活文化）を表に出さないようにしていた。そうした自己表出の抑制状態から外

11　「居場所」とは何か。田中（2001）によると，「居場所」とは「他者との関わりの中で自分の位置と将来の方向性を確認できる場」であるという。「居場所」というきわめて一般的な用語がある種の意味を伴って使われ始めたのは1980年代も後半で，文科省の政策文書に使用されるようになったのは1990年代になってからのことだ。ハート（2000）や田中（2001）そして子ども参画情報センター（2004）などが，子どもの居場所作り，子どもの社会参画の試みを豊富な実践報告を伴い紹介している。そこでは，多様な人々が集う「居場所」は，青少年の健全育成に必要であるという指摘が多くされている。しかし，先行研究の論考や実践の多くは「子ども」一般を対象としており，外国人児童・生徒が意識的には対象になってはいない。アジア系の外国人児童・生徒に限定し，その居場所の意義を説いた論考に，矢野（2005 & 2006 & 2007）の一連の研究がある。矢野によると，居場所とは，「いつでも立ち寄れて日本人が主流ではなく，お互いに尊重し親密な距離感を楽しみ，自己表出を安心して行え，大人が居り，必要な相談や支援が受けられる場所」と定義されている。

国にルーツをもつ子どもたちのための居場所として設定されたNPO, TCCでの学びを経て「エスニックマイノリティ独自の意見・視点を認識・発信する力」という最も初期段階で現れる異文化間リテラシーを身につけるところまでを本章でフォローする。

　さて, Re: Cプログラムでの観察に入る前に, 私が出会った外国にルーツをもつ子どもたちの多くに観察された, 外国人であることを表に出さないようにする「自己表出の抑制」について述べたい。Re: Cプログラムにやって来た当初, 多くの外国にルーツをもつ子どもたちは, 外国人らしさを極力隠蔽し, 日本の子どもと変わらないように振る舞おうとする。これでは異なる文化背景をもつ者同士の対話から生まれる異文化間リテラシーの形成は難しい。なぜ彼らは外国人としての自己を隠蔽するのか。

　外国にルーツをもつ子どもたちにとって, マイノリティである外国人としての自分を肯定できる場面は少ない。滞在の初期は日本語運用力の問題から教室内での居場所の獲得は難しい。また滞在の長期化によって, 子どもたちが社会生活言語[12]を巧みに操るようになると, 学校の教室内ではみんなと一緒に扱う「いいかげんな普遍主義」(志水, 2003)が子どもたちの生活を取り巻く。また, 恒吉 (1996) は「一斉共同体主義」, 太田 (2000) は「脱文化化の機関」などの言葉で, 日本の学校の教室空間の同化圧力の強さを表現している。こうした学校の教室空間においては同化圧力にさらされ, 出自や家庭での生活習慣, 母語など「みんなと違う自分」を表に出すことが難しくなる。

　そうした学校空間での同化圧力にさらされ, 数多くの外国にルーツをもつ子どもたちが周囲とは異なる生活様式・ルーツや自らの母語運用能力を隠蔽し, 多様な個性, 異文化からの視点を同化の仮面の下に隠してしまい, 外国人としての自己表出を抑制する。

　「日本の学校」で何が起こっているのか, 2006年から2009年にかけて

12　社会生活言語とは, 文脈依存度の高い, 言語の意味理解の助けとなる「非言語的要素 (ジェスチャー・顔の表情・行動)」を含む状況で用いられる言語のこと。子どもであれば, 1〜2年での習得が可能である。それに対して授業についていくために必要な言語は「学習思考言語」と呼ばれ, 非言語的要素が少ない状態で用いられ, 抽象的思考に必要な言語能力が求められる。社会生活言語と比べて複雑で高いレベルの認知能力が必要となるため, 習得期間も5年程度は要する (太田, 2000, p.172)。

TCCの周辺に位置する6校の小学校において多文化担当教諭と面接し，インタビューを行った（インタビュー調査の詳細に関しては巻末資料1参照のこと）。TCCのRe: Cプログラムに集う子どもたちのほとんどが，これらの小学校に通い，あるいはかつて通っていた外国人児童・生徒であった。また，その中でも特にベトナム系住民の集住地域に位置する甲小学校と乙小学校に対しては，年に1度開催される学校開放日(両校ともその日を「コリアベトナムフェスティバル」と呼び，韓国・朝鮮，ベトナムの食文化，遊び，民族衣装，言葉に触れる機会にしている)に参加し，甲小学校に関しては，学校内に設置されたベトナム母語教室(第6章にて詳述)への参与観察も行っている。

それらのインタビュー，参与観察の結果，教室内で生じている外国人児童への同化圧力が下記のように観察された。

乙小学校でのコリアベトナムフェスティバルに参加した際，下記のように実際に名前のからかいを受けるベトナム系の女児の例を観察した。

　　乙小のコリアベトナムフェスティバルでは，「ベトナムの遊びを体験してみよう」，「チャンゴ（朝鮮式太鼓）を叩いてみよう」，「民族衣装を着てみよう」などのいくつかのアクティビティがあり，子どもたちはそのうちのいくつかを希望して参加する。その中で「ハングル文字を書いてみよう」というアクティビティがあり，子どもたちが自分の名前をハングル表記にして栞を作るという活動をしていた。

　　その活動中に「フイミー・チャン」という名のベトナム系女児（6年生）がおり，彼女は自分の名前の「ン」を配布されたハングル50音表に見つけられなかったので，机間巡視中の講師にどう書いたらよいか質問した。それを聞いていた別の6年生の少年が，「フイミー・チャソ」，「フイミー・ジョンソン」などと事実と異なる名前を小声でつぶやき続ける。本人は「ええかげんにし，なんなのあんたら」と慣れた調子で不快感を表す。

　　　　　　　　　　　　　　　（2007年10月18日フィールドノートより）

「クラスのみんな」と違う名前に対するからかいは，日常的に存在している様子がうかがわれた。このように教室の中では，「ほかのみんな」とは違う名

前，さらには遊びなどの文化実践をできるだけ表出しないように子どもたちは振る舞うようになっていく。以下は，乙小の多文化担当教諭によって語られた例である。

　「この地域は在日（コリアン）の人が多いので父母もフランクに話してくれるが，でも多文化の学習のとき，おうちの思いや子どもの気持ちを知らずにぶつけてしまうのは危険（中略）。ベトナム人かなにじんか言われたくない。ちょっとはわかってほしいけど。ミンちゃんって女の子がいて，『ベトナムの遊びをしよう』ってときに『ミンちゃんのお父さんは知ってるかもね』って言ったんです。名前も違うし，顔もベトナム人でみんな知ってるし。そしたら『ミンちゃんベトナム人じゃないからわからない！』って叫んだんです。みんな凍ってしまった。みんなと一緒の中で，本人が自分だけ違うと言われてショックだったんだと思うんです。お母さんに話したら『自分の国のことなんで隠すんや。しゃんとしなさい！』って怒られてた。でも自分だけが違うって大人が考えるほど簡単なことではない」。
　　　　　　（2006年8月10日フィールドノート乙小多文化担当教諭インタビューより）

　このように，学校文化の中で他の子どもとは違う出自を明らかにする難しさを語る。この乙小学校は非常に細やかにニューカマーの生徒の受け入れに取り組んでおり，TCCの下部組織であるベトナム系自助組織の代表者ハイ・ティー・タン・ガ氏も「あの学校は良い」と特に校名を挙げるような学校である。Re: Cプログラムの常連のベトナム系の中学生たちも，卒業した現在も頻繁にこの小学校を訪れ，保健室や校長室に遊びに行き，時を過ごすという。この多文化担当教諭も一人ひとりのベトナム系の元教え子のことを非常に細かく覚えていた。だからこそ，「ミンちゃん」というベトナム系の女子児童の心の揺れを敏感に感じ取り，学校文化の中での「みんなと違う」ことを表明することの難しさを心に刻んでいるのだろう。
　日系ブラジル人3世の当時中学生だったエリアネが，Re: Cプログラムで，学校で行われている体育祭の練習に疲れてしまった，と涙を流しながら下記のように語ったことがある。

「自分にできないことがすごくくやしい。日本とブラジル全然違うし。体育祭でもなんかハズイ(「恥ずかしい」の若者言葉)もん。マスゲーム, いっつも注意されるの私なんですよ。で, 注意ってもたまに言葉がわかんないんですよ。言葉が早いんですよ」。　　(2005年9月17日フィールドノートより)

　一糸乱れぬマスゲーム, 日本の教育を経てきた者には「当たり前」の光景だが,「なぜみんなが揃うことがそんなにも大切なのか」という彼女の訴えに私は自らの価値観を相対化させられ, 言葉を失った。
　このホスト社会のマジョリティにとっての「当たり前」に,「みんな一緒」の学校風土の中で, 外国にルーツをもつ子どもたちが「みんなと違うこと」が「独自性」ではなく,「みんなと一緒に行う能力がないこと」＝劣位性として読み替えられてしまうことが観察される。「みんなと違う」＝独自性がオリジナリティとして, 劣位性とは異なる次元の評価軸にあることが日本の教室の中では見えにくい。日本の学校文化についてアメリカの学校文化と比較した臼井(2001)によると,「アメリカでは子どもの自尊心に働きかけ(中略)他者と切り離された自己のアイデンティティの形成」に力点が置かれるというが, 日本の学校では「参加者が個々バラバラに個性を発揮することを抑制してみんなであるレベルの仕事をするよう努力することで底上げを図る」ことが奨励されるという。「みんなと一緒」を良しとする日本の学校風土は, こうした個人が個性を追求せずに, 全体がある一定レベルをクリアすることを目指す教育姿勢から生じているのではないか。
　「みんなと一緒」を良しとする学校風土の中で, 独自性(オリジナリティ)を劣位性と読み替えるという操作が, 外国人を含む個性的な子どもにとって, 学校という場を息苦しくさせる。そうした日本の学校風土への問い直しがないまま, マイノリティの子どもたちは「みんなと一緒に振る舞う」実践を試みていく。ある者は名前を日本風に変え[13], ある者は母語運用能力を隠し[14],

---

13　第4章3(1)(ii)に詳述するように, ベトナム名(本名)を日本風の通名にすることで「名前を変えてめちゃくちゃ変わった。嫌なこと全部隠した。名前で決められることがなくなった」と語るベトナム人ラッパー, ナムの事例等。

外国人としての自分を表出しないように，つまりホスト社会への同化の文化適応戦略を選んでいく。

そうした学校の教室内で外国人としての自己の表出を抑制している状況にある子どもたちが，居場所を得て，その居場所から外の世界へと自分自身の思いを表現していくことをRe: Cプログラムは奨励する。そこで子どもたちが何を学び，いかに外国人としての自分自身の思いの存在に気づき，それを表現していくようになるのか，具体的に見ていくことにする。

(2) Re:Cプログラムについて

この章と次の第3章でおもに取り上げるRe: Cプログラムの活動について紹介する。

2001年末，活動を開始したRe: Cプログラムは，「TCCの中庭的存在」といわれ，TCCの下部組織である複数のNPOが協働して運営するプログラムである。毎週土曜日，TCCの下部組織やその協力団体が外国人児童・生徒を対象に母語教室や学習支援教室などの支援活動を行っている。そこに集まってくる子どもたちに母語教室や学習支援教室の前後の時間，Re: Cプログラムへの参加を呼びかけ，パソコンルームを開放し居場所を提供する。さらにはTCCの下部団体である「外国人児童・生徒に対する支援団体」，「マイノリティや市民活動へのマルチメディアを通じた支援組織」の常勤スタッフがボランティアの参加を受け入れ，外国にルーツをもつ子どもたちによる映像作り，ラジオ番組作りやアニメーション作りなどの表現活動を支援している。また月に1回，「コミュニティラジオ放送局（多言語FM）」で外国にルーツをもつ子どもたちや学生ボランティアが30分の放送枠を持ち，ラジオ番組の制作と放送を行っている。

以下，Re: Cプログラムの活動を箇条書きにまとめる。

---

14 本章2(3)に詳述するとおり，母語を話している場面を級友に目撃されることで，驚かれたり，賞賛されることを「暑苦しい」，「恥ずかしい」と感じており，自らの母語運用能力をできるだけ級友の前では表出させない努力をしているベトナム系中学生の事例等。

毎週土曜日のサロン活動。「今日は何をしようか」,「お絵かきをしよう！」で突然始まるお絵かき大会。

(i) サロン活動

　毎週土曜日の午後，外国にルーツをもつ子どもたちに提供される居場所活動のこと。2003年度より開始。数名の子どもたちが集い，そこに学生ボランティが参加し，おしゃべりやドッジボール，アニメーション作りなどが行われる。活動は基本的に子どもの提案で行われる。宿題やテスト勉強が行われることも稀にある。筆者が観察を始めた2004年7月以来2007年3月までの間の参加者数は，外国人児童・生徒59名とその友人として参加した日本人児童・生徒50名が記録されている。

(ii) 映像制作と上映会

　2001年12月，最初の映像作品の撮影が始まる。以来2008年まで9本の作品が発表されている。基本的に外国人の子どもたちの希望に基づき，子どもの手による映像作品が制作される。ボランティアはどんな映像を撮りたいか，相談に乗り，撮影を助け，編集技術を指導する。1年間の時間を要した作品も，2週間で完成した作品もある。

コミュニティラジオで，月に1度，30分の番組制作と放送を担当するRe:Cのメンバー。外国人の子どもたちをメインパーソナリティに，大学生ボランティアがそれを補助する形で番組は作られる。外国人の子どもから見た世界をラジオを介してコミュニティに，インターネット放送を介して世界に発信している。

　また，上映完成披露会が必ず催され，関係者や興味のある人々が参加して作品を鑑賞し，その感想をその場で作者である子どもに伝える。さらに外部団体による多文化関連のイベントや行政の生涯学習の場で上映される場面もあり，作者の子どもはできる限りそうした場に参加して観客の生の反応に触れることが奨励される。

(iii)　ラジオ番組制作と放送

　TCCの下部団体であるコミュニティラジオ放送局（多言語FM）において，毎月1回30分のRe: Cプログラム枠のラジオ番組がある。2004年1月に放送を開始し，2006年3月までは学生ボランティアが中心に日々の活動を報告していたが，2006年4月より，外国人中学生・高校生がメインパーソナリティを務め，番組を制作放送している。

⑷　ボランティア向けの勉強会

　2002年3月以来，年に4～5回，ボランティア向けの勉強会が開催され，子ども，多文化，市民メディアなどのテーマで専門の市民活動家や大学教員から話を聞き，ディスカッションする機会が与えられる。こうした勉強会を通じて，ボランティアは実践の場での学びを得るだけでなく，専門家による講義，専門家との対話を通じ，外国人児童・生徒とそれを取り巻くホスト社会の状況をより広い視点から捉え直す機会を得る。

⑸　外国人の子どもたちを対象にした表現講習会

　映像表現講習会，ラジオ番組制作講習会，アニメーション制作講習会，ラップ講習会などが，毎週土曜のサロン活動の時間内に不定期，単発で開かれる，表現活動の実践のための技術講習会。子どもたちが興味・関心を示した表現活動についてTCCと協力関係にある表現作家を講師に招き，実際の表現に道筋をつける講習会である場合（例えばラジオ番組制作講習会や映像講習会など）もあるし，子どもの興味よりも先にTCC側が企画としてもちかけ，その日のサロンに参加した子どもたちが「イベントに参加する」というスタンスで講習を受ける場合（例えば陶芸講習会，アニメーション制作講習会，ラップ講習会）もある。2002年度以降2007年度までに開催された表現講習会は下記のとおりである。

　2002年　映像講習会
　2003年　映像講習会／アニメーション講習会
　2004年　木工講習会／陶芸講習会／アニメーション講習会
　2005年　アニメーション講習会／映像講習会
　2006年　木工講習会／ラジオ番組制作講習会／映像講習会／ラップ講習会
　2007年　映像講習会／クレイ・アニメ講習会

　　　　　　　　（出典：Re: C, 2003 & 2004 & 2005a & 2006a & 2007 & 2008）

　本章では特に，土曜日の午後のサロン活動での子どもたちと学生ボランティアの交流から彼らが何を語り合っているか，そのダイアローグから分析

を行っていく。

(3) 調査の方法

2004年より2009年まで，毎週土曜日の午後行われるRe: CプログラムのサロN活動へ1ヶ月に1〜2回程度の頻度でボランティアとして参加し，参加型のアクションリサーチ（佐藤, 2005）を行った。そこで子どもたちがサロン活動中に子ども同士またはボランティアとの間で交わす会話を中心にフィールドメモに記述し，帰宅後，フィールドノートにまとめた。本章2の外国にルーツをもつ子どもたちの学びの項は，2004年7月から2007年3月までのフィールドノートを解析し，子どもたちとボランティアが交わした会話をもとに分類している。

また，特に表現活動を志向する外国にルーツをもつ子どもたちがいる場合は，マイクロエスノグラフィー（箕浦, 1999；野津, 2007）の手法を用いてサロン内の微細な人物配置や人と人の交流，交わされる会話を記述した。野津（2007）によると，マイクロエスノグラフィーとは「限定されたフィールドに生起する微細なユニットに着目し，人々の生きている意味世界を当事者の文脈に沿って解釈的に分析する手法」(p.157)であるという。本章3の外国にルーツをもつ子どもたちの表現活動の契機を描いた箇所が，この手法によって得られた情報をもとに再構成したものである。

2　Re:C プログラムへの参加と学び

(1)　会話から見る子どもたちの学び―― KJ 法による分析

毎週土曜日の午後，Re: Cプログラムは外国人の子どもたちにTCC内にあるパソコンルームを開放し，居場所を提供する。その居場所の運営は「サロン活動」と呼ばれ，地域の大学生を主体としたボランティアがそこに入り，子どもたちと交流し，その交流の中から子どもたちの希望に従い映像作品作りやラジオ番組制作などの表現活動を立ち上げていくという活動である。

参加者名簿の記録によると，2004年度から2007年3月までにサロンを訪れた子どもの数は，ベトナム系45名，ペルー系10名，ブラジル系2名，ボリ

ビア系1名，オーストラリア系1名，そしてこうした多様な国籍の友人について遊びに来た日本人児童が50名。外国人児童・生徒の参加者は合計59名，日本人児童も含めると109名の子どもの参加が確認されている。

この多数の子どもたちは皆一様にRe: Cプログラムに参加しているわけではない。ある者は積極的にボランティアとの会話を楽しみ，ある者はひたすらパソコンゲームを楽しむが故に，まったく周囲と会話をしない者もいる。彼らが具体的にどのような会話を交わし，そこから何を学んでいるのか，見ていくことにする。

ここでは，分析方法としてKJ法(川喜田, 1967＆1996)[15]を採用した。今回私は，フィールドノートの中から子どもたちのボランティアとの会話による交流の部分をコード化し取り出し，「子どもたちが獲得したもの・学んだこと」の種類によってラベル付けを行った。そのラベル同士の類似点・相違点を比較し，より上位のカテゴリーへと統合した。その結果，以下の4大分類，8つの小分類が設定できた。

大分類1：アミューズメント
　　小分類1：パソコンゲームへのアクセス
　　小分類2：イベント参加
大分類2：人間関係の形成と確認
　　小分類3：心情を吐露する機会
　　小分類4：賞賛を得る機会
大分類3：生活・学習支援
　　小分類5：日本の常識・一般的な知識
　　小分類6：学習指導・進路指導
大分類4：文化的生産
　　小分類7：居場所での活動企画
　　小分類8：居場所からの表現活動

15　川喜田（1996）によると，KJの基本手順は，①ラベル作り，②グループ編成，③図解化，④叙述化の4ステップからなる。本研究では前半2ステップを採用し，カテゴリー化を行った。

このうち，大分類1のアミューズメントは，ほとんどすべての子どもがアクセスするパソコンゲームをはじめ，アイドルに関するおしゃべり，クリスマス会の催しへの参加など，子どもたちにとっての「お楽しみ」を指す。

　Re: Cプログラムは，TCCの他の構成団体からしばしば「パソコン教室」と呼ばれている。初めてRe: Cプログラムを訪れた子どもたちの多くは，「サロン」をパソコンゲームをするところだと認識している。そしてパソコンゲームにだけアクセスし，去っていく子どもも多い。しかし何度も「サロン」に通い，ボランティアとの人間関係を形成することができた子どもは，パソコンから顔を上げ，子ども同士やボランティアとの会話を楽しむようになる。以下，大分類2／小分類3から大分類4／小分類8までの子どもたち同士や子どもたちとボランティアの会話を分析し，そこから得る彼らの「学び」を解説する。

(i) 大分類2：人間関係の形成と確認／小分類3：心情を吐露する機会

　サロンを頻繁に訪れ，ある程度の信頼関係がボランティアとの間や子ども同士できると，愚痴，葛藤，不安を子どもたちは語り始める。そうした発言にボランティアは「心情を吐露する機会」とカテゴリー化した。実際に観察されたコードのラベルは下記のとおりである。

・来日当初の苦労
・離れていく親友との長い付き合い，深い結びつき
・父親の暴力と無理解
・学習支援教室の先生のこと
・片思いについて
・不良生徒への不快感，中卒で就職することへの不安
・母語を使うときにまつわる感情
・定時制高校に通うことの葛藤
・友人をほかの友人に取られた
・友人と比較されることの不快感
・母親のしつけの厳しさ

・部活動での先輩との葛藤
　・異性にもてている自分

(ii)　大分類2：人間関係の形成と確認／小分類4：賞賛を得る機会
　　また，子どもたちの長所をボランティアたちは機会をとらえてほめ，そして励ます場面も多く目撃された。外国にルーツをもつ子どもたちは，年長のボランティアたちにほめられることに照れながらも誇らしく感じているらしく，一度ほめられると何度もその行動を繰り返すシーンも観察された。
　・英語の発音の美しさ
　・ベトナム語の美しさ，かっこよさ
　・短い滞日期間での日本語能力の獲得
　・人の注意をそらさない話術の巧みさ
　・作文能力
　・創造的な遊びのできるHPの発見
　・アニメーション制作におけるスタイリッシュな表現
　・ゲーム研究の緻密さ

(iii)　大分類3：生活・学習支援／小分類5：日本の常識・一般的な知識
　　日本人の両親をもっていれば家庭生活の中で日常会話の中から得られる常識・知識を，ボランティアたちに質問する場面も多く見られた。子どもたちが日ごろ不思議に感じながら，家族が答えてくれない，あるいは級友や先生には聞くことがはばかられた日本社会のあるいは一般的な常識・知識に関する会話のコードをここに分類した。このカテゴリーに分類された会話コードのラベルは下記のとおりである。
　・夏休みの宿題の画用紙に自腹を切るのはなぜか
　・ボランティアの15歳時代の不安を聞きたい
　・ホリエモンはなぜ逮捕されたか
　・中学生男子はなぜぎらぎらしているか
　・日本人は差別の経験があるか
　・ビートルズの時代・戦争中の神戸の話

・勉強の場と遊びの場の違い

(iv) 大分類3：生活・学習支援／小分類6：学習指導・進路指導

　また定期試験や受験前など，中学生以上の子どもたちは試験勉強道具をサロンに持ち込み，ボランティアに勉強を見てもらう場面も時折，観察された。そうした実利的な学習活動や情報収集活動に関わるコードを，このカテゴリーに分類した。

・定期試験勉強指導
・高校入試の模擬面接・想定問答集作り
・高校入試の小論文指導
・冬休みの宿題の絵手紙（絵入り年賀状）作り
・平和学習の資料作り
・夏休みの宿題
・保育実習の報告書作り
・日本で将来農業を仕事にすることはできるか
・パティシエになるにはどうしたらよいか
・漫画家になるには，漫画家の仕事とは
・派遣労働とは何か，自分にできるか
・大学とは何か，ボランティアは大学に行ってるのか

(v) 大分類4：文化的生産／小分類7：居場所での活動企画

　上記の大分類2〜3の学びにアクセスし，ボランティアとの人間関係を築いた子どもたちのうち，何人かがサロン内での企画作りに参画を始める。

・クリスマス会企画
・木工教室企画
・サロンでのルール作り

(vi) 大分類4：文化的生産／小分類8：居場所からの表現活動

　そうした居場所での活動企画を経たあと，さらには映像制作やラジオ番組作りなど，社会に向けての自分たちの声の発信という機会を獲得していく様

外国人の子どもたちを対象とした表現講習会の一環として行われた木工教室。夏休みの宿題作りに利用する子も。

子も確認された。そうした実利的な学習活動や情報収集活動に関わるコードをこのカテゴリーに分類した。
　・ラジオ番組出演・制作
　・映像制作
　・反差別作文の取材執筆

(2)　学びを得ている子どもたちの特徴

　上記のように，多様な学びを外国人の子どもたちは得ている。しかし，サロン活動に参加したすべての子どもたちが一様にこうした学びを得ているわけではない。そこには参加の仕方によっていくつかの階層が見受けられる。
　子どもたちの多くは，最初「パソコンでゲームをする」ことを中心とした大分類Ⅰ「アミューズメント」を目的にサロン活動に参加する。2004年7月より59名の外国にルーツをもつ子どもたちのサロン活動への参加が確認されている。そのうち46名の子どもは，ボランティアとの話題がパソコン操作やウェブサイト等のアミューズメントに関する話題に終始する。

表2　子どもの年齢・参加回数と活動へのアクセス

	サロンへの参加回数（平均値）	年齢（平均値）
大分類1の活動にのみアクセス（46名）	2回	11.0歳
大分類2〜4の活動にもアクセス（13名）	30.6回	13.7歳
全体	8.9回	11.6歳

※　フィールドノート・出席簿より筆者作成。

　しかし残りの13名は，ボランティアとの会話，交流を通じ，「心情を吐露する機会」，「賞賛を得る機会」，「日本の常識や一般的な知識を獲得する機会」，「学習指導・進路指導を受ける機会」，そして「居場所での活動企画」，「居場所からの表現活動をする機会」等の学びを得る。これらの学びにアクセスした子どもたちには，どのような特徴があるのだろうか。サロンへの参加回数と年齢に注目したところ，そうした子どもたちは大分類1のアミューズメントにのみアクセスする子どもたちと比べ，サロンへの参加回数が圧倒的に多く，年齢も比較的高いという特徴が現れた（表2）。

　ここからわかるのは，サロンに集う子どもたちの参加や学びは決して一様ではないということである。「アミューズメントのみを求めてやって来る年少の参加回数の少ない子どもたち」と「アミューズメントを入口としながら多様な学びにアクセスし，サロンの常連となっている年長の子どもたち」の，大まかに分けて2類型の子どもたちが存在していることになる。

(3)　居場所を得た子どもたちの学び——共感と対話に導かれて

　では，アミューズメントを求めてRe: Cプログラムにアクセスし，大学生ボランティアや他の子どもと人間関係を形成し，Re: Cプログラムを居場所とした子どもたちは，ボランティアや他の子どもたちの対話から具体的にどのような学びを得ているのであろうか。

　Re: Cプログラムは，外国にルーツをもつ子どもたちのための居場所，表現の場として設定されている。TCCにはベトナムやペルーの自助組織が活動し，物品を販売していたり，コミュニティラジオ（多言語FM）放送に参加するために多様な国の出身者が始終集っている。また，子どもの参加者の多くが外国人であること，ボランティアたちも外国人児童・生徒の抱えている問

題についての基礎知識をもち，敏感であることから，Re: Cプログラムのサロンでは，子どもたちが外国人である自己を表出する場面が観察された。すなわち，母語の話や日本語習得の苦労，また祖国の話，日本社会への素朴な疑問などである。学校では通名を使っている子どもも，ここでは本名を使うことが多い。

　上記，子どもたちの学びの大分類2／小分類3「心情を吐露する機会」の中の「母語を使うときにまつわる感情」および大分類2／小分類4の「賞賛を得る機会」の中の「短い滞日期間での日本語能力の獲得」への賞賛は下記のような状況で表明された。

　　エリアネ（当時高校1年生の日系ブラジル人少女）が，ボランティアに請われて，ポルトガル語の数字の数え方や基本的な自己紹介，巻き舌発音のコツをボランティアや日本人小学生に教えていた。そこにやって来たサン（ベトナム系中2男子），ユン（ベトナム系中1女子），リン（ベトナム系中2女子）にエリアネが「ベトナム語の数字を教えてよ」と頼む。すると「うちら，ふつうにしゃべってんのに，『すごい！』とか『え?!』とか言われるのが暑苦しいねん。恥ずかしいねん」，「時々出てしまうけど，しゃべってって言われるとしゃべらない」等と言い，結局ベトナム語はしゃべらない。エリアネが「自分の言葉は恥ずかしいことない。家では何語をしゃべってる？」と聞くと「混ぜてしゃべってる」，「だいたいベトナム語かな？」と言う。ボランティアが完璧な日本語をしゃべるサンに「サンも家ではベトナム語？」と聞くと，ユンが「こいつこんなに見えるけどお父さんの通訳してやったりしてんねんで」と言う（つっぱって見えてもこいつはえらいのだ，というニュアンス）と「だまれ！」とサンがユンを遮る。流暢に日本語をしゃべっているが，サンが通訳もできるくらいベトナム語をしゃべれると言うので，ボランティアとエリアネは口々にサンの日本語能力をほめ，いつ日本に来たかという話になる。サンは小学校3年生で来日したのだと言う。同じく小3で来日しながら日本語運用能力がサンよりも劣るエリアネが「同じ小3で日本に来たのに，どうしてそんなにしゃべれるの？」とショックを受ける。そのショックを受けたという感じに，ストレートにほ

められたときよりもサンはうれしそうにする。

(2006年7月1日フィールドノートより)

　ここでは「暑苦しくて」普段，学校や日本人の友人の前では隠している母語の運用能力の存在が明らかになり，その上で日本語の獲得ということが賞賛の対象になっている。ボランティアからの賛辞だけでなく，年齢や出身国の異なる子ども同士の共感，励まし，賞賛も観察された。学校空間では「暑苦しく，恥ずかしく」感じて隠している2ヶ国語の運用能力がRe: Cプログラムでは自然に語られ，自尊感情の形成へと導かれていることに注目したい。
　これらのボランティアとの交流や子どもたち同士の交流から，外国にルーツをもつ子どもたちは，周囲の子どもと異なるエスニックルーツをもつことや2ヶ国語運用能力をもつことは決して隠蔽すべきことではない，肯定的に捉えられるべきことである，という「エスニシティの是認」を得ていることがわかる。
　このように大分類2「人間関係の形成と確認」にカテゴライズされた学びの中には，外国人として経験した苦労を理解され，励まされ，短い滞在期間で獲得した日本語能力や話術が賞賛の対象になるなど，越境とその後の定着の努力を理解し，賞賛する場面が見られた[16]。
　また大分類3「生活・学習支援」では，進路相談など，外国にルーツをもつ子どもたちが家庭で得にくい日本社会でやっていくための情報提供が見られた。

　　当時高校受験を控えていたエリアネ（日系ブラジル人中学生女子）の面接試験の練習をエリアネとボランティア数名で行う。エリアネの志望高校に提出した作文をもとに質問をする。その際，作文には将来の夢として介

---

[16] こうしたボランティアによる外国にルーツをもつ子どもたちへの理解，励まし，賞賛といったコミュニケーションは，第3章で触れるボランティアのコミュニケーション「共感」と呼応している。自己表出の抑制状態にある外国にルーツをもつ子どもたちが，自らの外国人としてもっている構造的な背景に理解を示し，またそれを内面化する際に発揮される個々人による個別的な適応戦略に光を当て，励まし，賞賛することで，子どもたちが同化の仮面の下に隠したマジョリティとは異なる意見・視点を表出させる準備をしているといえる。

護士とポルトガル語通訳の2つが書かれていたため，どちらの夢が本当の夢かボランティアに問われる。エリアネはしばらく考え，その後ボランティアと対話することで「高齢化した日系ブラジル人も安心して介護を受けられるポルトガル語ができる介護士」というエリアネの希望が明らかになる。
(2006年2月25日フィールドノートより)

　この事例では，単純にエリアネに日本社会でやっていくための情報が与えられただけではなく，ポルトガル語能力の基礎をもつエリアネの個性を生かした形での日本社会での活躍の可能性がボランティアとの対話によってエリアネの中で明確になっていく様子が観察された[17]。外国にルーツをもつ子どもたちは，家庭において日本での将来の進路やそこに至る道筋に関する情報を得にくいと推察される。そこで彼らは，それに関する情報を学生ボランティアに求める姿が何度も観察された。「漫画家になるには」，「日本で農業をするには」，「大学とは何か？　みんな行っているのか？」，「派遣労働とは何か」，その都度ボランティアたちは「なぜその仕事をしたいのか？　どういう分野を勉強するとよいのか？　今現在もっている能力で生かせるものはあるか？」などの対話を重ね，時にはインターネットで情報を検索し，年長のスタッフに質問し，子どもたちと対話を重ねることで，共に日本で描きうる子どもたちの将来像を構築していた。ここで子どもたちは「将来，日本でやっていく見通し」を得ているといえるだろう。

　Re: Cプログラムに定着した外国にルーツをもつ子どもたちは，学生ボランティアや他の子どもたちと人間関係を形成し，共感をもとにした対話を繰り返し，「エスニシティの是認」，「将来日本社会でやっていくための見通し」を得ていることが観察された。この学びが外国にルーツをもつ子どもたちを自己表出の抑制から自由にし，同化圧力により日本人化したのでもなく，外国人としてステレオタイプ化されたのでもない，2つの文化の影響を受けながらその影響をそれぞれに内面化した個性的な彼らの意見・視点を形成していく道を開いていく。

17　この，対話によって外国にルーツをもつ子どもたちの心に抱いている思いを明確に言語化するのを助けるコミュニケーションについても，第3章において「対話」として再度触れる。

表3　外国にルーツをもつ子どもたちの学び

	大分類2		大分類3		大分類4		サロン参加回数 2004.7〜2007.3
	小分類3	小分類4	小分類5	小分類6	小分類7	小分類8	
エリアネ	○		○	○	○	○	69
ルマ						○	2
ミリン			○		○	○	59
サン	○	○	○		○	○	43
ユン	○		○	○	○	○	53
ビエット	○			○		○	24
リン	○		○	○	○	○	42
アイニ		○	○	○		○	18
チ		○	○	○		○	29
コックミ	○						39
ツン		○					7
ノオック	○						9
ニャン	○	○		○			4

※　フィールドノート・出席簿より筆者作成。

(4) 居場所から表現活動へ

　アミューズメントを求めてRe: Cプログラムに参加した子どもたちのうち比較的年長の子どもたちは，Re: Cプログラム内で人間関係を形成し，常連となり，ボランティアや他の子どもたちと交流する。そしてボランティアと共感を出発点とした対話をもつことによって，「エスニシティの是認」や「日本社会でやっていく見通し」等の学びを得ていく。

　そうした学びを獲得している子ども13名の学びの獲得状況を一欄表にしたところ，多くの子どもが複数の学びにアクセスしていることがわかった。特に表現活動といった文化的生産（大分類4／小分類8）に関わる子どもの多くが，その他の学びにもアクセスしていることに注目したい（表3）。

　また，ラジオ番組制作，あるいは映像作品制作といった表現活動に関わる子どもの多くがサロンへの活動回数が多いのも特徴である。表現活動を子どもから希望する場合もある。しかし活動が長くなる中で「ラジオに出てみないか」とボランティアから声をかけられ，あるいは「今年は毎回来てくれた

から，小学校卒業記念に何か映像を作ってみようよ」とボランティアから誘われて映像表現活動を始める場合もあった。

しかし，表3を詳しく検証すると，「参加回数が多く，多様な学びへアクセスしている子どもが表現活動に取り組む例が多い」というには，若干の例外が存在している。その例外と思われる子どもの例を分析してみる。ルマ（日系ブラジル人中学生女子）は映像作品の制作を目的にRe: Cプログラムにアクセスしており，土曜日のサロン活動にはほとんど参加していない。ルマは姉（ユミ）[18]が『日系ブラジル人の私を生きる』と題された映像作品を制作するのを間近で見ていた。そして「自分だったらどんな風に映像作品を作るだろう」という思いを温めてRe: Cプログラムに映像作りをさせてほしい，と希望してアクセスしている。

逆にコックミ（ベトナム人小学生女子）はサロン参加回数が39回と非常に多いのに，表現活動にはアクセスしていない。彼女は，サロン活動の常連で表現活動も経験したチの年の離れた妹である。彼女が姉と共に，また姉が中学進学を機にサロンを頻繁に訪れなくなったあとも，近隣で行われるベトナム人の子どもたち向けの学習支援教室の前後の時間を利用してサロンに訪れてはいたが年齢的にも幼かったため，本人も周囲も表現活動に誘うということはなかった（2009年5月現在）[19]。

若干の例外は存在しているが，多くの子どもたちが次のような過程を経て関与を深めていっているといえよう。つまり，アミューズメントを求めてRe: Cプログラムに参加した子どもたちのうち，常連化した子どもたちがサロンを居場所として，ボランティアや他の子どもたちと人間関係を形成する。そこでボランティアやあるいは子ども同士との共感を基調にした対話から「エスニシティの是認」や「日本社会での見通し」などの学びを得て，サロン内での企画に関わることで自信を深める。そののち，サロンの外の世界に対して表現活動を始める。つまりRe: Cプログラムに集う子どもたちには，そ

---

18 ユミの活動に関しては第4章にて詳しく取り上げる。
19 中学生となったコックミは2009年より映像作りに取り組み，2011年現在はRe: Cサロンの中心的存在へと成長している。Re: Cプログラムにおいて定着から深化へとその関与を深め，表現活動を開始するには年齢的成熟も必要なのかもしれない。

毎週土曜日の午後のサロン活動。ここで子どもたちとボランティアは，他愛ないおしゃべりから将来の夢や心の中に抱いている気持ちを語り，自分は何を語れるか，何をしたいのか，ゆっくりと形にしていく。

の関与の深度によって「参入」→「定着」→「深化」という3つの階層が存在していることが考えられる。

次節では，いかなる契機を経て子どもたちは表現を始めるのか，解明することを目指す。つまり，いかにしてRe: Cプログラムへの関与を深め，子どもたちは第3階層の「深化」である表現活動へと至るのか，子どもたちの表現を志向する瞬間をマイクロエスノグラフィー手法によって解き明かしていきたい。

3　語り始める子どもたち

本節では，Re: Cプログラムを頻繁に訪れ，そこで人間関係を形成し，居場所を得た子どもたちが，居場所から外の世界であるホスト社会に向けての表現活動に取り組むようになる過程を追う。Re: Cプログラムにアミューズメ

ントを求めて「参入」した子どもたちがいた。彼らを第1階層（参入）の子どもたちとする。その子どもたちのうち、比較的年嵩で参加回数の多い常連化した子どもたちがボランティアや他の子どもたちと人間関係を形成し、Re: Cプログラムを居場所とした。ここで子どもたちはエスニシティの是認を受け、日本社会でやっていく見通しを得る。この段階が第2階層（定着）である。そして、居場所を得て、そこからホスト社会に向けて外国人としての自己表現を始める第3階層の「深化」に至る子どもたちが観察された。本節が記述するのは、第2階層から第3階層へとRe: Cプログラムという多文化共生のための実践共同体に対するアクセスを深める子どもたちの姿である。子どもたちは何を契機にアクセスを深めるのか。

ユン（ベトナム系中学生女子）とエリアネ（日系ブラジル人高校生女子）の2人の事例から、Re: Cプログラムから外の世界に対して表現活動を始める契機を追っていく。

(1) ベトナム人少女ユンの場合

2006年12月30日に1時間の特別ラジオ番組を制作、発表するに至ったユン（ベトナム系1994年生まれ、女子）に焦点を当てる。ユンは2006年11月25日下記の希望を自ら申し出る。

> 「『中学生の主張』という感じでラジオ番組を作ってそのメインパーソナリティになりたい」。　　　　　　　　　　（2006年11月25日フィールドノートより）

この希望を申し出る前に、ユンは助走期間ともいうべき日々をRe: Cプログラムで過ごしていた。その助走期間にあたる2006年8月から12月までRe: Cプログラムという居場所でユンはいかに過ごしたかを明らかにし、最後にユンがラジオでホスト社会に向けて何を語ったかを記述する。

(i) ユンのRe:Cプログラムへの関わり

ユンは、母親がベトナム難民として日本にやって来て姫路定住促進センターに入所している期間に誕生した。日本生まれで日本語に不自由はない。

図2　Re:Cプログラムへのユンの参加頻度の移り変わり（3ヶ月ごとに集計）

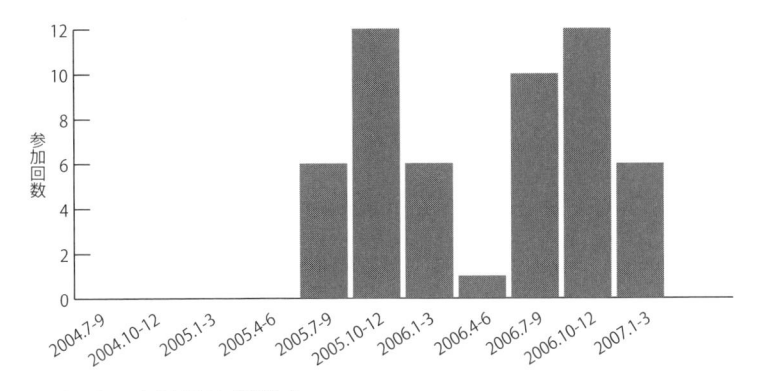

※　Re:Cプログラム出席記録より筆者作成。

　家庭言語はベトナム語で，母親からベトナム語で言われることは理解できる。しかし読み書きには困難が伴うという。現在，母親が神戸市長田区でベトナム料理屋を営み，ユンも時折店の手伝いをしている。兄弟は1歳年長の兄が1人と2歳年下の弟が1人の3人兄弟の中間子である。

　ユンがRe: Cプログラムに来始めたのは2005年の7月である。近隣の学習支援教室に参加していた折，場所を提供している小学校の日本人児童とトラブルを起こした他の3人のベトナム系小中学生と共に「学習支援教室では落ち着かないようなので，そちらで面倒を見てほしい」と言われて，Re: Cプログラムにやって来た。2005年度下半期は毎週か隔週Re: Cプログラムを訪れ常連となっていたが，2006年上半期，母親が，ユンは学習支援教室でなくRe: Cプログラムに参加しているということに「ただパソコンゲームで遊んでいるのではないか」との不安を抱き，2006年4月から6月までRe: Cプログラムへの参加は1度しか見られなかった。その後，母親とRe: Cプログラムのリーダーが話し合い，「サロン活動の前に勉強もする」ということで，2006年の夏休みに入るとユンは再びRe: Cプログラムに通うようになった。母親の理解と賛同を得て，Re: Cプログラムを訪れるようになったユンは，「常連の子ども」として他の子どもと比較しても参加頻度も高く，特に2006年の夏休み前後はほぼ毎週通っており（図2参照），「社長」というニックネームを得てRe: Cプログラムでの居場所を獲得する。

こうした状況でユンは，下記のような活動を中心になって企画・運営し，さらに外部に向かっての表現活動に取り組んでいく。

2006年8月12日～19日	木工教室企画・開催
2006年9月9日	ユニセフの反差別作文執筆
2006年11月25日～12月	クリスマス会の企画・準備
2006年12月22日	クリスマス会の開催
2006年12月22日	TCCのコミュニティラジオ(多言語FM)内のRe: Cプログラムの番組にゲストとして出演。クリスマス会の報告や年末年始の過ごし方を語る
2006年12月30日	TCCのコミュニティラジオ(多言語FM)内にて1時間の放送枠をもらい，メインパーソナリティとして他のベトナム系中学生と日本人の友人と計3人で特別放送を企画・制作・放送

　上記の活動の中から，ユンが自分自身の中に存在するホスト社会の主流の人々とは異なる視点を認識する契機となった2006年9月9日の反差別作文執筆の様子を概観する。

　反差別作文の執筆
　　夏休み明け，土曜日のRe: Cプログラムのサロンでのことである。
　　ユンが学校で反差別を主題とした懸賞作文を書くという課題を与えられ，「宿題する」と言い，パソコン席に座り，インターネットでユニセフ，差別などの用語で検索を行っていた。彼女によると，学校の夏休みの覚書に彼女自身の差別体験を書いたところ，「これを膨らました形で作文にするように」という担任教師の指示を受け，1年生から1人だけ作文を出品することになったという。当初1人でインターネットで検索を行っていたところ，過去の受賞作文のページに行き当たると「よっしゃ，ぱくったる」と受

賞作文を写そうとするので,ボランティアが,「もう少しいろいろ資料を探してみようよ」と誘導する。子どもの権利条約のページを見て,差別が条約で禁止されていること,その条約批准年がユンの生年と同じであることなどを確認する。「私が生まれた頃には差別はいかんって条約を結んだのに,まだ差別があるってことやな? それ書いて,私の差別された経験を書こうと思う」と語るので,「どんな差別された経験があるの?」とボランティアが問うと,「名前をからかわれた」と答える。そこでボランティアが,「じゃあ実際にある差別の話をほかにも聞いてみようか」と,TCCの構成団体であるベトナム系住民の自助組織のスタッフのところに話を聞きに行くことを提案する。ユンは「おう,行く行く」と同意し,ベトナム系自助組織に行き「差別の話を聞きたい。子どもの話を1つして」と取材を申し込む。すると「高校生がコンビニのバイトを断られた例」を教えてくれる。

　サロンに戻る途中,コミュニティラジオ(多言語FM)放送局の韓国籍のスタッフに「差別について調べているの?」と話しかけられ,「差別されたほうが傷つくかどうかが大きな要素だ」と教えられる。

　サロンのパソコン席に戻るが,「疲れたからアイス買って来る」と,サロン参加者の日系ブラジル人の女子高生エリアネとコンビニに行く。その途上,エリアネに差別の体験について聞くと,エリアネの兄が経験した結婚差別の話をしてくれる。

　これらの調査や取材を通じ,ユンは,日本が子どもの権利条約を批准していること,しかし今もある自分や身の回りの差別の事例を記述し,作文にまとめた。結局,受賞には至らなかったが,「来年こそ受賞を狙おう」と担任に励まされた。　　　　　　　　　　(2006年9月9日フィールドノートより)

このときのユンの活動は,ボランティアにガイドされながらTCC内部を自由に動き回り,TCC内の複数の下部組織の人々と接触し,多種多様な年長者(ボランティア,ベトナム系住民の自助組織スタッフ,コミュニティラジオ放送局の韓国籍のスタッフ,日系ブラジル人女子高生)の意見を集めるなどの行動が観察された。社会的学習理論(レイブ&ウェンガー,1993;Rogoff, 1990;ロゴフ,2006;野津,2007)から分析すれば,ユンはTCCという多文化なまちづ

くりに取り組む実践共同体の中に配置された古参の人的資源に自在にアクセスを試み，古参の人々はユンの多文化的な実践を歓迎して受け入れ，支援しているといえる。

学校というホスト社会から「反差別作文を書く」という課題を与えられただけでは，おそらくユンは自分や周囲が経験した差別を作文という形にまとめることは難しかったであろう。しかし，教師から与えられた課題をボランティアと共にTCCの先住の古参参加者にアクセスをとり，彼女自身や周囲の経験と作文のテーマを整合させることにより，彼女はベトナム人の自分だからこそ語れる差別の実体験に基づいた「人権問題」を作文という形にまとめ，学校に提出するに至った。このとき，ユンは自分の中にベトナム人だからこそホスト社会に響く形で語れる言葉が存在していることを認識する。

このあと，ユンは2006年のクリスマス会の企画運営も中心となって関わり，さらに自ら希望を述べ，コミュニティラジオ（多言語FM）放送で自らがパーソナリティを務めるラジオ番組を持つことになる。ユンはRe: Cプログラムを自らの「居場所」として，さまざまな学びを得て，内部の企画に十分に力を発揮した。その後それによって得た自信を糧に，本格的に彼女は，「居場所」から外部の社会への参画である思いやメッセージの発信へと挑戦していくことになったのである。

ラジオ番組の制作

ユンは11月25日から12月22日まで，クリスマス会の準備・企画・運営も中心となって関わる。11月25日，彼女はTCCのスタッフに，自ら「中学生の主張って感じのラジオ番組を作り（中略）たい」という希望を述べ，TCCの構成団体であるコミュニティラジオ（多言語FM）放送内で自らがメインパーソナリティを務める1時間のラジオ番組を特別に制作放送することが決定する。そして12月22日のクリスマス会を中心になって開催し，その場にはベトナム料理店を営む母親が現れ，クリスマス会のメインディッシュとしてベトナム風生春巻きの食材を提供してくれる。成功裏にクリスマス会を運営し終えたユンは12月30日，いよいよ，自らが企画しメインパーソナリティを務める1時間のラジオ番組を制作して放送するこ

とになる。

　12月30日，ユンは，他のベトナム人中学生（ビイ）とユンの同級生でユンと共に毎週Re: Cプログラムを訪れている日本人の友人エリカの3人と2006年度のボランティアリーダー大田の合計4人で1時間のフリートーク番組を制作，放送した。30分ほどの事前の打ち合わせでユンを中心に大まかなテーマは決められていたが，そこから派生した話もあり，打ち合わせどおりには進まない場面もあったようだ。1時間の放送記録を解析した結果，フリートークで語られた話題はおもに下記の5つであった。

① 自己紹介と他己紹介
② 私が好きな長田区
③ 将来の夢
④ ベトナム料理
⑤ ベトナムの田舎の暮らし

　①の「自己紹介と他己紹介」では，それぞれが自分の名前・学年・所属クラブを自己紹介したあと，1人についてあとの2人がこの子は「どんな子か」それぞれがもっている印象を紹介する。

　②の「私が好きな長田区」では，ユン，ビイ，エリカがそれぞれ長田区のどこの場所が好きか紹介した。ユンとエリカは，2人が卒業した小学校を挙げ，保健室や校長室に今でも遊びに行くこと，屋上に秘密基地を作った思い出が語られた。ビイは，ベトナム系自助組織の母語教室を「好きな場所」として挙げる。ユンは，「勉強が嫌いだからあそこは嫌」と，ベトナム系自助組織の母語教室とは距離を置く。

　③の「将来の夢」では，ユンは将来パティシエになって母親が経営するベトナム料理店のお菓子部門の充実を目指したい，という夢が語られた。最初はパティシエになりたい，とだけしか語らなかったが，ボランティアリーダー大田が「お母さんのお店は手伝わないの？」と普段からよく母の店の手伝いをしているユンに水を向けると，「え？　店やってついでにお菓子も。そうそう，（メニューに）デザートも入れようかなって」と，母の店でのパティシエとしての活躍を夢見ていることがわかった。

　④の「ベトナム料理」では，ユンの夢からベトナム料理は何が美味しい

かという話題になり，よくユンの家に遊びに行くエリカはユンの母親が作るベトナムやきそばの美味しさを力説するが，ユンは「別に，微妙やな」，「ベトナム料理はあんまり好きではない」と，クール。エリカがユンの家で食べさせてもらったベトナム料理を次々と挙げるが，いずれにも「嫌い，まあまあ食べたいときもあるけどそんなに好きではない」などとクールな反応を続ける。しかし，最後に「ベトナム料理で好きなのはないのか？」とエリカに問われて，「あげ春巻き」が好物であることをそっと打ち明ける。

①②の部分のユンの語りは，ほとんど現代日本を生きる今時の中学生の述懐である。ビイがベトナム系自助組織の母語教室への愛着を語っても，勉強が嫌いであることを理由にユンは距離を置こうとする。③④では，ボランティアリーダー大田やエリカに引き出される形で，実は将来は母の経営するベトナム料理屋に関わりたいことや，好物のベトナム料理があることを語る。

そしてエンディングで，ユンは他の出演者に「田舎と都会とどっちが好き？」と話を振ったあとで，⑤「ベトナムの田舎の暮らし」を下記のように語り始める。

ユン：ベトナムは田舎やから田んぼとかいっぱいあるん。そんで水牛とかいるのに，それにまたがってみたい。

大田：またがったことはないけどまたがってみたい。

ユン：ない。またがってみたい。

ビイ：あー牛とかよく散歩している。

大田：へええええ（中略）

ユン：昔お母さんから聞いた話なんやけど，ちっちゃいときは，お金じゃなくて働いた分お米をもらうねん。それでやっていってたらしい。

大田：お母さんの頃？

ユン：おもしろい。やけど今は時代遅れとか言われるから微妙やナ。

大田：じゃあベトナムに帰ってそういうところに行くのが好きなんや。

ユン：そうそう。（ユンは1〜2年に1度ベトナムの祖父母のもとに帰省している）

大田：ビイちゃんも？

ビイ：田舎は夜，真っ暗。でもお店とかあってアイスとかあるの。
大田：へええ。
ユン：ベトナムの田舎はきれいなんよ，星がめちゃ多かった。日本の星座とか結構あった。そういうところがいいんですよ。
——こうしたユンがベトナムに対する思いを語ったあと，黙って聞いていたエリカが
エリカ：ベトナムのいろんなことが知れた。
——とつぶやくと
大田：ほんとにそうよね。田舎のこととか全然知らんかったしね。
——とボランティアリーダー大田がまとめて番組は終了した。

(2006年12月30日「Re:Cプログラム」特別番組ラジオ放送より)

　ユンはこれまでも「周囲の反応が暑苦しくて恥ずかしい」と，自らのベトナム語運用能力を日本人の友人には隠していると述べていた。ベトナムアイデンティティを隠蔽しがちなユンが，エリカとラジオリスナーにベトナムへの憧憬を吐露した。これまでユンがこうした形でベトナムを語ることがなかったことが，最後のエリカの呟きからもうかがえる。そのユンが，ラジオという媒体を通して，日本で普通に生活している女子中学生の自分が原風景として心にもっているもう一つの世界，ベトナムをホスト社会の人々に紐解いて見せてくれた瞬間だった。
　その後ユンは，エリアネがメインパーソナリティを務める月に1度のコミュニティラジオ（多言語FM）放送局内のRe:Cプログラム枠のラジオ番組（30分）にゲスト出演を繰り返したあと，2008年4月より，エリアネに代わって正式にメインパーソナリティに就任した。

(2)　日系ブラジル人少女エリアネの場合
　2つ目の事例として，日系3世のブラジル人エリアネ（1991年生まれ女子）に焦点を当てる。

(i) エリアネの Re:C プログラムへの関わり

　エリアネは小学3年生で来日。学校でポルトガル語サポーターについたTCCの協力団体のブラジル系自助組織のスタッフからRe:Cプログラムを紹介される。ビデオ作品制作や，2006年4月から2008年3月までRe:Cプログラムがコミュニティラジオ（多言語FM）放送局枠内に持つ30分のラジオ番組のメインパーソナリティを務めた。

　映像表現活動において外国人としての自分を語る作品が多い中，エリアネは「ブラジルに帰ったら海は見れないから」と海水浴に行った夏の1日を撮影した映像（2002年制作，発表）や，水族館の魚（特にブラジル産のピラルクを中心に）を淡々と映像にした作品（2004年制作，発表）をまとめて発表してきた。彼女の映像作品は，自らの身辺雑記というスタンスでアイデンティティをテーマに映像を作ることの多いほかの子どもたちに対して，「私はああいう，アイデンティティものはやらない」と言明していた。

　2006年4月，エリアネは定時制高校に入学し，昼間はお弁当工場で働く毎日が始まった。その暮らしを彼女は始める前から不安がっており，下記のような心情を吐露している。

　　「同じマンションの（に住む）ケバイ女も同じ工場で働いている。やっていけるか不安。この先，私が工場辞めたいとか，学校辞めたいとか，逃げたいみたいなことを言ったら怒ってくださいね」。
　　　　　　　　　　　　　　　　　　　（2006年1月28日フィールドノートより）

そして，その生活が始まったあとも下記のように不安を述べる。

　　「15歳で働いていると言うとみんなの目が変わるから嫌」。
　　　　　　　　　　　　　　　　　　　（2006年7月1日フィールドノートより）

　そして下記の述懐から，日本社会で周縁化された存在として生きる不安と対照的にRe:Cプログラムで得られる自己効力感（Bandura, A., 1977）の存在がうかがえる。

「ここ（Re: Cプログラム）にいるときだけ，私は世の中のためになる」。
(2006年8月12日フィールドノートより)

　エリアネは2006年度と2007年度はほぼ毎週土曜日サロンにやって来て，年下の子どもたちの会話の相手をし，ボランティアと話をし，ボランティアと外国にルーツをもつ子どもたちの中間に位置するような存在であった。
　エリアネはサロンに集う子どもたちの中でも年長で，参加回数も一番多い。新参・古参多くのボランティアと交流をもち，活動の種類もおしゃべり（小分類1），日本の常識，進路相談・高校受験面接練習（小分類5，6），そしてラジオ番組制作，映像作品制作（小分類8）と多様な学びにアクセスしている様子が観察できる。
　2006年度と2007年度，月に1回30分，TCCの構成団体であるコミュニティラジオ（多言語FM）放送局のRe: Cプログラムの放送枠において，それぞれの年度のボランティアリーダーと共にラジオ番組のメインパーソナリティを務めた。このように多様な表現活動にアクセスし，サロン内でも十分に活動を深めながら，エリアネはそうした活動が自信へとつながっていかない傾向にあった。小学校3年生で来日し，学業的に大きな挫折を経験し，まじめに高校受験に取り組みながら定時制高校への進学しかかなわなかった。家庭でも父親との葛藤から児童相談所へと保護された経験をもつ。家と学校の両方が彼女にとって厳しい環境であったため，Re: Cプログラムは彼女の逃げ場として長く機能している面があった。映像制作についても，下記のように語る。

「映像制作自体よりも皆がわいわい言ってくれて楽しいのが好き」。
(2005年9月17日フィールドノートより)

　つまり，表現活動よりもそのプロセスのボランティアらとの交流を楽しんでいる風であった。毎月のラジオ番組でも共にラジオパーソナリティを務めるボランティアリーダーに「きょうは何話すの？」と聞くなど，ボランティ

アに話題選定を頼るなどあまり主体的な参加とはいえなかった。

そんな彼女の転機は2007年の秋にやって来る。

(ii) エスニックなルーツに関する知識・認識が表現活動にもたらす影響

エリアネは2007年11月のラジオ放送の話題を探していた。たいてい話題のもとになる多文化関連のニューストピックをインターネットで探してきてそれを紹介し，エリアネ，そして共にパーソナリティを務めるボランティアが感想を述べる，という形式でラジオ番組は制作されていた。例えば「群馬県太田市でポルトガル語・スペイン語がしゃべれる日系人が嘱託職員として警察署に雇用され，日系人住民の相談に乗ることになった」(2007年4月放送)，「三重大大学院生により地域の外国人親子への学校生活に関するアンケートが行われ，その結果学校での差別の存在が浮き彫りにされ，将来に関しては多くの親子が不安を感じていることがわかった」(2007年3月放送)等である。

この2007年11月15日も，放送収録を1週間後に控えてどんなニュースを取り上げるか打ち合わせが行われた。その席で「ブラジルの達人」という日本在住の日系ブラジル人向けの雑誌が取り上げられた。たまたまTCCで無料配布されていた「ブラジルの達人」をボランティアが「これ，おもしろいよ」とエリアネに手渡したのだ。「ブラジルの達人」には，日本からブラジルへの移民100周年ということで，100年前の移民と現在のデカセギがそれぞれ見開き2ページずつ計4ページの特集となって掲載されており，写真も多く，文章も平易で，100年の日伯間の人の行き来がわかりやすくまとまっていた。下記はそのときの模様をフィールドノートからまとめたものである。

最初エリアネは，日本からブラジルへの移民の記事に出ていた入植したばかりの移民の大家族の写真を見て「なつかしー」と記事に引きつけられた。そして時間をかけて記事を読んだあと，顔を上げて「移民って，私のおばあちゃんが移民したの？」，「じゃあ私は日本人なの？　そんなのやだ」と言い出す。それを聞いたボランティアたちは，またそばで仕事をしていたTCCの常勤職員も逆に驚き，「ホントに知らなかったの？　知らなかったことのほうがびっくり」と口々に驚く。さらに「おうちでそういう話し

ないの？　向こうでジャパンって言われたことなかった？　お母さんは言われたことあるんじゃないのかな？」と聞くと，「ブラジル移民のドラマ[20]をお母さんに観ろって言われたけど，辛気臭いから観なかった。うちではそういう話はあまりしない」と言う。

　エリアネは「ブラジルの達人」の記事のなかから
＊1908年6月18日朝9時，移民第1号が笠戸丸でブラジルに着いた
＊150万人の日系人が今ブラジルにいて，世界最大の日系社会を形成している
＊日系社会はブラジル以外にメキシコ，ペルー，アメリカ，ハワイ，東南アジアにもある
などの部分に蛍光ペンで線を引いている。

　ボランティアにエリアネは「何を伝えたいの？」と聞かれて，「まず日本の人に移民って知ってますか，と問いかけたい。私も知らなかったけど，日本の人もちゃんと知らないんじゃないかな？　その後，雑誌にある歴史的な話，びっくりした話を紹介して，それからお母さんの話をしたい」と言う。

　放送までの1週間に，エリアネは母親に家族の歴史を聞いてくることにする。
　　　　　　　　　　　　　　　　　（2007年11月15日フィールドノートより）

　エリアネは自分が家族や自らの出自にあまりに無知であることに驚く。これまで自分はブラジル人であるという認識はもっていたが，ルーツは日本人にあることを正確に理解していなかった。そして，その自分の無知はおそらく周囲の日本人の日系ブラジル人への無知にもつながっているだろう，と考えた彼女は，今回自分が感じた驚きを周囲の日本人に伝え，共有したいと考える。

　エリアネは11月を移民，12月をデカセギ，と2回構成の特集番組にすることを提案する。そして番組構成として，最初エリアネが日本人であるボランティアリーダーとラジオのリスナーに，移民，もしくはデカセギについて

20　2005年NHK放送の日系人のブラジル入植を題材にしたドラマ「ハルとナツ──届かなかった手紙」のこと。

知っているか，どんな印象を抱いているか，問いかけたあと，「ブラジルの達人」で紹介されている情報・データをもとに移民やデカセギの歴史と現状を伝え，最後にエリアネが家族から聞いてきた家族の体験を語る，という流れを提案した。この2回の放送でエリアネは実質的にリーダーとして番組作りを主導し，文献の読み込み，家族への取材を行い，この企画を成功へと導いた。

番組終了後，エリアネは下記のように語っている

　「わたしってナニ人って初めて知りたいと思った。もっと勉強しようと思った。周りの人にも，もっと知ってもらいたいと思った」。

(2008年11月22日フィールドノートより)

この放送後，長くエリアネを見てきたTCCの常勤スタッフ村上（コミュニティラジオFM放送局職員も兼務）は，次のようにエリアネの成長を称えた。

　「最初はボランティアに『で，今日は何すんの？』って感じだったのに，今日はエリアネが皆を引っ張ってるな。（パーソナリティとして）うまくなった」。

(2008年11月22日フィールドノートより)

　居場所をただの逃げ場として捉えるのではなく，そこで自分の出自についての知識を獲得し，考える機会を得たことが，エリアネの関心を自らのアイデンティティに向かわせたといえるだろう。
　エリアネは小学校3年生で来日以来，ブラジルに帰る機会もなく，ブラジルに関する知識，ブラジルでの自分たちの立場に関する知識も得る機会がなかった。日本語での学習につまずき，家では父母とのコミュニケーションに悩んでいた。そんな彼女が日々の葛藤からの逃げ場のようにRe: Cプログラムにアクセスし，楽しみを得て，日本での常識や勉強面でのサポートなどの実利的な学びを優先的に享受してきた。自らのルーツやエスニックなアイデンティティに関わることからは意識的に逃げているようでもあった。しかし，ブラジルと日系人に関する正確な知識を得ることで彼女の関心は自分の出自へ，そして世界をダイナミックに動いた彼女の祖父母，親世代の人々へと向

かっていき「もっと自分を、世界を知りたい」という希望へと収斂されていった、といえるだろう。このあと、エリアネはRe: Cプログラムのラジオ番組のメインパーソナリティ役をユンに譲り、同じコミュニティラジオ内の別番組[21]のメインパーソナリティに抜擢された。

(3) 語るまでの準備

　以上見てきた2つの事例から、2人の外国人少女が外国人としての主流の人々とは異なる視点を自覚し、そこからホスト社会に向かって自分たちの思いを伝える表現活動に取り組むまでを追った。ここでは、2人が表現活動に取り組むことを支えた「準備段階」に何があったのかを提示する。

　ユンはRe: Cプログラムという居場所を得て、さまざまな学び、多様な年長者との交流を実現した。そして木工教室やクリスマス会の企画運営に主体的に参画し成功を収める中で徐々に自信をつけていった。また、学校から同時期に与えられた課題である反差別作文の執筆にも触発され、自身の中に存在するマイノリティとして語るべき言葉を自覚し、ラジオというメディアを通じた社会への発信へと活動を深化させたのである。

　ユンの表現活動を支えた「準備段階」としては、下記の2つのきっかけが挙げられる。
　　① 居場所内部での企画運営とその成功体験による自信
　　② 自らが外国人として語る言葉をもっているという自覚

　①の居場所内部での企画運営とその成功体験による自信については、新谷(2004)が「『居場所における参画』と『居場所からの参画』は2つの次元を区別して考える」と述べ、下記の居場所と外部社会の関係の模式図を提示している。

　新谷(2004)は「『居場所における参画』は必ずしも外部の社会とのつながりを持つものではないが、そのための条件となりうる」(p.10)と述べている。ユンの事例でいうと、木工教室やクリスマス会の企画運営が「居場所におけ

21　エリアネが新しくメインパーソナリティに抜擢された別番組とは、第4章で詳述する「バアサムトレイス」の後番組に位置づけられている。日本人女子大生とエリアネの2人で多文化な町の話題を伝えていく、という番組である。

図3　居場所と外部社会の関係の模式図

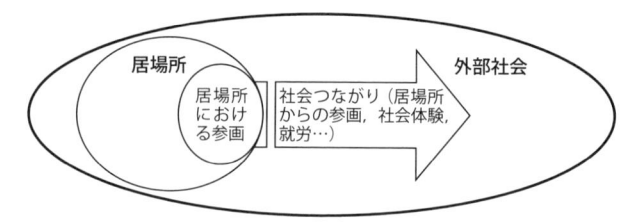

[図：居場所（居場所における参画を含む）から外部社会へ「社会つながり（居場所からの参画，社会体験，就労…）」の矢印が伸びる模式図]

※　出典：新谷, 2004, p.10より。

る参画」にあたり，反差別作文の執筆やラジオ番組の制作が外部社会への「居場所からの参画」にあたる。

　一方エリアネは長年Re: Cプログラムを居場所とし，多様な学びもさまざまな年長者との交流も経験し，映像制作，ラジオ番組制作に関わりながらも，自らのアイデンティティを考えることを避け，Re: Cプログラムでの活動がエリアネの「自信」につながらない日々を送っていた。しかし，ラジオの番組制作準備の一環で，理解可能な形で自分自身のルーツに関する「知識」を獲得することで，エリアネははじめて自らのエスニックなアイデンティティに関心を向け，もっと知りたい，知らなければ，自分は何者なのか，そしてそうやって得た知識を周囲の日本人と共有し，ブラジル人についてもっと理解してほしいという思いを抱く。

　エリアネの表現活動を支えた「準備段階」としては
　①　エスニックなルーツに関する理解可能な形で示された知識
　②　自らが外国人として語る言葉をもっているという自覚
があった。

　Re: Cプログラムという居場所は，自己の表出を抑制する状態にあった外国にルーツをもつ子どもたちに「日本社会でやっていく見通しにつながる情報」，「エスニシティへの肯定」を与える。さらに表現を志す者に対しては「多様な年長者や同年代の人々とのつながり，交流」，「エスニックなルーツに関する理解可能な形で示された知識」といったさまざまな資源を提供する。それらの資源を糧に，外国にルーツをもつ子どもたちは，自らの中の外国人として語るべき声を見出し，ホスト社会へ声を届けようという努力を始める。

(4) 外国人として語ること──NPO の教育力

　ここまで，子どもたちが「外国人として発信を始める契機」を事例から概観した。ここでは，TCC という多文化共生のための実践共同体が子どもたちに与えている影響について考察したい。TCC は「多文化なまちづくり」を目標に掲げる NPO 等の集合体で，そこには外国人自助組織やコミュニティ放送局 (多言語 FM)，多言語翻訳サービスを行う NPO など，外国人が外国人だから言える提言をホスト社会に対して行い，外国人も日本人も住みやすいまちを作っていくという実践が積み重ねられている。また，ラジオ放送制作や映像制作をするための場・機材，その技術を教授できる人材など，外国人としてホスト社会に対し対話を開くのに必要な条件が揃った場所でもあった。

　ユンの「反差別作文の執筆」の事例からは，外国にルーツをもつ子どもたちが外国人としての発信を始めようとすると，TCC 内に配置された多様な人材がユンの必要とする情報やそれぞれが実践の中で培った知識を惜しみなく与える場面が観察された。また，ユンがその後ラジオで「中学生の主張がしたい」という希望をもつと，1 ヶ月の準備期間ののち，その希望はかなえられることになる。

　またエリアネの事例では，すでに表現活動を行いながらも自分の自信に結びつかないでいた。そんなエリアネが理解可能な形で提供された適切な知識を得ることで，これまで避けていた自分自身のルーツや世界への興味を抱き「もっと自分を，世界を知りたい」という欲求をもつ。教師や親がエリアネに対してルーツに関する知識を「教えよう」としたことはおそらくこれまでもあったであろう。しかし，エリアネは上から教えられる知識には反応しなかったが，自分とほぼ同等の立場のボランティアから「これ，おもしろいよ」と提示された無料配布の雑誌に強く反応し，「知ろうとする意欲」をかき立てられる。また彼女自身，長くコミュニティラジオの DJ を務める中で，毎月の話題を探しており，ホスト社会の人々と共有すべき情報に対しても敏感になっていたのであろう。

　これらの状況の中に埋め込まれた学びの機会のほかに，Re: C プログラムでは，外国人の子どもたちの学びに方向性をもたらすための学びの機会が用

意されている。本章冒頭においても触れたが，Re:Cプログラムでは「外国人の子どもたちを対象にした表現講習会」がたびたび催される。内容は映像表現講習会，ラジオ番組制作講習会，アニメーション制作講習会，ラップ講習会などで，毎週土曜のサロン活動の時間内に不定期，単発で開かれる表現活動の実践のための技術講習である。2002年度以降2007年度まで，映像講習会5回とアニメーション講習会が3回，木工講習会が2回，陶芸講習会，ラジオ番組制作講習会，ラップ講習会，クレイ・アニメ講習会が各1回開かれている。

　子どもが表現を志向するとき，タイミングよく適切に具体的な表現の方法を示すことで表現への「志向」を「実現」へと押し上げるのである。そして，その表現のツールであるメディアにアクセスできる場がNPOによって提供されることで，子どもたちは自己表出からホスト社会への外国人としての表現へと活動を深化させることが可能だったのである。

4　外国にルーツをもつ子どもたちの異文化間リテラシーの形成 ——社会的学習理論からの分析

　毎週土曜の午後，外国にルーツをもつ子どもたちがTCCに集い，互いに，あるいは地域の学生たちを主体としたボランティアとの人間関係を形成しながらRe:Cプログラムという場を共有する。しかしその参加のあり方やそこから参加者が得ている学びは決して一様ではないことがわかった。

　Re:Cプログラムに集う外国にルーツをもつ子どもたちには，「アミューズメントを求めてやって来る子どもたち」と「常連化し学びを得る子どもたち」，「表現活動を通じてホスト社会へメッセージを発信し始める子どもたち」と3層の関与が確認され，徐々にRe:Cプログラムへの関わりを深めていく様子が観察された。

　日本社会の同化圧力の中で外国人としての自己表出を抑制する状態にあった外国にルーツをもつ子どもたちがRe:Cプログラムにアクセスすることで，イベントに参加したり，パソコンを教わったりというアミューズメントを得る（第1階層）。

日本人ボランティアやTCCのスタッフ，ほかの外国にルーツをもつ子どもたちと出会い，人間関係を形成し，居場所を得る者が出てくる。彼らはその居場所でボランティア等と共感を基調とした対話を繰り返し，エスニシティの是認を受け，日本社会でやっていくための情報を得るなどさまざまな学びを得る。そうした中でその居場所を仕切り，運営していくことで自信をつけた子どもたちは，外国人として自らの中に語る言葉があることに気づく。また自分が理解できる形で適切に示された知識は自分を知り，世界を知りたいという欲求を刺激し，その理解を周囲の日本人とも共有したいと願う（第2階層）。

　そうした子どもたちが実際にホスト社会に対する発信を始める契機としては，「多文化なまちづくりを行う実践共同体が子どもたちにメンバーとしてのアイデンティティの形成を促すことで外国人としての発信の実践を志させ」，さらに「そこには発信のための場・機材・人材があった」といったことが考えられる（第3階層）。

　こうした外国にルーツをもつ子どもたちのRe:Cプログラムへの参加から社会への発信までの段階的な成長過程を図4にまとめた。

　第3階層に達し，表現活動を開始した外国にルーツをもつ子どもたちは，**「エスニックマイノリティ独自の意見・視点を認識・発信する力」**という異文化間リテラシーの形成に至ったといえよう。

　では，この異文化間リテラシー形成に至るまでの経緯を社会的学習理論（レイブ＆ウェンガー，1993；Rogoff, 1990；ロゴフ，2006；野津，2007）から分析を試みる。

　レイブとウェンガー（1993）は，学習とは「正統的周辺参加の過程である」と述べている。つまり，学習とは，個人が実践共同体に参加し，徐々にアクセスを深め，仕事をしながらベテランへと成長し，共同体の一員としての意識を形成するプロセスである。

　外国にルーツをもつ子どもたちは最初，アミューズメントを求めてRe: Cプログラムを含むTCCという多文化共生の実践共同体に参加する。その中から「常連」として，Re: Cプログラムでの活動を長期化させる。そのようにある一定期間Re: Cプログラムに定着した外国人青少年たちは，さまざまな

図4 外国にルーツをもつ子どもたちのRe:Cプログラムへの参入から社会への発信まで

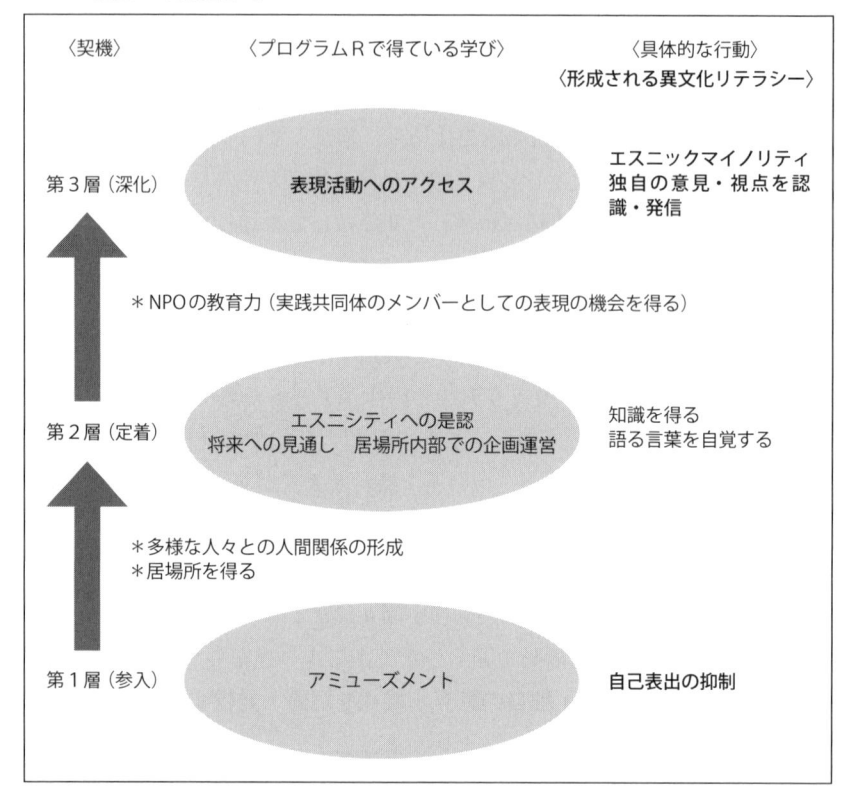

〈契機〉　　〈プログラムRで得ている学び〉　　〈具体的な行動〉
　　　　　　　　　　　　　　　　　　　　　〈形成される異文化リテラシー〉

第3層（深化）　　表現活動へのアクセス　　エスニックマイノリティ独自の意見・視点を認識・発信

＊NPOの教育力（実践共同体のメンバーとしての表現の機会を得る）

第2層（定着）　　エスニシティへの是認　将来への見通し　居場所内部での企画運営　　知識を得る　語る言葉を自覚する

＊多様な人々との人間関係の形成
＊居場所を得る

第1層（参入）　　アミューズメント　　自己表出の抑制

学びにアクセスすることが可能である。その学びを提供しているのは，ボランティアとの共感を基調とした対話であったり，表現のための講習会であることもある。さらに，多文化共生の実践共同体であるTCCの内部に網の目のように配置された多様な人材への，外国にルーツをもつ子どもたちのアクセスについても注目したい。多様な人材とは，先住の外国にルーツをもつ子どもであったり，ホスト社会出身の学生ボランティアであったり，TCCの常勤スタッフやさまざまなエスニシティをもつ外国人自助組織のメンバーなどである。そうした実践共同体に先住している古参のメンバーたちは，外国にルーツをもつ子どもたちが自らの中の主流とは異なる声に気づき，表現を志向すると，非常に好意的にその試みをサポートしようとしている。ベトナム

系女子中学生のユンが人権作文を書こうとしたとき，ボランティアは彼女を導き，ベトナム系の自助組織のメンバー，韓国籍のTCCの下部組織のスタッフや日系ブラジル人といったさまざまな立場の人々がそれぞれ惜しみなく，自らが実践の中で獲得した体験談や注意すべき視点をユンに提供していた。

また，エリアネはそれまで母親や周囲から教えられるルーツに関する知識には拒否反応を示していたのに，水平的な位置関係にいるボランティアから「これ，おもしろいよ」と渡された雑誌に記述された日系ブラジル人に関する記事に強く反応し，自ら「知ろう」という意欲をかき立てられた。

このユンとエリアネのTCCにおける学習体験は，Rogoff (1990) の指摘する「支援された参加 (Guided Participation)」の概念に通じる。Rogoff (1990) によると，途上国で見られる多様な年長者（兄弟姉妹，祖父母，コミュニティ）との相互的な関わりから豊かで弾力的な社会的経験を得ることができ，子どもの効率的な社会参加が支援される，という (pp.97-98)。また野津 (2007) は，アメリカの学校におけるニューカマー生徒の学習風景を分析し，教師，ボランティア，チューターが網の目（ウェッブ）のように配置された「ネットワーク型」の学習の存在を指摘している。従来の学校空間で見られる教師―生徒の二者関係（ダイアード）を超えた網の目（ウェッブ）のような支援者の立体的な配置の存在を記述し，「ネットワーク型学習は『教師でない』多様な人材が『支援者』となり，ニューカマーと親密な関係を築くことでニューカマーの集団への帰属意識を高め学習共同体への全人格的な参加度を高めている」(p171) という。

Re: Cプログラムにおいては，学校での教師対生徒，あるいは家庭での親対子どもという垂直的な二者関係とは異なるさまざまな国籍，年代の先住者が網の目のように外国にルーツをもつ子どもたちの周囲に配置される。子どもたちが自らの中の主流とは異なる視点に気づき，表現しようとすると，多くの支援，奨励が彼らを後押しする。

そして実際に表現活動に取り組むことで，NPO, TCCという多文化なまちづくりを行う実践共同体のメンバーの一員として自己認識は深まり，それとともに学習も成立していく。

また人材とのアクセスだけではなく，ラジオ，映像などの表現をするため

のツールや機会もTCC内に配置され，外国にルーツをもつ子どもたちがあるツールでの表現に興味をもつと「技術講習会」が開催され，表現のための具体的な手段が提示される。こうしたTCCという実践共同体の「場」の力も**「エスニックマイノリティ独自の意見・視点を認識・発信する力」**という異文化間リテラシーの形成を促しているといえるだろう。

　本章では，外国にルーツをもつ子どもたちがホスト社会に対し，自らの意見・視点を発信するまでのプロセスをフォローした。次章では，この外国にルーツをもつ子どもたちの表現が，それを支えたボランティア側にいかに，いかなる異文化間リテラシーを発達させるのかを見ていくことにする。

第3章 あなたの声を聞く
学生ボランティアの異文化間リテラシー

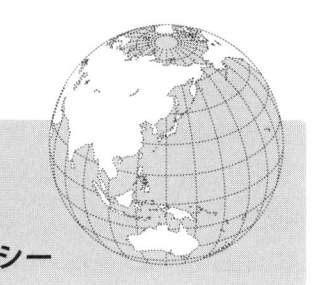

1　ここで語ること

(1) 学生ボランティア——外国にルーツをもつ子どもたちとホスト社会をつなぐ人々

　この章では，外国にルーツをもつ子どもたちによる表現活動を行うRe: Cプログラムで，子どもたちの表現活動（映像制作，ラジオ番組作りなど）を支える学生ボランティアに焦点を当てる。フィールドでの観察を通じ，ボランティアたちが子どもたちとの交流という経験から獲得していく「異文化間リテラシー」の存在を指摘する。

　ここでは，「エスニックマイノリティ独自の意見・視点を認識・発信する力」，「他者との対話を通じた自己変革力」という異文化間リテラシーをボランティアが形成する過程を明らかにする。その異文化間リテラシーの形成は，NPOという場への参加を深めていく過程と連動している。ここでもボランティアは，参加を深めていく過程で3階層の参加形態，すなわち「参入→定着→深化」を示している。そして活動が長期化する「定着」の段階でさまざまな学びが生じている。こうしたNPOという場に埋め込まれた学習に着目し，ここでも，社会的学習理論の立場から異文化間リテラシーの形成という学びの成り立ちを解き明かしていきたい。

　Re: Cプログラムでの観察に入る前に，日本の教育現場で外国にルーツをもつ子どもたちとホスト社会の間をつなぐような働きをする人々に関する研究について少し触れたい。

　志水（2003）がある学校の日本語教室に赴任した新任女性教師の実践例を紹介している。彼女は赴任当初，教員室に居場所がなかったため，外国人生

徒との関係を深め，やがて教師と外国人生徒の間に立ち，外国人生徒に対しては「叱り役」になり，学校文化の体現者として接し，他の教師に対しては「フォロー役」として外国人の子どもの声を伝える役目を果たす。それにより，両者の「パイプ役」(p.112)としての役割を成立させた。ホスト社会である日本の学校と外国人児童・生徒という2つの異文化集団の間に立ち，うまく調整しながら両者の間に相互理解を促していく女性教師の姿が非常に鮮やかに描かれている。彼女が2つの異文化集団を調整しながら両者の間に理解可能な対話を作り出していくという実践は，私の考える異文化間リテラシーの一要素である。

　また清水（2006）は，外国人生徒たちが当事者としてNPO「すたんどばいみー」の運営に関わっていく状況を活写しながら，その過程で地域と学校の間で相互理解を促す「研究者」＝清水（pp.215-217）や，研究者と教師集団の間で相互理解を促す「生活指導の柿本先生」（pp.220-223），カンボジア人生徒と家庭の間で対話を開く「カンボジア人大学生のソッカム」（pp.297-302），カンボジア人生徒と学校の間で対話を開く「地域ボランティアの家上さん」（pp.301-302）など多様な人々が学校と地域，教師と研究者，学校と外国人生徒，外国人生徒とその家庭という至るところにできた異文化の「間」を双方に理解可能な形で対話を開き，橋を架けていく様子をエスノグラフィックに描いている。清水自身はそれを「『間』をつなぐ」，「翻訳者」，「すたんどばいみー的実践」とさまざまに呼んでいるが，それこそが本書が解明を目指している異文化の「間」で対話を開く異文化間リテラシーをもつ人の実践ではないかと考える。異文化間リテラシーをもつ人は，双方の文化に属する人に理解可能な形でそれぞれの文化やそこから生まれるニーズを説明し，両者の間に相互理解の道を切り開いていく。清水（2006）が描いた「異文化」の中には，教師集団のもつ文化，研究者の文化，地域ボランティアの文化，カンボジア人家庭の文化，日本で成長しつつあるカンボジア人中学生の文化というように，「下位文化」，「組織文化」とでも呼ぶべき細かいカテゴリーが設定されている。しかし，その細かいカテゴリーの文化間の異なりを埋めながら外国人生徒を取り巻く大人たち，そして当事者である生徒が連携して彼らを取り巻く環境をより豊かなものに改善していく「すたんどばいみーの実践」，すなわち異文

化間リテラシーの醸成があったことが，その成功へとつながったように思える。

また野山（2003 & 2008）や徳井（2003）は，地域において外国人市民に日本語支援を行うコーディネーターに焦点を当て，そうした役割を演じる人に必要な資質[22]を挙げている。

こうした外国人を支援する人に求められる資質は，研修などで身につくものもあるが，実践の場で必要に迫られながら各人が学び取っていくものもあろう。

本章では，外国にルーツをもつ子どもたちに寄り添い，子どもたちが自らのエスニシティを肯定し，ホスト社会に対する表現活動に取り組むまでを支えた大学生ボランティアが，子どもたちとホスト社会の間をつなぐという実践の中で何を学び取っていったか，そしてその学びがいかに発展していったかを明らかにしていく。つまり，外国にルーツをもつ子どもたちと直接交流しながら「支援」にあたったホスト社会出身のボランティアが，いかに，いかなる異文化間リテラシーを形成したかがこの章の問いである。

(2)　調査の方法

私は2004年7月より2009年3月まで，ボランティアとしてTCC内のRe: Cプログラムに参加した。Re: Cプログラムは，外国にルーツをもつ子どもたちによる映像制作やラジオ番組制作による表現活動を支援することを目的に活動している。そこで，子どもたちに居場所を与える毎週土曜日の「サロン活動」のボランティアや，平日の事務ボランティアとして月約1〜2回の参加させてもらった。そこで子どもとボランティアの交流やボランティアと常勤職員のやりとりを参与観察し，またボランティアや常勤職員，そしてその場に集まってくる子どもたちへのインタビューを繰り返した。本論で焦

---

[22]　野山（2003）は，日本語支援コーディネーターに必要な資質として，「学びの機会を十分に活用する姿勢―判断留保（エポケー）の実践力」，「将来見通し（ヴィジョン）の公開―言語運用能力と編集能力」，「ホリスティックな言語支援活動の場の提供―環境設計能力」，「自分自身の役割と限界を知ること―ネットワーキング力」を挙げている。同様に徳井（2003）は，「多様な視点」，「統合的関係調整能力」，「エポケー」，「異文化シナジー」，「状況把握力」を多文化共生時代の日本語支援コーディネーターに求める能力として挙げている。

点を当てたボランティアについては，2004年度に活動に参加した記録の残る8名（うち女性6名）に対して，彼らの活動中にインタビュー（エスノグラフィックインタビュー）[23]を実施した。活動中のインタビューは，研究目的を明かした上で，フィールドメモをとり，のちにフィールドノートとして記録を残した。さらに，2001年の活動開始以来2006年まで9名のボランティアリーダーがRe: Cプログラムの活動の中核を担ってきたが，この歴代のボランティアリーダーに関しては現在連絡のとれる7名（うち女性5名）に活動時間外にアポイントをとり，1～2時間のインタビュー（問題中心インタビュー）[24]を行った。彼らには研究目的を明かした上で，録音記録をとった。さらにTCCの構成団体であるコミュニティラジオ放送局（多言語FM）において，Re: Cプログラムの活動に関する放送記録を文字化し，分析対象とした。

2 ボランティアの異文化間リテラシーの形成(1)
―― 子どもたちとの間で

第2章で述べたとおり，Re: Cプログラムにアクセスする外国にルーツをもつ子どもたちは，最初，「自己表出の抑制」状態にある。この状態では，子どもたちとの間に異文化間リテラシーが形成されうるような対話が開かれるのは難しい。よって最初に，ボランティアたちは子どもたちとの間に信頼関係を形成し，周縁化された彼らの声を引き出すことが求められる。ここでは，このボランティアが子どもたちとの間で獲得する異文化間リテラシー，「**エスニックマイノリティ独自の意見・視点を認識・発信する力**」の形成過程を概観する。

インタビューで得られたRe: Cプログラムのボランティアとボランティアリーダーの「語り」や参与観察から明らかになった行動，放送されたラジオ記録の文字化情報の中から，外国にルーツをもつ子どもたちとの交流の中で

---

[23] フィールドワークの状況で行われ，時間と空間の枠組みがそれほど明確にインタビューとして定められていないことが特徴のインタビュー（フリック，2002, pp.115-117）。
[24] ある問題に対するインタビュイーの見方（ここではボランティアの学び）に焦点を当て，ナラティブ（語り）と質問とを組み合わせたインタビュー（フリック，2002, pp.109-114）。

ボランティアが得る経験を抜き出した。そしてローデータをカード(計97枚)にまとめ，1行見出しを付し，比較・分類し，経験の種類によってグルーピングした(詳しくは巻末資料3参照)。このグルーピングによるカテゴリー形成は，KJ法(川喜田, 1967 & 1996)の基本手順である①ラベル作り，②グループ編成の作業を採用した[25]。

その結果，ボランティアたちは外国にルーツをもつ子どもたちとの交流の中で，以下の3つに分類されるコミュニケーションを行っていることがわかった。この3つのコミュニケーションによって，子どもたちは同化圧力の中で身についた自己表出の抑制を超え，自らの声をホスト社会に向けて発信することが可能になる。それが「**エスニックマイノリティ独自の意見・視点を認識・発信する力**」という異文化間リテラシーの形成に結びついていくのである。

(1) 共感

ボランティアは子どもと向き合うとき，「子どもの主体性を大切に」，「子どものしたいことに寄り添い支援する」という態度をリーダーや古参ボランティアから学び共有する。具体的に子どもたちに指示するのではなく，ただそばに寄り添い，子どもの思いを受け止めようとするボランティアの姿勢は繰り返し観察され，「あるべきボランティアの姿勢」として語られる。

> 「Re: Cプログラムの理念は何か，って外部で聞かれて，とっさに『子どもたちをとにかく受け入れるのが理念』と答えた」。
> 　　　　　　　　　　　　(リーダー山木, 2005年10月12日フィールドノートより)

また，Re: Cプログラムの前身であるラジオ番組「子ども多文化ワールド」が，参加者の大人が番組を仕切ってしまうことで子どもたちの主体的参加の機会をつぶしてしまい終了した。この失敗の事例は公式，非公式にスタッフ

---

[25] 本章でも第2章同様，KJ法の基本手順，①ラベル作り，②グループ編成，③図解化，④叙述化の4ステップのうち，前半2ステップを採用しカテゴリー化を行った。

ーボランティア間で語り継がれている[26]。その失敗の共有が，子どもの主体性を尊重し，ボランティアは子どもの主体性に寄り添うという基本姿勢につながっているだろう。

また，ただ受け入れるのではなく，子どもたちの外国人であるが故の利点に積極的に光を当てようとする姿勢も見られた。

> ベトナムで中学校を卒えて来日したニャン（ベトナム系中3だが17歳，女子）が英語が得意という話から少し英語を発音してもらった。「日本人にはできない美しい英語」をボランティアがほめ，続いてベトナム語のチラシを読んでもらうとボランティアたちは「音楽のように美しい」，「やっぱアジアの言葉をしゃべれるってかっこいい」と口々に賞賛した。
> （2004年11月27日フィールドノートより）

ここでは，ベトナム人だからこそできる英語発音やベトナム語能力に感心し，ほめ，外国人だからこそのプラス面に光を当てている。

家庭や学校と比較して，Re: Cプログラムならではの子どもへの接し方の心得も語られた。

> 「僕にとってはRe: Cプログラムはギアを入れ替える場所。いいところを見てあげよう。いいところを探してあげよう。悪口を言うときも親しみを込めて」。
> （2005年7月5日リーダー山木インタビュー）

このように，できるだけ良いところを見つけてほめ，子どもの自尊感情とボランティアへの親しみを醸成しようとする姿勢もうかがえた。さらに下記のような子どもに対する共感をボランティアの役割と認識する言葉も聞かれた。

> 「この子たちはいろんな人との関係があって，学校では先生に言われる

---

[26] ボランティア向けの勉強会でもこの「失敗の経験」が語られている（吉富, 2003）。

とか，家では親にきつく言われたり，上から言われたりとかあると思うから，私が別にここでこの子たちに何か教えようとか，この子の進路に何か影響を与えようとか，私がそれをしなくてもいいやって思ってて。(中略)進路でアドバイスするとかではなく，困ったときに話を聞く。相槌打つとか。共感するとか。大丈夫よって言うとか」。

(2005年10月12日リーダー坂下インタビュー)

子どもたちを受容し，尊重し，賞賛し，特に外国人故のプラス面に光を当て，うなずき，共感するボランティアたちのこのような姿勢を総称して「共感」と分類する。カード化された語り，観察のローデータのうち共感に分類されたのは上記4つの語り，観察を含め44事例にのぼる(詳しくは巻末資料3参照)。

(2) 対話

　子どもに問いかけ，できるだけじっくりと子どもの意見を聞き，その意見は本当に子どもの思いを反映したものか何度も確認する。外国人児童・生徒による映像制作に関わったリーダー坂下は以下のように語る。

「子どもの言いたいことを察する，カウンセリングのように引き出す。待ちと確認の繰り返しでその子の思いを確認する。出てくる作品は子どもが100％納得することが大切」。　　　　(2004年8月27日フィールドノートより)

　子どもの「こうしたい」という思いを引き出し，時に言語化し，それがボランティアから押しつけられたものでなく本当に子どものものか確認する作業の大切さを語る。
　具体的な事例としてサロンでのルールをボランティアと外国人児童・生徒が共同で作成する様子が観察された。

　子どもたちのサロン内での飲食や携帯電話の通話などについて，周辺のTCC下部団体から「うるさい」という苦情が入った。そこでおやつ，携帯電話の持ち込みについてルールを決めることになり，常連の4人のベト

ナム系中学生がサロンに来るとボランティアリーダー西川が4人を呼び，「みんなのルールだからみんなで決めよう。お菓子や携帯のことなんだけどみんなはどうしたい？　コンピューターのあるところでお菓子を食べるとコンピューターは壊れてしまうし，携帯がうるさいって他のスタッフさんに言われたの。どう思う？」と子どもたちの意見を聞いた。問いかけられた子どもたちはしばらく時間をかけ，意見を出し合い，「携帯はTCCの外に出て使う。コンピューター席ではお菓子を食べない。食べるときは丸テーブルに移動する」などのルールを提案した。リーダー西川は「それでいいな？　みんなが決めたことやな？　そしたら守ろうな」と何度も確認した。

(2005年11月12日フィールドノートより)

また月に1度のラジオ放送で，ベトナム系女子中学生ユンとボランティアの下記のような問答が収録されていた。

ボランティアリーダー大田：お正月はユンは？（どう過ごすの？）
ユン：うちは，店のやつ（手伝い）あるやん。（ユンの家はベトナム料理店）
大田：えらいな〜。
ユン：あれ，お正月になったら餅みたいなの作らなあかんから，それ手伝わなあかん。
大田：それベトナムのお餅なの？
ユン：うん。なんや，あるやん。パンみたいな。なんか日本でいうおせち料理みたいな。
大田：ほお，日本のおせち料理とどう違うの？
ユン：そんないっぱいじゃなくて，餅のやつ1つ。中にな，お肉とかいっぱい入ってな。
大田：うわ！おいしそ！甘いん？
ユン：焼いたらおいしい。
出演者一同：おお〜おいしそう〜。

(2006年12月22日「Re: Cプログラム」ラジオ放送より)

普段，ベトナム系であることを隠蔽しがちなユンが正月の過ごし方からベトナムの食文化を語る様子が記録されている。ボランティアリーダー大田は，ユンの語るベトナム食文化にいちいち感嘆し，興味をもって聞いている。この過程でユンは，自分が家庭内に隠蔽しているベトナム文化がホスト社会の人間には興味深く，語る価値のある話題であることを認識する。ここでは，対話を通じて本人がその価値を自覚できずに眠らせている言葉を引き出す様子が観察された。

　このようなコミュニケーションによって人間関係を構築する能力や相手の言葉を引き出し，表現へと導いていく能力を総称して「対話」と分類する。カード化された語り，観察のローデータのうち対話に分類されたのは上記3つを含め18事例であった (詳しくは巻末資料3参照)。

(3)　個別を見る──脱ステレオタイプの視線

　ボランティア間で共有され，時には古参ボランティアや相談役から学んだ，共感し，対話することを子どもたちとの間で繰り返すことにより，ボランティアたちの目の前に日本人として同化されたのでもなく，また外国人という言葉でもひとくくりにできない，個々の子どもたちの多様性が立ち現れる。

　「何国人だから，というのではなく，その子（個人）のことを知ってくれる人が増えるのが共生につながると思う。エリアネちゃんはブラジル人だけど，それをどう自分の中に取り入れて発展させてるのか，（同じブラジル人の）ルマちゃんのとは全然違う。そういうところを一人ひとり話していくことによって感じたり，この子はこういう子だって個人個人に対してわかっていくのが多文化共生だって活動を通じて感じた」。

(2005年10月12日リーダ坂下インタビュー)

　「(ブラジル系の) ルマちゃんは自分がブラジル人かわからない。(ベトナム系の) サン君は日本語ペラペラだから日本人に見えるけど，日本人じゃない。じゃあブラジル人かベトナム人か，微妙な合間にいる彼らを突き詰

めればいいのか。どこまで違うのか見極めが難しいけど，(一人ひとり違うのを) みんなが押して引いてを経験していく場としてここがある」。

(2005年10月12日リーダー山木インタビュー)

　子どもたちは外国にルーツをもつという背景は共通してはいるが，外国人であることの内面化，日本社会との距離のとり方は一人ひとりまったく異なり個別的であることを，ボランティアたちは目の前の子どもたちから学ぶのである。そして一人ひとりの個別性に触れ，ボランティアたちは，外国人児童・生徒の集団としてのアイデンティティで捉える視点から，個人としてのアイデンティティで理解する視点へと転換することを実体験する。この集団アイデンティティから個別アイデンティティへの視点の転換に関して，松田陽子 (2001) は次のように述べている。

　「(異文化間でより良い関係を構築するために必要とされることは) 第一に，文化・エスニックアイデンティティによって，他者を範疇化し，ステレオタイプ化する視点から，多様な個別のアイデンティティへと視点を柔軟に転換する能力である。(中略) 個別的なアイデンティティを見出していくことによって，相互に共有されるアイデンティティや親和性を見出すことができたり，共感に基づくコミュニケーションが容易になる。このような個別的認知力が持てないことが，偏見や差別に繋がることが多い」(p.251)。

　ボランティアが子どもに共感し，対話によって子どもの思いを確認しながら言語化していく，その結果，子どもの主体性を引き出し，多様な子どものあり方をボランティアに示す。その帰結として「個別アイデンティティへの視点の転換」をボランティアは経験する。これを「個別を見る—脱ステレオタイプの視点」と分類する。カード化された語り，観察のローデータのうち「個別を見る」に分類されたのは，上記2つを含め18事例である (詳しくは巻末資料3参照)。

(4) ボランティアと外国にルーツをもつ子どもたちの間の異文化間リテラシーのまとめ

　以上見てきた共感と対話，そしてそこから導かれる個別を見ることによっ

て，ボランティアは外国人児童・生徒一人ひとりの多様性に触れ，子どもたちを取り巻くそれぞれの現実を学ぶ。その過程で子どもたちは，自己表現の抑制を超え，学校や家庭で語ることが難しい自分たちの周縁化された思いを語り始める。子どもたちの語りにボランティアたちはさらなる興味を抱き，共感を示し，対話を試みる。子どもたちはそうしたボランティアの反応に，自らの言葉に価値を見出し，さらに深く自らを語る。この〈共感―対話―個別を見る〉の循環は繰り返し行われ，子どもたちがもつそれまで周縁化されていた思いが言語化されて立ち現れる。この段階でボランティアは，「**エスニックマイノリティ独自の意見・視点を認識・発信する力**」という「**異文化間リテラシー**」を獲得するのである。

3 ボランティアの異文化間リテラシーの形成(2)
――ホスト社会への発信

2で取り上げたボランティアと外国にルーツをもつ子どもたちとの間で起こる〈共感―対話―個別を見る〉の循環が形成する異文化間リテラシー，すなわち「**エスニックマイノリティ独自の意見・視点を認識・発信する力**」はやがて，映像作品やラジオ番組という形に結実し，子どもたちとボランティアの二者の関係を超えて，子どもたちの視点はホスト社会へとつながっていく。この結果，どのような作用・反作用が，ホスト社会とボランティア，外国にルーツをもつ子どもたちに生じるのか。

(1) 映像作品の制作と評価

Re: Cプログラムのサロンに集まる外国にルーツをもつ子どもたちは，言葉の問題や他の子どもとは違う出自故に自信がもてず，彼らの思いは学校や家庭では周縁化されてしまうことが多い。Re: Cプログラムでは，そうした子どもたちの思いを映像作品として表現する活動を大きな柱としている。子どもの側からの希望に基づき，ボランティアが1対1で寄り添い，何を撮りたいのか，どう表現したいのか，共感し，対話を重ね，その子どもの個別の表現を共に作り上げていく。

日系ブラジル3世の姉妹ユミとルマもそれぞれに自分たちのアイデンティティをテーマに映像作品を制作。ユミ（撮影当時高校3年生）は，日系ブラジル人への理解の少ない日本社会の中で，日系ブラジル人であることに誇りをもって生きていこうという決意表明の映像作品を制作する。ユミの映像制作から3年後，妹のルマ（撮影当時中学2年生～3年生）は，日系ブラジル人としての誇りをもつ家族の中で1人だけポルトガル語もしゃべれず，日本人と変わらない自分のアイデンティティに悩み，何人（なにじん）になりたいのではなく家族と同じ人間でありたいとつぶやく。

(坂下, 2004；Re:C, 2006)

　この姉妹の作品が完成するまでに，何を表現したいか，どんな思いを抱えているのか共感し，励まし，対話を重ねることで，それぞれの思いを言語化し，姉妹が同じ家族の中にありながらそれぞれにまったく異質な思いを抱えていた，という事実をボランティアたちは引き出した。
　特にルマの映像制作は1年の歳月を要した。「私は何人（なにじん）だと思う？」とエスニックコミュニティの人々や家族に問いかけていく映像からスタートしたこの作品は，撮影中，ルマの母親が「それがわかったら何か変わるの？」と逆に問いかけたことから，ルマ自身この作品で何を訴えたいのかわからなくなってしまい，制作自体が暗礁に乗り上げてしまう。このときの様子を，当時ボランティアとしてルマをサポートしていたボランティアリーダー坂下は下記のように語っている。

　最初は（ルマと）2人でやってたんですけど，2回くらい，編集のために1日一緒にいても，2人ともまったく声を発しないっていう日があって，これはちょっと私では対処しきれないなと思って。以前のボランティアリーダーさんに来てもらって3人でやって，いろいろ聞いてくれたりとか，ノートに思ってること全部書かせたり。他のボランティアさんにノートや，編集が終わった映像見せたりして，「ルマの心に添うのはこうじゃないかな」ってプロットを立ててもらった。で，それを本人に見せて。もう本人で

プロットを立てるのは難しくなってたんですよ。わかんなくなっちゃってて。で, プロットを本人に見せて, どう？　これで合ってる？　って, そしたらすごい笑って,「これが私の思ってること」って言った。それでそこは何回も何回も確認して。大丈夫？　大丈夫？　これで合ってる？って。確認してそれを絵コンテにして, で, 今度それをもとに足りないところを撮影した。最後の編集はまったく本人に任せた。

(2005年10月12日リーダー坂下インタビュー)

　このように, ルマの「マジョリティとは異なる意見・視点」を映像作品に結実させるまでの, ルマ本人と周囲のボランティアで共感に基づく相互理解のための対話が徹底して繰り広げられる。
　「エスニックマイノリティ独自の意見・視点を認識・発信する力」という異文化間リテラシーは, 外国にルーツをもつ子どもたちの「意見・視点」を映像作品という「形」に結実させることにより, 子どもたちとボランティアの間の対話を超えてその外の世界へと波及していく。
　ユミの制作した映像作品『日系ブラジル人の私を生きる』は, 関西有数の私大のAO入試の場で評価され, ユミは自己推薦枠での大学入学を勝ち取る。また, 妹のルマの映像作品『レモン』は, 第28回東京ビデオフェスティバル2006[27]の優秀作品に選ばれる。外国にルーツをもつ子どもたちの「意見・視点」が映像作品に結実した結果,「大学入試」や「映画祭」といったホスト社会での評価の場に出ていくことが可能になった。ここでボランティアは, 外国にルーツをもつ子どもたちのマジョリティと異なる声をホスト社会の評価の場に「つないで」いることに注目したい。

(2)　映像作品の上映会の開催とそのフィードバック

　上記の日系ブラジル人姉妹の2作品を含め, これまで9本の映像作品(2008年当時)をボランティアのサポートのもと, 外国にルーツをもつ子ども

27　東京ビデオフェスティバルとは, 日本ビクター(株)が主催する国際的なビデオコンテストである。2006年度は世界35の国と地域から2,291作品の応募があった。

たちが中心となり制作してきた。それらの作品はボランティアやTCCのスタッフの協力のもと，TCC内部での完成披露上映会や外部での国際交流イベントや映画祭などで上映される。2002年から2007年9月まで，こうした内外の上映会の開催は25回に及ぶ。そのたびに関係者や地域の人，研究者が参加し，子どもたちの映像作品を鑑賞する。映像制作者である子どもたちは，映像を観た観客がどのような感想を抱いたか，その場でフィードバックを受ける。観客の感想はボランティアたちの手により文書化され，感想文集として子どもに贈呈されたり，季刊のニュースレターや年次報告書に蓄積される。それらの蓄積の中からいくつか紹介する。

　「ニューカマーという言葉を初めて知った。差別があったり，生きにくいという現実を知らなかった。(映像の中の作者は)日本の高校生より大人びているなと感じた。彼女の映像を通してもっと具体的に知っていきたいと思った」。
(2005年ワンワールドフェスティバルにおける上映会での来場者感想より。Re: C, 2006a)

　「国籍とは何なのか，多文化共生とは何なのか，自分のアイデンティティは何なのかと深く考えさせられました。この世界にいろんな国籍はあるけれど，みんな同じ人間で違いはいろいろあるけれど，皆がすばらしい」。
(2004年11月20日新作映像作品「レモン」完成上映会における来場者感想より。Re: C, 2005b)

　映像作品の制作者である外国にルーツをもつ子どもたちは，上映会という回路を通じ，周縁化された自分たちの「意見・視点」がホスト社会の人々につながったことを実感する。ホスト社会側からの反応を受け取ることで，子どもたちは自分の語る言葉がホスト社会の人に影響を与える力をもっていることを知る。そのことは彼らの自信となり，さらに言葉を発しようという意欲[28]につながる。
　子どもたちの思いを引き出し，共に考え，映像表現という形にまとめるの

を支援したボランティアたちは，ここではさらに上映会を設定することで，双方向のコミュニケーション，すなわち外国にルーツをもつ子どもたちからホスト社会への映像の提示と，ホスト社会から子どもたちへの映像の感想伝達という対話を開く。

(3) 外国にルーツをもつ子どもたちとホスト社会の双方向の交流

以上，事例から映像作品として結実した外国にルーツをもつ子どもたちの思いが，子どもたちとホスト社会の間の相互理解のための対話を開いていく様子を観察した。

外国にルーツをもつ子どもに居場所を提供し，地域の学生を中心としたボランティアが子どもの主体性に寄り添いながら表現活動を行うRe: Cプログラム。子どもたちとの交流からボランティアたちは〈共感―対話―個別を見る〉という循環を繰り返し，関係を構築することで，**エスニックマイノリティ独自の意見・視点を認識・発信する力**という異文化間リテラシーを形成する。そうした子どもたちの声・視点は，ボランティアの協力で映像作品などに結実し，AO入試や映画祭などの評価の場につながっていく。そして子どもたちは，ホスト社会からAO入試の合格や映画祭での受賞という「評価」を獲得する。さらには上映会の設定によって，映像を観たホスト社会の成員からの「感想」が子どもたちにフィードバックされる。これらの相互作用によって，ホスト社会は子どもたちの声を聞く機会をもち，子どもたちは声を出す自信とモチベーションを得るなどの事例が観察された。

4 ボランティアの異文化間リテラシーの形成(3)
　　——進路の選択をめぐって

ボランティアの中から「ボランティアリーダー」に選ばれる者が毎年1～2名いる。ボランティアリーダーには「20代前半で就業経験がなくマニュア

28　事実ルマは2006年にも映像作品を制作し，それによって武蔵大学主催白雉市民映画祭で最優秀作品賞を受賞する。

表4 歴代リーダーが得た「キャリア」

活動期間	性別／ポジション	具体的なキャリア形成
2001〜2003	女性／スタッフ	不登校・引きこもりからの脱出。TCCの常勤職員
2001〜2003	女性／スタッフ	経験をもとにオランダの大学院にて移民研究
2002	女性／スタッフ	早稲田大学大学院にて研究。現在は映像作家
2002	男性／スタッフ	TCCの常勤職員
2003	女性／ボランティア	2003年度Re:Cプログラムを題材に卒論執筆。2004年福祉施設に就職。転職して児童相談所職員
2004	女性／ボランティア	2004年度Re:Cプログラムを題材に修論執筆。2006年4月より厚生労働省労働局の産業カウンセラーに就任
2004	女性／ボランティア	2005年青年海外協力隊（青少年活動）としてホンジュラスへ。帰国後は多文化，途上国を語れる教師志望
2005	男性／ボランティア	2005年度Re:Cプログラムを題材に卒論執筆。大阪大学大学院進学。多文化教育をテーマにブラジルにて調査研究中
2005	女性／ボランティア	2005年度TCCの子どもを主題に卒論執筆。銀行に就職。ATMの多言語表示を提案

ルをもたない若者」という条件に当てはまる者のうち希望者が就任し，サロン活動の中心となり，映像作品作りを希望する外国にルーツをもつ子どもたちとペアで映像制作に従事し，時給800円のアルバイト料を受け取る。これまでのリーダーは大学学部もしくは修士課程の最終学年か学業修了直後の1〜2年をリーダーとして過ごしている。彼らは社会に出る直前の1〜2年間の多くの時間と労力をRe: Cプログラムに投入する。その結果，自分のテーマとして外国にルーツをもつ子どもたちとそれを取り巻くホスト社会の問題を捉え直し，結果的にRe: Cプログラムを題材に修士・卒業論文を執筆し，活動と関連した進路決定を行うことが観察された。表4はプログラム開始以来，2005年度末までの歴代リーダー全9名がRe: Cプログラムでのリーダー期間を終えたあと，選択した進路である。

　彼らが選択した進路は，TCCの常勤職員（2名），移民問題，多文化教育などの研究者を志望して大学院に進学した者（3名），児童相談所職員（1名）。厚生労働省労働局産業カウンセラー（1名），青年海外協力隊（青少年活動）（1名），銀行勤務（1名）である。

　多文化共生のまちづくりを目指すTCCの職員や多文化問題関連の研究志望者は外国人とホスト社会の間で異文化間リテラシーを形成・発揮すること

を要請される職業を選択したことが想像できる。

オランダで移民に関して研究をしたリーダー李[29]は以下のように話す。

「子どもたちは自分は何がしたいかっていうのを考えているときに、私自身も私はいったい何がしたいんだろう、（映像を）私が撮るとしたらいったい何をとるんだろう、と、どこかで考える。(中略) そういう（子どもたちの）姿を見ていて『私にもできるんじゃないか』って方向を決めたのはRe:Cプログラムの活動ですね」。（2005年2月「Re: Cプログラム」ラジオ放送より）

子どもたちが外国人としての表現を模索する姿から、自分自身は何ができるか、何がしたいか、と考え、移民研究という道を選択する。その進路選択はRe: Cプログラムでの経験が方向づけたと述べている。

児童相談所職員となった2003年度リーダーは、「ニューカマーの子どものエンパワーメント」をテーマに卒業論文を執筆。就職後は対象をニューカマーに限定していないが、「子ども」という社会的弱者と大人の対話を開くという異文化間リテラシーを要求される進路を選択した。

2004年度ボランティアリーダー坂下は、その修士論文で「同じ家族に育つ姉妹であっても、日系ブラジル人であることの内面化はまったく異なる。姉は日系ブラジル人の私を生きていく、と力強く宣言するが妹は家族の中で最も日本人に近く、日本語しかしゃべれない自分の疎外感を語り何人（なにじん）なりたいのではなく家族と同じアイデンティティを持ちたい」と、外国にルーツをもつ子どもたちのアイデンティティ形成の多様性を指摘し、エスニックグループの中で異なる「声」をもつことをエスニックグループの大人たちは弱者である子どもに対して抑圧してはいまいか、と問いかけている。そして1年間のボランティアリーダーとしての任務を終えたあと、彼女は自らの進路として厚生労働省の産業カウンセラーを選択し、その理由を下記のように語った。

29　李は在日コリアン3世で、大学卒業直後有給スタッフとしてRe:Cプログラムに参加していた。

「日本のマジョリティに対する批判的な目がエスカレートしてる感じだったんです。もうちょっと日本全体のことを知りたい。だから公務員（試験を）受けようって。ハローワークの産業カウンセラーとして職業相談をするんですけど，日本人も高齢者や障害者やそれから外国人の就労を現場で支えたいなって。(中略)この人は何したいんか，この人に合う仕事を聞き出して推薦することで(中略)。日本に問題があるっていっても今の私だと，TCCの人に聞いた話の受け売りになっちゃうので，現場で実感として問題に対処したい」。　　　　　　　　(2005年10月12日リーダー坂下インタビュー)

　外国にルーツをもつ子どもたちの多様なあり方に視線を注いだ彼女は，次はホスト社会である日本社会の多様なあり方を知りたいと語っている。特に高齢者や障害者，さらにその中にいる外国人市民それらの多様な人々でホスト社会は成り立っている。マイノリティが一枚板でないようにホスト社会もまた一枚板ではない，という気づきに至る。その一枚岩ではないホスト社会を構成するさまざまなマイノリティと対話し，就業を支援するという異文化間リテラシーを要する職業を選択している。
　また，同じく2004年度リーダー川本は大学卒業後，青年海外協力隊員としてホンジュラスに赴く。帰国後は地元の高校教師を志望している。

「多文化共生や途上国の話を日本の高校生に語れる教員になりたい」。
(2005年7月5日リーダー川本インタビュー)

　ホスト社会の中で成長する日本の高校生に，ホスト社会の外の世界やホスト社会の多様性を提示する存在になりたいと希望を語る。
　TCCに集う子どもたちを事例に卒業論文を作成したのち，銀行員となった2005年度リーダー西川は，銀行サービスがいかにニューカマーにとって利用しにくいか痛感し，ATMサービスの多言語化を提言している。
　9人の方向はそれぞれだが，Re: Cプログラムのボランティア活動の中で獲得した異文化間リテラシーを発揮し，おのおのの職業の中で生かせる場を模索していることがうかがえる。

学生が実社会に出る直前直後の1年もしくは2年をリーダーとして過ごし，多くの時間と労力をRe: Cプログラムに投入する。その結果，多文化共生社会のために自分ができることは何かという問いを自らにつき返していった。そして彼らは「自分にできること」，「自分の取り組むべきテーマ」を突き詰め，キャリア形成をし，「異文化間リテラシー」を発揮できる進路を選択した。この活動の深化の過程でボランティアたちは，**他者との対話を通じた自己変革力**」という異文化間リテラシーを形成したといえよう。そして，その問題を生涯のテーマとして取り組めるような進路選択を果たしていった。個人の中で形成された「異文化間リテラシー」が，社会に蓄積される段階へ移行する萌芽と認めることができる[30]。Re: Cプログラムでの外国にルーツをもつ子どもたちとの出会いを機に，「異文化間リテラシー」をもつ人材がそれを必要とする職場を求めて社会に旅立っていく。これは，外国にルーツをもつ子どもたちとの交流がホスト社会にもたらした「利点」と評価できる。

5　異文化間リテラシーの形成過程——社会的学習理論から

　ここまで観察された異文化間リテラシーは，いかに形成されるのか。社会的学習理論の立場から「NPOという場のもつ影響力」を解明することで見ていきたい。

(1)　異文化間リテラシーの形成とNPOの教育力
　まず，子どもたちとボランティアの交流が行われる「NPO」という場のもつ影響力について考えたい。外国にルーツをもつ子どもたちとホスト社会の若者がコミュニケーションをとれば，自動的に異文化間リテラシー形成に向けての相互作用が起こるわけではない。異文化間リテラシー形成に向けて両者の交流に方向性を与えている「場」の力が作用している。ここでは，TCCやRe: Cプログラムがボランティアと子どもたちの交流に与えている指向性

---

[30]　個人レベルの能力形成が社会変動に結びつく実態に関してはさらなる継続調査が必要ではあるが，ここではその可能性が示された。

ラジオ番組制作のスタジオ入り前の打ち合わせ。「何を話したい？」,「何を伝えたい？」,メインパーソナリティとボランティアの入念な打ち合わせが行われる。

について考察する。

　Re: Cプログラムに参加するボランティアの中でも継続的に活動に参加するメンバーの間で,「とにかく子どもの出方を待つ」や「オフェンスよりディフェンス,フォローに徹する」などの言葉が交わされる。選ぶ言葉は違っても,共感・対話といったキー概念がボランティア間でよく共有されているのをしばしば感じた。

　また過去,日本人スタッフの過度な干渉により,子どもたちの主体的な表現活動が阻害された「多文化子どもワールド」の失敗の物語もボランティアの間やTCCの専従職員とボランティアの間で繰り返し語られる。直接的に「子どもの主体的な表現を摘み取るようなボランティアの子どもへの指示,干渉」を戒めるのではなく,物語の中に間接的なメッセージを込めて語ることで,TCCのボランティアにふさわしい「子どもの気づきを待つ姿勢」が共有されている。こうした物語の中に間接的なメッセージを込めてその集団の成員としてふさわしい振る舞いを伝えるという指導を,ロゴフ（2006）はguided participation（導かれた参加）を促す手法の一つと指摘している(pp.412-414)。

　ボランティアリーダー坂下は,子どもの意思を大切にし,ボランティアはそれに寄り添うというRe: Cプログラムの場のあり方をボラティアの相談役

を務めるTCCの代表者や専従職員から学んだと語る。

「（TCC代表者の一人）日比野さん自体がすごくおおらかな人で，それに影響を受けてるかな？　なんか問題があってどうしようって言うと，まあ大丈夫，大丈夫って。前，子どもたちがインターネットで危険な映像とか見てたとき，やめろとも言いにくいし，どうしようって言ったときは（TCC代表者の一人）吉富さんが『やめろって言うのは簡単だけど，やめろて言うんじゃなくて，これ痛そうやね，とかこれ怖そうやね，ってコミュニケーションする中で，これどうなんかなあって聞いてみたら？』って言われた」。
(2005年10月12日リーダー坂下インタビュー)

またリーダー川本は下記のように経験を語る。

「TCCの専従職員や代表者といった"大人"が私の相談もじっくり聞いてくれた。親身になって活動のことだけでなく進路の相談にも乗ってくれた」。
(2005年7月5日リーダー川本インタビュー)

つまり川本は，TCC内の専従職員や代表者がボランティアに対して人間関係をつくるという実践を，今度は自分が外国にルーツをもつ子どもたちに対して行っているのだと語っている。TCCの専従職員や代表者といった，すでに多文化共生を目指したまちづくりに取り組み，外国人市民とホスト社会の間の橋渡しを仕事としている人々が，ボランティアたちに影響を与えている。彼らの共感や対話，顔の見える関係を築くといった異文化間リテラシー形成のために必要な態度が，ボランティアによって模倣・共有されている様子が観察された。

社会的学習理論（レイブ＆ウェンガー，1993）によると，実践共同体に参加することによって成立する学習は，アイデンティティの形成と深く関わる。ボランティア個人がRe: Cプログラムを含むTCCという多文化共生の実践共同体において正統なメンバーとして認められ，活動に参加する中で古参のメンバーの振る舞いや共有された考え方などを身につけ，メンバーとしてのア

イデンティティを形成していく。その過程でボランティアは異文化間リテラシーを身につけていくことがうかがわれた。

また，Re: Cプログラムに参加する若者たちは，ただ実践の場に投入されるだけでなく，その体験を広い視野から理解できるように，あるいはTCCの活動の方向性を共有できるように，ボランティア向けの勉強会への参加が奨励される。

2002年3月以来，年に4～5回，ボランティア向けの勉強会は開催されている。子ども，多文化，市民メディアなどのテーマでTCCの下部組織や協力組織で働く市民活動家や大学教員から話を聞き，ディスカッションする機会が与えられる。これまで取り上げられたテーマには，「ブラジル人コミュニティの形成と子どもの育成について」，「映像表現を使った情報発信活動・市民メディア作り」，「TCCの歩み：震災から多文化なまちづくりへ」，「ベトナム難民の発生と日本定着，ベトナム系の子どもを取り巻く現状」など，多岐にわたる。

こうした勉強会を通じてボランティアは，実践の場での学びを得るだけでなく，専門家やTCCの活動家による講義・対話を通じ外国人児童・生徒とそれを取り巻くホスト社会の状況をより広い視点から捉え直し，またTCCの活動の方向性を理解し，共有する機会を得る。

(2) 実践共同体への関与の3層構造

異文化間リテラシーを形成するために，ボランティアたちはRe: Cプログラムに継続的に参加し，外国にルーツをもつ子どもたちとの交流を豊かなものにしながら，新参者から古参者へと多文化共生の実践共同体であるTCCのメンバーとしてのアイデンティティを確立させていく。2001年末から2005年まで記録に残っているだけで，延べ36名のボランティアがRe: Cプログラムに参加している。この中のある者は去り，ある者は残り，異文化間リテラシーを形成するに至る。ボランティアたちは何を動機にこのプログラムに集い，残ったボランティアはどのように関与を深め，異文化間リテラシー形成に至るのであろうか。ここでは，ボランティアがいかに活動に参入し，定着，深化させているかその契機を記述する。

富永 (1997) は，「資源投入」とそこから得られる「報酬」の交換という概念を用いて社会的活動への参加を説明している。富永 (1997) によると，「社会的交換は経済的交換と違って，交換によって得られる利益の性質が経済財のような『外的』報酬だけではなく，他者との交流の精神的なよろこびというような『内的』報酬を含んで」いると説明する (p.194)。ボランティアが受け取る「内的報酬」とは何を指すのか。ボランティアという労力の提供 (資源投入) と，それによって得られる報酬の交換という視点から実践共同体への関与が深まる契機を描きたい。

　仁平 (1999) によると，ボランティアがその活動から受け取る報酬は大きく分けて成長的報酬と情緒的報酬があるという。成長的報酬とは支援対象者との出会いなどの新しい経験やそれを通した「成長」である，という。成長的報酬を動機としてもつ人は，そのような「経験」が満たされてしまうと，その後，継続的に活動につなぎとめておくのが難しい。そこで組織を維持するストラテジーとして，「他のボランティアや支援対象者との情緒的な関係や活動から得られる情緒的報酬」(p.112) を提供することでボランティアが定着し活動が安定するという。

　私が観察したフィールドで，ボランティアたちはいかなる内的報酬を受け取っていただろうか。仁平 (1999) の指摘した成長的報酬と情緒的報酬は確かに観察された。しかしそれ以外に，Re: Cプログラムでの参与観察を通じて，私はいくつかの新たな報酬の存在を発見した。

　ボランティアはどのような動機で活動に参加し，どのように活動を深め，そしてその後どのような進路をたどるのだろうか。私がボランティアとして参加し始めた2004年以降の毎週土曜日の「サロン活動」へのボランティアの出席状況，Re: Cプログラムからのアルバイト料，交通費の支給の有無，その他，ニュースレターや年次報告書への貢献等を記録して整理した。その結果ボランティアは以下の3つの類型に分類できる。

<u>リーダー</u>：ボランティアのリーダーとして年度初めに2名が選ばれる。サロン活動の中心となり，外国にルーツをもつ子どもたちとペアで映像制作活動に従事 (時給800円のアルバイト料を受け取る)

レギュラーボランティア：年間を通じて継続的に活動に従事。社会人でも参加できる（残るボランティア）。2〜5名（年度末に交通費が支給される）
ビジターボランティア：1〜数回サロンに参加し，ある日来なくなるボランティア（去るボランティア）（数名）（無給）

　この3類型が存在する。ビジターボランティアは実践共同体であるTCCへの参加を果たしたボランティアであり，レギュラーボランティアはTCCに定着したボランティアである。そして活動を深化させたボランティアがリーダーである。この実践共同体への関与の深度による3層構造は，外国にルーツをもつ子どもたちの学びの深まりと呼応している。では，この関与の深まりによりいかなる社会的交換の違いがあるのか明らかにしたい。

(i) 参入の動機
　まず，活動に参入しながら定着せずに去っていったボランティアたちの「活動を去る動機」に注目したい。
　定着しないボランティアには「目的である経験（報酬）の獲得を短期間で達成した」と説明できる人々もいた。

　「(2004年度3ヶ月間のインターン期間が終わると来なくなったビジターボランティアのIについて) はっきりとした目的がすでにある人は，目的が達成されると（来なくなる），多分Iさんはそうだったと思うんですよ。就活前だったし。就活に持っていくための，（インターン経験が）一つの『私やってきました』っていう材料だった」。
（2005年11月2日リーダー坂下インタビュー）

　ここでは，Re: Cプログラムでの経験を就職活動の材料として割り切っている学生ボランティアが，「外国にルーツをもつ子どもたち」を「経験」したことで満足し，去っていく様子が観察された。このボランティアは子どもたちとの交流を「目的」にしたのではなく，就職活動のための「手段」としている。
　さらに「外国から来た子どもたちを救いたい」という強烈な自己意識をもっ

た人も，Re: Cプログラムでの子どもの出方を見ながら共感と対話を繰り返すコミュニケーションが難しいようだ。

「私と一緒に最初のオリエンテーションを受けた人で，40代ですでに海外でのNGO活動の経験のある人がいた。Re: Cプログラムでは映像を撮ると聞くと，『この子たちがベトナムに帰ったとき，映像機材がなかったらそんな技術習得しても無駄になるんじゃないですか？』とかバンバン質問していた。ただ一緒にそばにいる，というここの活動を生ぬるいと思ったのか，結局，説明会だけでボランティアとして参加しなかった」。

(2005年10月12日リーダー坂下インタビュー)

支援者―被支援者の枠を強固にもち，子どもたちを被支援対象として相対すると，子どもとの間に共感も対話も生まれず，子どもの抑圧された声が聞こえない。そしてただそばにいることから関係をつくっていくというRe: Cプログラムでのボランティアのありようも「生ぬるい」と感じられ，その活動の意味が理解されないのである。

(ii) 活動への定着

次に，ボランティアたちの参加の時間的長さに注目したい。短期間（数ヶ月未満）のボランティアは「ビジターボランティア」と呼べる。彼らは次の段階である「レギュラーボランティア」への道を選ばずに去っていく。短期間で去ってしまうボランティアの例を検証すると，人間関係の形成の有無が定着と離脱の鍵となっていることもうかがえた。

私：ここにお名前のある方々は？
村上：リタイア後のおじいさんがボランティアに参加してくれたんだけどうまく巻き込めなかったんだよね。
私：でも例えばNさんはやっぱりリタイア後のおじいさんだけどうまくいってます。(中略)
村上：何が違ったんだろう……。子どもと仲良くなれるかってことが分か

れ目なのかな。　（2005年6月7日元リーダー現TCC専従職員村上インタビュー）

　上記の例で、「うまく巻き込めなかった」ボランティアは成長的報酬は受け取れたが情緒的報酬は受け取れず活動を去り、ボランティアNは情緒的報酬を受け取り活動を長期化させた、ということが観察できる。
　成長的報酬を得ても、ビジターボランティアの短い活動期間では異文化間リテラシーの形成は難しい。活動に継続的に参加し活動を深めた者が、共感と対話に基づく「個別を見る」ことができるようになるのだ。
　定着したボランティアの活動の継続の要因として先に述べた「人間関係の形成」、すなわち「情緒的報酬」(仁平, 1999) が重要な役割を果たす。

　「新しいボランティアはすぐにスタッフや子どもに溶け込めるわけではない。考えようによってはきついボランティアだと思う。子どもは無理でも少なくともボランティア同士は仲良くできるようにしよう。できるだけ昼11時に集まって一緒に食事しよう。(中略) 食事してボランティア同士は打ち解けよう」。
（2005年度の新規ボランティアを迎えるにあたり前年度から引き続き活動しているボランティアに対するリーダー山木からの指示。2005年7月2日フィールドノートより）

　この語りでは、明確にボランティア定着のために具体的な人間関係形成の指示がリーダーから出されていることが観察できる。

　「例えば子どもと接してて、自分が行かなかった週があって、次に行くと『何で来なかったのよ』って言われたりすると、こんな自分でも頼られてるのかな？　また次行こうって」。　（2005年7月5日リーダー川本インタビュー）

　ボランティアは、子どもたちから人間関係の形成の確認という「情緒的報酬」(仁平, 1999) を受け取っている。
　しかし、仁平(1999) の指摘しなかったもう一つの要素がここに観察される。それは、情緒的報酬と表裏一体の「自己効力感」(Bandura, 1977) である。自己

効力感とは，一定の結果に導く行動を自らがうまくやれるかどうかという期待であり，その期待を自ら抱いていることを自覚したときに生じる自信のようなものである (伊藤, 1996)。上記の語りに見られる外国にルーツをもつ子どもたちとの個別の人間関係の形成を喜び，「こんな自分でも頼りにされる」実感が子どもたちを支援できる自分への自信につながっていく。これらの経験が「また活動に参加しよう」という動機となり，活動の長期化をもたらすのである。

　経験を求め，労力を投入したボランティアは，子どもたちと具体的な人間関係を形成し，「情緒的報酬」とそれと一体になった「自己効力感」を受け取る。このプロセスを経た者が長期的に活動を継続させ，レギュラーボランティアへと昇格する。この段階でボランティアは共感・対話に基づいた個別を見る力の形成を始めるのである。

(iii)　活動の深化

　さらに本人が希望し，一定の条件 (20代前半で就業経験がなくマニュアルをもたない) を満たした者が「リーダー」のポジションに就く。リーダーには給与が払われ，土曜のサロン活動への参加が義務づけられる。また映像制作も担当するため，特定の子どもとの深い交流が求められる。さらにラジオ・ニュースレターといった媒体で社会に対して活動について発信することも要請される。関わりの深化は，交換する資源と報酬の質量を高めるのである。

　活動を深化させた結果，自分のテーマとして外国にルーツをもつ子どもたちとそれを取り巻くホスト社会の問題を捉え直し，結果的にRe: Cプログラムを題材に修士・卒業論文を執筆し，活動と関連した進路決定を行うことが観察された。こうしたボランティアの論文作成や異文化間リテラシーを必要とされる職業選択を果たすことを，私は「キャリア形成報酬」と名づける。

　4で述べたとおり，これまでリーダーを務めた9名のボランティアの多くが異文化間リテラシーを必要とする職業を選択していった。学生が実社会に出る直前直後の1年もしくは2年をリーダーとして過ごし，多くの時間と労力をRe: Cプログラムに投入する。その結果，多文化共生社会のために自分ができることは何かという問いを自らにつき返し，自らがRe: Cプログラム

図5 ボランティアの活動の深化と異文化間リテラシーの形成

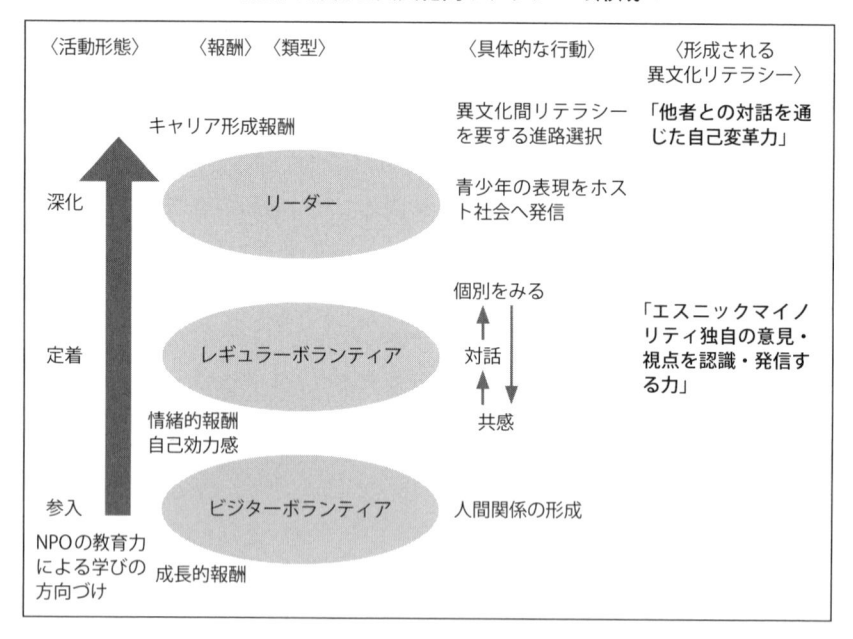

〈活動形態〉	〈報酬〉	〈類型〉	〈具体的な行動〉	〈形成される異文化リテラシー〉
深化	キャリア形成報酬	リーダー	異文化間リテラシーを要する進路選択／青少年の表現をホスト社会へ発信	「他者との対話を通じた自己変革力」
定着	情緒的報酬／自己効力感	レギュラーボランティア	個別をみる／対話／共感	「エスニックマイノリティ独自の意見・視点を認識・発信する力」
参入	成長的報酬	ビジターボランティア	人間関係の形成	

NPOの教育力による学びの方向づけ

で形成した異文化間リテラシーを必要とする進路を選択していった。

　このボランティアによる時間・労力の投入に対する内的報酬（成長的報酬，情緒的報酬・自己効力感，キャリア形成報酬）を受け取ることで，ボランティアは多文化なまちづくりを目指す実践共同体であるNPO，TCCへの関与を深めていったといえるだろう。

6　ここで語ったこと

　図5は，ボランティアの異文化間リテラシー形成の過程を図示したものである。この図5に沿って，本章で論じたボランティアの異文化間リテラシーの形成を総括する。

　外国にルーツをもつ子どもたちに居場所を提供し，地域の学生を中心としたボランティアが，子どもたちの主体性に寄り添いながら表現活動を行うRe: Cプログラム。ボランティアたちは最初，そこに「ボランティア体験」や

「外国人の子どもと交流したい」などの成長的報酬を求めて参加する。この時点のボランティアをビジターボランティアと呼ぶ。その中から外国にルーツをもつ子どもや同僚のボランティアと具体的な人間関係を形成したボランティアは，「情緒的報酬」や「自己効力感」を獲得し，活動に定着する。この時点のボランティアを「レギュラーボランティア」と呼ぶ。レギュラーボランティアとして定着して活動に参加するボランティアは，外国にルーツをもつ子どもたちと交流をもち，その交流から〈共感―対話―個別を見る〉というコミュニケーションを循環させる。このコミュニケーションによって，同化圧力によって日本人化されたのでもなく，外国人としてステレオタイプ化されたわけでもない，外国人という背景をもちながら，その背景を独自に内面化した個別の存在としての子どもたちの声を聞くことが可能になる。そして，個々の子どもたちがもつ意見・視点を認識し，ともに言語化し結果として**「エスニックマイノリティ独自の意見・視点を認識・発信する力」**という異文化間リテラシーを形成するに至る。

　さらに本人の希望と一定の条件を満たしたレギュラーボランティアの中からリーダーが選ばれ，リーダーは外国にルーツをもつ子どもたちの映像作りやその映像の上映会開催に携わり，活動を深化させる。子どもたちの声・視点はリーダーの協力で映像表現や映像上映会などの形になり，ホスト社会へ届けられる。そしてホスト社会からはAO入試の合格や映画祭での受賞という「評価」や，映像を観ての「感想」などの形で子どもたちにフィードバックされる。このつながりによってホスト社会は外国にルーツをもつ子どもたちの声を聞く機会をもち，子どもたちは声を出す自信とモチベーションを得た。

　ボランティアたちは，子どもたちとホスト社会がつながる現場で自らが果たした役割を自覚し，実社会で自分たちに何ができるかという問いをつき返し，自分自身のテーマとして外国人とそれをめぐる社会問題を把握し直す。そして異文化間リテラシーを必要とする進路を選択していく。この時点でボランティアたちは，**「他者との対話を通じた自己変革力」**という異文化間リテラシーを獲得した。

　ボランティアは学びを深めていく過程で，NPOという実践共同体の一員と認められ，自覚をもち，そしてNPOの活動理念を共有する。また，ボランティ

ア向けの勉強会などでTCCの下部組織や協力団体の市民活動家や研究者とディスカッションをする中で広い視野から活動を捉え直したり，その中でのTCCの活動の意味を理解することが求められる。こうしたNPOの教育力により，ボランティアの学びはTCCの活動理念を共有した形で深められていくことになる。

　私が参与観察を行った時点では，まだ多くのボランティアは進路を選択したところであった。その先で彼らが多文化共生社会を担う者として活躍を始めるところまでは本書はフォローできていない。しかし，外国にルーツをもつ子どもたちと交流することで，ボランティア個人の中で形成された異文化間リテラシーが，より広い社会への蓄積に向かう萌芽を観察した。これこそが，外国人市民とホスト社会の成員が交流をもつことでホスト社会が得る「利点」の一つなのではないだろうか。

　前章第2章と本章第3章では，外国にルーツをもつ子どもたちとボランティアが今まさに交流を繰り広げているRe: Cプログラムに焦点を当てた。Re: Cプログラムという多文化なまちづくりのための実践共同体に子どもたちや学生ボランティアが参加し，定着し，活動を深めていく過程でいかに異文化間リテラシーを形成していくか見てきた。そこでは外国にルーツをもつ子どもたちが自己の中の外国人として語る声に目覚め，声を発し始めるまでを，そしてそれに寄り添った日本人ボランティアが自らの取り組むべきテーマとして異文化間リテラシーを要する進路を選択したところまでを描いた。

　次章からはRe: Cプログラムを離れ，TCCとその周辺で外国人としての表現活動や教育活動に取り組む，すでに成人に達した人々に焦点を当てる。彼らがそれぞれの半生で，どのように多文化共生の実践共同体に出会い，異文化間リテラシーを形成したのか，それぞれのライフストーリーから考察する。また実際にどのような発信をホスト社会に対して行い，反応を受け取ることでさらに異文化間リテラシーを深め，ついには地域社会を変革していく力をもつ存在へと成長していく過程を明らかにすることを目指す。

第4章 私たちの声を聞いて
表現する外国人青年の異文化間リテラシー

1　ここで語ること

(1) 外国人青年の表現活動がもたらす異文化間リテラシー

　ここでは，すでに成人に達し，コミュニティラジオ放送局のDJやラップミュージシャンとして，外国人からの視点を生かした表現活動に取り組む4人の外国人青年，ユミ，スナ，ミミ，ナムと，彼らがホスト社会にもたらす異文化間リテラシーについて取り上げる。

　4人の若者たちは，コミュニティラジオ放送やラップミュージックを通して，何をホスト社会に向けて発信しているのか。ラップ歌詞やラジオ放送の分析から解明する。

　また，ここで焦点を当てる4人の外国人青年が外国人としての表現ができるようになるまで，また表現活動を始めてから現在までのライフストーリーを紐解き，表現活動を通じて彼らが形成した異文化間リテラシーの存在を確認し，それがいかに形成されたのかを明らかにする。

　本章でその存在が確認される異文化間リテラシーは，「**エスニックマイノリティ独自の意見・視点を認識・発信する力**」，「**他者との対話を通じた自己変革力**」の2つである。

　第2章で，外国にルーツをもつ子どもたちが多文化共生の実践共同体であるRe：Cプログラムに関与することで，「**エスニックマイノリティ独自の意見・視点を認識・発信する力**」という異文化間リテラシーを形成するまでを記述した。本章はその続編にあたり，外国人青年が自らの意見・視点を認識し，言語化し発信したことによって次にどのような異文化間リテラシーを身につけるか明らかにすることを目指している。

また第2章，第3章では，異文化間リテラシーの形成を促す実践共同体であるTCCという場に着目し，外国にルーツをもつ子どもたちや学生ボランティアがその場へのアクセスを深めていく過程を追い，「異文化間リテラシー」という学びの成立を明らかにした。ここでは，表現活動を行う外国人青年のライフストーリーに着目し，彼らがそれぞれに「多文化共生の実践共同体」という場を得たことをどのように自らの人生に位置づけ，異文化間リテラシーの形成にいかに関与させているのか解明することを目指す。

⑵　マイノリティによる表現活動についての議論――コミュニティラジオ，ラップミュージックが担ってきた意味と役割

　本章の論考に入る前に，「外国人青年による表現活動」のもつ意味について整理しておきたい。

　第2章と第3章において，外国人児童・生徒たちによるコミュニティラジオ放送局でのラジオ番組制作や，映像作品制作による表現活動について述べた。本章では，コミュニティラジオでの表現に加えて，ラップミュージックによる表現活動も取り上げる。在日外国人というマイノリティの子ども・青年がそうした活動に取り組む意味について検討する。

　子どもたちは何らかのメディアを利用して，自分たちの考えていることを表現する。これはどのような効果・変化を子どもたちに与えるのだろうか。

　メディアリテラシーという言葉がある。水越（1999）によると，メディアリテラシーとは，「人間がメディアに媒介された情報を構成されたものとして批判的に受容し，解釈すると同時に，自らの思想や意見，感じていることなどをメディアによって構成的に表現し，コミュニケーションの回路を生み出していくという複合的な能力」（pp.92-93）であるという。また郵政省（現総務省）（2000）の「放送分野における青少年とメディア・リテラシーに関する調査研究会報告書」によると，メディアリテラシーは以下の3つの要素からなると定義されている。第1にメディアを主体的に読み解く能力，第2にメディアにアクセスし活用する能力，第3にメディアを通してコミュニケーションを創造する能力であるという。松野（2005）は，上記で指摘されたメディアリテラシーの3要素は相互に関連しており，3番目の「メディアを通

してコミュニケーションを創造する」，すなわち「表現する能力」を伸ばすことによって第1の能力，第2の能力もあわせて向上することができる，すなわち「メディアの遊具性を大事にして（中略）何かを表現することの楽しさを体得させることが全体としてのメディアリテラシー能力向上の近道」(p.171)であると指摘している。

　また，マイノリティがメディアリテラシーを得ることについて，バッキンガム(2006)は，多文化社会カナダの実践を紹介しながら「それまで無視されたり，表現されてこなかった観点を持つ集団に『声を与える』」(p.237)ことだ，と指摘する。Dowmunt(1980)は，マイノリティが「制作の手段」を管理できるようにすることは，彼らをマジョリティの世界との関係で，またメディアそのものとの関係でエンパワーすることができるのだと論じる。森本(2006)は，カナダで提唱されているメディアリテラシーの8つの基本概念のうち「メディアはものの考え方（イデオロギー）や価値観を伝える」，「メディアは社会的政治的意味を持つ」を紹介し，「つまりメディアに表される人種差別や，マジョリティにかき消されてしまうマイノリティの声を是正するための策としてメディアリテラシーが必要とされた」(p.45)と解釈している。

　つまり，マイノリティのメディアリテラシーの獲得には，彼らがマジョリティの世界観の中でかき消されがちな独自の世界観を表現し，それによって世界への批判的なものの見方を身につけつつ，表現手段を得ていく可能性が秘められている，といえよう。またマジョリティ側から見れば，それまでマジョリティの視点からでは気づきもしなかった新たな視点が社会に提供されることをも意味する。

　マイノリティである外国人青少年は，マスメディアが描く世界では周縁化され，ステレオタイプ化され，客体として語られる場面が圧倒的に多い。しかし，彼らも映像なり，ラジオ番組なり，アニメーションなりの表現手段にアクセスすることで，マイノリティ側から見えた世界を表現し，世界に向けて発信することが可能になる。その行為は，彼らを「語る言葉を抑圧され，客体化されたマイノリティの子ども」から「独自の視覚をもって世界を切り取る表現者」へと変革するだろう。また，自ら情報を集め取捨選択し，表現する過程で，自分たちがこれまで受け取ってきたメディアの情報も誰かの意図の

もと，編集されたものであることにも気づくだろう。世界の読み取り方もより能動的になるのではないか。さらに，遊具性の高いメディア制作活動を通じて自らの考え，伝えたいことをまとめていく活動は，自らの視点，思考を明確にし，マジョリティとは異なる独自の世界観の認識に彼らを導く可能性がある。

メディアを通じ，世界を自分なりに読み取り，自分独自の観点を表現する力であるメディアリテラシーは，本論で取り上げている異文化間リテラシーの「**エスニックマイノリティ独自の意見・視点を認識・発信する力**」という部分と重なる概念であるといえる。しかし，本論で扱う異文化間リテラシーは，メディアを通じたコミュニケーションのみに限定せず，他者との対話や交流などの直接的なコミュニケーションによる能力形成も視野に入れていることを付け加えておく。

次に，コミュニティラジオ，そしてラップミュージックという表現の特性について整理する。コミュニティラジオ，もしくはラップという特別なジャンルの表現とその社会的位置づけに注目する。

(i) コミュニティラジオ

コミュニティラジオとは何か。鈴木（1997）によると，「国営局・商業局と異なり，市民が制作や運営に参加するオールタナティブラジオであり，それはパブリックアクセスの思想に基づく市民のひろば」(p.233) だという。日本でも「郵政省 (当時) が1992年最大出力10ワットの超短波 (FM) ラジオ放送として制度化」(p.233) し，郵政省の許認可のもと，活動を展開していると説明している。また松本（2004）は，コミュニティラジオ運動の核となっている「世界コミュニティラジオ協会（AMARC）」のEuropean Co-coordinatorに対する聞き取り調査から，コミュニティラジオの特性を「コミュニティに対して責任を負い，コミュニケーションを促進し，想像力に富む表現を奨励し，多元的な社会を構築することに貢献する。マージナルな人々や排除されているグループに対して，コミュニケーション手段を与える」(p.121) と述べている。UNESCO (1980) は「多くの声　1つの世界」という委員会報告を出し，AMARCも「多くの声ではなくすべての声をアクセス可能にするのがコ

ミュニティラジオである」(鈴木, 1997) と言明し, 世界の, あるいは各国のさらには地域の中の権力構造の中で被抑圧的な立場にあり, 声の出しにくい人々 (エスニックマイノリティ, 女性, 子どもなど) の声を可視化する場として, コミュニティラジオは期待されているといえよう。

　本稿でたびたび言及している, TCCの下部組織であるコミュニティラジオ (多言語FM) 放送局も, 当初は1995年の阪神大震災の際, 外国人被災者向けの情報伝達のための海賊放送としてスタートした。その翌年, コミュニティラジオとして郵政省 (当時) から認可を受け, 現在の多文化なまちづくりのための地域の多様な市民の声の広場としての位置づけに至っている。

　さらに, 狭い地域のみで受信される微弱電波によるコミュニティラジオは, インターネット放送と連携することにより, 世界の至るところでの受信が可能になり, ローカルな人々の声の広場作りという試みは一つのモデルケースとしてグローバルに提示できる可能性をも秘めている。実際, TCCの多言語放送局には, 地球の裏側のブラジル日系社会からもアクセスがあるという。

(ii)　ラップミュージック

　ラップミュージックとは, 木本(2003)によると, 「1970年代初中期のニューヨークにおいて, アフリカ系アメリカ人をはじめとするエスニックマイノリティによって生み出されたヒップホップ文化——ラップ, ダンス, グラフィック・アートから成るとされる——の音楽的側面である」(p.30) とされる。アメリカ俗語辞典 (ユージン, 1975) によると, ラップとは「①話す, 率直に話し合う, ②雑談をする, おだをあげる, くっちゃべる, しゃべくる, ③麻薬の陶酔感にひたっている間に自然に口が動いてしゃべる, ④けなす, あらさがしをする, ⑤うまくやっていく, ⑥ (しばしば麻薬を飲んで) 白人をけなしながら夢中でしゃべる」などと出ている。また, ラップの語源はRapport(親密な関係) の短縮形とされ, 「話し合うことによって心のRapportを得る」のが本来の意味, と解説されている (p.331)。音楽に合わせ, 大量の言葉を韻を踏みながらリズミカルに語るように歌うラップ。この表現は, 主流社会で居場所を得にくい人々の「代替的なアイデンティティの形成, 社会的な地位の源泉」(Rose, 1994) として立ち現れた。

ニューヨークで生まれたこの表現形式は，国境を越えてグローバルに展開し，ローカルな状況に応じ，ラップ実践者が歌うことでラップミュージックのローカル化が世界各地で展開した。日本でも「1980年代から1990年代にかけて日本のラップ実践者が，合衆国のラップを『本場』としてまなざしながらも，それとは一定の差異を有した『自分たちのラップ』を積極的に立ち上げようとしてきた」(木本, 2003) という。

　主流社会の中で (例えば学校などで) 自分を積極的に表現することが難しいエスニックマイノリティの青少年にとって，ラップという表現形式は自己表現のオールタナティブな回路を開く可能性を秘めているといえよう。学校や勤務先など，屋内の主流社会の中を着々と歩む青年たちの群れからストリートへと疎外されたマイノリティの青少年が，街角から見えた世界を，痛烈な批判を根底にもち，大量の詩に乗せて主流社会に叩きつけたのがラップという表現といえるだろう。

　コミュニティラジオもラップミュージックも，主流社会に受け入れられた〈正統な〉マスメディアや音楽に対するカウンターメディア，カウンターカルチャーとして生まれた。日本のエスニックマイノリティの青少年がそこにアクセスしたことにより，彼らの表現の回路が開かれ，エスニックマイノリティの青年たちの主張・視点をホスト社会は受け取ることが可能になったのである。

　次節以降，外国人青少年たちはカウンターメディア，カウンターカルチャーに乗せて何を語ったのか，そしてその語りにより，彼らはいかなる異文化間リテラシーを形成したのか解明していくことにする。

(3)　外国人青年，ミミ・ユミ・スナ・ナムの背景
　ここで取り上げる4人の外国人青年たちの活動の場であるラジオ番組とラップ活動の背景を説明し，4人のプロフィールを簡単に紹介する。
　ミミ，ユミ，スナの3人は，TCCの下部組織であるコミュニティラジオ (多言語FM) 放送局でラジオDJを務める。3人とも女性である。いま1人ナムは，ベトナム難民の子である自分の物語を歌うラップミュージシャン (男性) である。

ラジオDJの3人は，2002年10月から2007年3月まで，TCCのFM放送局で「バアサムトレイス」というラジオ番組を制作，放送してきた。バアはベトナム語で数字の3，サムは韓国語で数字の3，トレイスはポルトガル語で数字の3を表す。「バアサムトレイス」は，ベトナム，ブラジル，韓国にそれぞれ出自をもつ3人の若い女性が，それぞれの目から見た日本での日々の暮らしや，それぞれの祖国の情報を伝えるという趣旨の番組である。

　「バアサムトレイス」は，もともと1998年から2000年末まで放送されたニューカマーの中高生によるラジオ番組「多文化子どもワールド」に起源をもつ。「多文化子どもワールド」は2000年末，子どもたちの主体的参画を失い，活動を休止した（この経緯に関しては第1章4にて詳述）。その後「Re：Cプログラム」が表現活動の受け皿となるが，「Re：Cプログラム」とは別に，「多文化こどもワールド」で中学生DJを務めていたミミが新たに仲間を募り，在日外国人の若者によるラジオ放送の再開の希望をTCCのコミュニティラジオ（多言語FM）放送局プロデューサー金千秋氏に表明した。

　「バアサムトレイス」の3人のDJのうち事実上の発起人になったミミは，「多文化子どもワールド」に中学生として参加していたメンバーで，ユミは「多文化子どもワールド」に高校生として参加していた人物の妹である。また，いま1人スナは，ユミの中学・高校・大学の同級生で，「多文化子どもワールド」にもゲストとして出演していた経験をもっている。ラジオプロデューサーの金千秋氏は，3人が自立してラジオ番組制作，放送活動が行えるように，放送開始の2002年10月の半年前から1週間に1度，3人と勉強会を開き，自分たちのルーツについて3人が語れるテーマを出し合い，ミキサー技術やオープニングテーマ作りを指導し，約半年間の放送が可能と判断して，2002年10月，番組をスタートさせる。番組開始前の半年間の準備期間には深く関わった金千秋氏だったが，番組開始後は，最初の数回は番組ミキサーとしてスタジオに入ったが，その後は番組をモニターするにとどまり，事実と違うことを言っていれば次回訂正させるなどの関与は行ったが，基本的には，極力大人である自分の関与を抑え，青年たちが自由に思いを語れるように配慮がなされた。

「あんまりいろいろは言わなかった。自分たちの世界を作ってほしかった」。　　　　　　　　　　　　　　　（2008年7月15日インタビュー）

ただ一点，金千秋氏は以下の指導を3人に対して行っている。

「もし3人のうち誰かが母国や多文化的なことについてしゃべり始めたら，すでに知ってることでもリスナーの立場になって，初めて聞くことのように聞いてと言ってあった」。　　　　　（2008年7月15日インタビュー）

　当初半年間の予定で始まったこの番組は，ユミとスナの大学卒業と東京での就職を機に，2007年4月，4年半の放送を終えた。
　ラップミュージシャンのナム（男性）は，TCCの外で活動を開始した。2001年，高校中退後，アルバイトをしながら，ストリートのラップミュージシャンのグループに入る。その後ベトナム難民としての出自を歌い，注目を浴びた。ナムはミミの弟であり，TCCの下部組織，ベトナム系自助組織の代表を務めるハイ・ティー・タン・ガ氏の息子でもある。彼がラップを歌い始めた頃からTCCのイベントなどに出演する機会をもち，そこから国際交流関連イベントなど活動の場を広げていった。
　下記に4人の簡単なプロファイルを提示する。

ミミ（1984年生まれ，女性，ベトナム難民2世，日本生まれ）
　小中高と神戸市の公立学校に通学し，高校卒業とともに就労。現在は全国チェーンの若者向けの洋品店の店長を務める。15歳から「多文化子どもワールド」に参加。休止を挟み，17歳から23歳まで「バアサムトレイス」のDJを務める。
スナ（1984年生まれ，女性，在日韓国人3世，日本生まれ）
　小中高と神戸市の公立学校に学び，大学に進学。2007年春大学を卒業し，東京の大手IT企業に就職。17歳から23歳まで「バアサムトレイス」のDJを務める。2004年，20歳のとき韓国に半年間留学，その折Re: Cプログラムで『「在日」でいることの意味』というセルフドキュメンタリーの映像作品を制

作し，日本と韓国で上映。作中では両国の狭間に生きる在日韓国人の若者の現在を紹介し，どちらのマジョリティにも属さない「在日」という生き方を選ぶことを宣言する。

ユミ（1984年生まれ，女性，日系ブラジル人3世。2歳のとき来日）

小中高と神戸市の公立学校に学び，大学に進学。2007年春大学を卒業し，フランス系の貿易会社にてポルトガル語能力を評価され，対ブラジル貿易担当者として採用される。17歳から23歳まで「バアサムトレイス」のDJを務める。17歳のときRe: Cプログラムにおいて『日系ブラジル人の私を生きる』というセルフドキュメンタリーの映像作品を制作する。

ナム（1986年生まれ，男性，ベトナム難民の2世。日本生まれ。ミミの弟）

小中と神戸市の公立学校で学び，高校を中退後，ラッパーを志す。ベトナム人であることをカミングアウトし，ベトナムのボートピープルの子どもに生まれた自分の出自をラップ演奏者として表現・発信，注目を浴びる。2007年9月より2008年6月まで，ベトナムへの語学留学を経て，現在もストリートラッパーとして活動，インディズレーベルながら自作CDを発表するに至る。

(4) 調査の方法

本章2では，ラップ歌詞，コミュニティラジオの放送記録を分析する。それによって4人の外国人青年が認識し，言語化し，発信した「エスニックマイノリティ独自の意見・視点」とは何かということを明らかにする。

ラジオDJの3人の表現は，4年半に及ぶラジオ放送記録，全237回が録音されて残っていた。このうち 45回分の15分放送と2回分の60分放送，計795分間の放送記録を文書に起こし，トランスクリプトを作成した。そこで何が語られているかKJ法（川喜田, 1967 & 1996）[31]によってラベルを付し，いくつかのカテゴリーに分類した。今回私はラジオ番組の放送内容を文書化したトランスクリプトの中から彼らが主題として語っていることをコード化して取り出し，「3人がラジオを通じてホスト社会に発信していること」の種

---

31 KJ法に関しては第2章2を参照のこと。

類によってラベル付けを行った。そのラベル同士の類似点・相違点を比較し、より上位のカテゴリーへと統合した。ラップミュージックの歌詞は比較的短いので全文を記載したあと、小テーマごとにコード化し表現内容を分析することとした。この分析により4人の外国人青年がホスト社会に対してどのようなメッセージを送っているかを明確にする。

　本章3では、4人の表現に至る道筋、表現にアクセスしたあとの変化を明らかにするためにライフストーリー研究を採用した。ラジオDJの3人ミミ、スナ、ユミに関しては、3人と私の合計4人で座談会形式でインタビュー調査を行い、それぞれの表現への道筋、表現することによって得た影響を、他のメンバーも耳を傾ける中でそれぞれにインタビューを行い、録音し、トランスクリプトに起こした。また3人のラジオの中での「語り」も補足的に分析対象としている。

　ラップミュージシャンのナムに関しては、彼が自分の表現に至るまでの道筋を語る小講演会（参加者11名）に出席し、その記録をとった。その後時間をもらい、表現活動を始めた契機に関して私が特にインタビューを行い、その結果を合わせてトランスクリプトを作成した。さらにTCCにおいて私がボランティア活動をしている間、ナムは幼い弟妹や親戚がベトナム系自助組織の母語教室やRe: Cプログラムに通うのを送迎しており、私と何度か話す機会があった。そこで10〜20分ほどのインタビュー（エスノグラフィックインタビュー）を繰り返し、ナムの「語り」を補足した。

　桜井（2002）は、ライフストーリーを「語り手とインタビュアーの相互行為を通して構築される、(中略)語り手とインタビュアーの『共同作品』」（p.28）である、という。つまり、語られた内容と同時に語られた状況も大切になってくる。4人の若者の語りは、「小講演記録」（ナム）、「インタビュー」（ナム）、「座談会形式インタビュー」（ミミ、スナ、ユミ）、そして補足的に「ラジオでの語り」（ミミ、スナ、ユミ）と、語られた状況が多様である。しかし、共通しているのは、「外国人青年の表現活動」に興味のあるホスト社会の人間を聞き手に、彼らが表現活動に至るまでの自分、その後の自分を語っている点である。

　ライフストーリーとは、やまだ（2007）によると「ライフストーリー、つま

り人生を物語るということは，経験を有機的に組織し，意味づける行為」であり，この「意味」とは「語り手と聞き手の相互行為の中で共同作業として行われる，進行するプロセスとしての『意味づける行為』」(p.126)であるという。つまり，聞き手と話し手が相互に反応し合いながら，語り手の経験の意味が編み出され，「物語的自己（ナラティブセルブス）」が編成されるプロセスとしてライフストーリーインタビューはある。本章で，私が特に4人に対してオープンエンドでの問いかけを行ったのは，「多文化な背景をもっていること」，「それをメディアで表現すること」，「それによって自分の人生が受けた影響」についてである。それらの問いへの答えを本人がどう認識し，意味づけているかを明らかにすることを目指す。

2 外国人青年の表現——ホスト社会への発信

本節では，外国人青年がホスト社会に向けてどのようなメッセージを発信したかを分析する。下記に示すメッセージを発信しているということは，すでに彼らは「**エスニックマイノリティ独自の意見・視点を認識・発信する力**」いう異文化間リテラシーを形成している。彼らが認識し，発信した彼らの「意見・視点」とは具体的にどのようなものなのかを明確にする。

(1) ラップ歌詞の分析より

ナムが代表作として歌っている『オレの歌』というラップの歌詞分析から，ナムがいかなるメッセージをホスト社会に発信しているかを見ていきたい。ナムの『オレの歌』は，ラップという即興性の高い性質の表現であるため，ステージによって歌詞が変化する場合もある。新聞などで断片的に紹介された歌詞や，何度かステージに出かけて詞を聞き取ったり，2005年5月28日のTCCのイベントでナムが歌ったシーンを録画して採詞し，下記のトランスクリプトを作成した。

『オレの歌』
一本の線なんてとっくに切れてるよ　　　　　　　　　　　　　　　　1

どこの国だってしたくない戦争	2
75年終了の戦後、ベトナム難民オレのイカした先祖の話	3
小さな船に47人回り見渡せば水平線にノーパスポート	4
合図はなしだあわてて船出す	5
国と国の領海捕まれば即即死	6
沈没率120％時間が経てば人生パー	7
パパとママの船は逃げ出したその3日後	8
横を通った黒船服を脱げ手を振れ	9
止まった大きな貨物船生き残ったすごくない？	10
少し長くなる貨物船の道のりマレーシア、シンガポール、インドネシア	11
行って21日後についたジャパン生き残ったパパの腹の中に	12
着いたここと長崎まずはみんな段取りそのあと	13
四国、姫路、神戸、おれは長田で生まれた	14
じいちゃんばあちゃん聞いてくれ昭和62年	15
感謝する戦争で生き残ったじいちゃんに	16
感謝する死なずに海を越えたことに	17
生まれてきた孫は天才の子だぜ	18
大声出して出てきたぜこの世に	19
さぁここからオレの人生は始まりだ	20
忘れるなオレはこの国で生き残った男だ	21
オレの名前はブ・ハ・ビエット・ニャット・ホアイ・ナム	22
パパとママとベトナムと日本とマイネーム	23
小学校卒業後オレの名前は翔と書く	24
ベトナム人がいやでなりきった日本人	25
日本名にこの顔誰もわかりゃしない	26
ただ本性がばれるのがいやでいやでたまらない	27
B-BOYという言葉にひかれでかめの服購入	28
日本人ラッパー真似てオレもなったラッパーしかし	29
ある日気づいた真似ばっかでダサいし	30

逃げ回ってばかりでベトナム人を隠し	31
ある日言われたオレはナムなんだと確信	32
その日から日本に住むベトナム人ラッパー	33
だが日本人になりきりすぎて大切な母国語忘れちまったー	34
母国に帰ってもオレは日本人だと言われる	35
この国で生きる大変さも知らないで	36
お金がないからものとって捕まる国籍がないから	37
強制送還できず一生出れずないものがないから	38
この国にいてもオレに国籍はない	39
どこの国にいてもオレに国籍はない	40
オレの血は確実に日本より西のものだ	41
そうなれば別にオレに国籍は要らない	42
オレはオレのことをオレの歌で証明	43

このナムの『オレの歌』の歌詞全文は，落合（2009 & 2010）や川上（2010, pp.188-190）に掲載されている。また，完全版としてナム自身が映像を編集したPVをわぃわぃTVのサイトで視聴できる（http://www.tcc117.org/yytv/?p=139, 2012.7.20）。

さて，では次に提示した歌詞を小テーマごとにコード化してみる。

ベトナム脱出	1–7
救助	8–11
日本上陸	12–14
幸運にも生まれた自分	15–21
ベトナム人であることの葛藤と日本人化	22–27
ラップを媒介にベトナム人として覚醒	28–33
母語の喪失，境界化されている現状	34–38
国籍は要らない，自分の歌がアイデンティティ	39–43

ナムが歌う『オレの歌』は，ほぼナムの家族史・個人史といっていいだろう。

ラップという音楽分野で日本語で歌われたベトナム難民2世の家族史・個人史は，ホスト社会の日本人にも非常にわかりやすい。ここでナムが認識し，言語化した意見・視点はどのようなものであっただろうか。

(i)　個別性の提示

　ナムがこの歌を歌うという作業は，日本社会から個々人の顔が見えにくくなっている「ベトナム難民」というステレオタイプ化された人々の中から，「ラップを媒介にベトナム人として覚醒した一人の青年である自分」という個別性を観客に提示する。すなわち，日本で現在暮らしているベトナム難民と呼ばれる人々の中の生きたサンプルとして，独自の声と顔をもつベトナム難民が日本社会に現れることで，ベトナム難民の「個別を見る機会」をホスト社会に対して提供しているといえるだろう。このナムが認識し，言語化し日本社会に発信した意見・視点を，「**個別性の提示**」と分類する。

(ii)　背景の可視化

　さらに，この『オレの歌』を作った時期のナムは定時制高校を中退し，非行行動を繰り返し，自らの居場所を探しあぐねていた時期と重なる。このとき，生きにくい人生を生きていたナムは，「ベトナム人であることの葛藤と日本人化，境界化されている現状」を歌い，その「難民青年の日本での生きにくさ」という表出している現象の背景として，ベトナム脱出に始まる過去を歌に込めて日本社会に提示したともいえる。つまり，ホスト社会からは見えにくい在日外国人の生活の社会的・歴史的文脈を可視化しているといえるだろう。このナムの発した意見・視点を「**背景の可視化**」と分類する。

(2)　コミュニティラジオでの語りの分析より

　次に，コミュニティラジオのDJを務めるユミ，スナ，そしてミミの3人がラジオ番組「バアサムトレイス」を通じて行った語りから，彼らが日本社会に発信した表現を分析する。計795分間の放送をテープ起こしをし，トランスクリプトに文書化した。次にこのトランスクリプトを精読し，3人が何について語っているのか話題ごとに1行見出しを付した（合計220見出し）。

表5 「バアサムトレイス」で語られたこと

大グループ		小グループ	見出し数
1．情報提供	ⅰ	祖国事情	45
	ⅱ	在日外国人のコミュニティ事情	16
	ⅲ	在日外国人の家庭事情	9
	ⅳ	在日外国人である個人事情	9
2．視点の提示	ⅴ	日本と祖国の間で感じること	46
	ⅵ	多文化な人々の間で感じること	16
3．自分たちのこと	ⅶ	将来の夢・抱負	16
	ⅷ	お互いへの評価，噂	38
	ⅸ	毎日の暮らし，世間話	13
4．ラジオ番組制作について	ⅹ	技術に関して	4
	ⅺ	番組中のトーク・表現に関して	8
（合計） 4グループ		11グループ	220見出し

※ 各テーマの具体的な内容に関しては巻末資料4を参照のこと。

　コードは，短ければ数秒分の発話のこともあるし，あるテーマに関して（例えば理想の結婚式像など）延々と1人がしゃべり続けることもある。その220見出しを話題に応じて11の「小グループ」に分類し，類似の小グループをさらに4つの大グループへと分類した。すると，795分間の「バアサムトレイス」で語られたのは表5の内容であると分析できた。

　目立って多いのは，1-ⅰ「祖国事情（情報提供）」と2-ⅴ「日本と祖国の間で感じること（視点の提示）」，そして3-ⅷ「お互いへの評価，噂（自分たちのこと）」であった。

　1の「情報提供」のカテゴリーに関する話題は，食文化，それぞれの国，コミュニティや家庭のクリスマスや正月の過ごし方，冬の寒さなどが季節の話題として語られる。1人がその祖国やコミュニティの事情を語ると，残りの2人は聞き役になって，珍しい異国・異文化の話に聞き入るというスタンスをとる。また各国の税金や福祉システム，老後の過ごし方，各国の結婚衣装事情などをメインテーマとして取り上げる場合は，おそらく前もってそれぞれが家族に話を聞いたり，文献にあたって情報を集めたものを，自分たちの理解の上で，自分たちの言葉で語っているようであった。

これらの語りは，ホスト社会で表出する外国人の暮らしの背景・文脈にあたる部分に光を当てる作業である。よって，ナムの歌詞分析でも見られた「**背景の可視化**」と定義される意見・視点である。
　3-ⅷの「お互いへの評価，噂」に分類された小テーマには，「ラジオで話しながら化粧をするユミ」，「ラジオで話しながら携帯をいじるミミ」，「突然テンションが高くなるスナ」，「ユミの鼻歌が放送に乗ってしまった」など，それぞれの失敗やおもしろい行動を話題にし，それぞれの人間味をリスナーに伝えながら笑いをとる，という場面が多数観察された。そのように茶化しながらも，「ミミはミキシングが上手」，「他のメンバーが話してるうちに何が言いたいかわからなくなるとスパンと一言でまとめてくれるユミ」，「(他のメンバーが欠席したとき) 1人でラジオやってたスナはすごい，尊敬」など，頻繁に互いの長所をほめ，励まし合う姿も多く観察された。このカテゴリーでの3人の表現は，ふだんステレオタイプ化され，顔が見えにくい外国人青年の「個別を見る機会」をホスト社会に提供している。ここで彼らの語りが発した意見・視点は，「**個別性の提示**」と位置づけられるだろう。
　3人がコミュニティラジオを通じて発信する外国人としての「意見・視点」は，「**背景の可視化**」，「**個別性の提示**」であった。それは，ナムの歌詞分析からも現れたものと共通していることがわかった。
　これ以外に，ナムの歌詞分析からは現れなかった外国人青年による「意見・視点」の発信も3人は行っている。それは何か。以下に見ていく。

(i) 視点の多様性と可動性
　まず，「視点の多様性と可動性」というべき表現を3人が発信していることが観察された。それは，2-ⅴ「日本と祖国の間で感じること」に分類された46のラベルが付された語りの中から立ち現れた。
　外国人青年と一言でいっても，ホスト社会の中で彼らの位置は多様であり，かつ一人の人間であっても，その立ち位置は相対する相手との関係で非常に揺れ動いていることがわかった。

　　3人はどう成人式を迎えるか語るが，その際，鮮やかに3人の「成人式」

への立ち位置の多様性が現れた。ブラジルで暮らす日系1世の祖母に見せるために「頭の先からつま先まで」完璧に日本人として成人式の装いを行うことに情熱と資金を傾けるユミ。それに対して，着物は親戚から借りて髪の毛も自己流に結い，資金をまったくかけず，「言うたらあんなん自己満足やんか」と日本式成人式と心の距離を表明するミミ。さらに韓国の伝統的チマチョゴリの美しさに目覚めたスナは，韓国人としてのアイデンティティの表現を成人式で行う決意を語る。

(2005年1月「バアサムトレイス」正月特別番組より)

　ここでは，「成人式に晴れ着を着る」ということが3人の間でまったく異なる意味をもっていることがうかがえる。同じく在日外国人であっても，「成人式」への3人の立ち位置は多様であることがリスナーにはわかる。
　次に挙げる事例は，3人が語っているうちに日本や日本人に対する外国人という自らの立ち位置が日本社会の外から内へと変化していったケースである。

　3人が放送でもっと母語を勉強しよう！と語り合ってるのを聞いた日本人の友人から，「母語の前にもっと日本語を勉強したほうがいいよ」と言われた話をユミが紹介すると，ミミが「だってさ〜日本人かてちゃんとしゃべれてへんやろ？」と語り，スナも憤然と「ら抜き言葉とかやってる時点で（日本人の若者も日本語が）使えてないんなら，うちらも使えなくてもトントンじゃない？」と語り，日本の若者からの批判に反発する。さらに3人は，現代の日本の若者である「彼ら」の日本語の乱れを批判し，「ウェートレスさんとかさ『よろしかったですか？』ってあれは違うやんな」とユミが語る。するとミミが「でも使わん？　私は使っちゃう」と語ると，スナも「マニュアルがそれになってたら，使う」と告白し，ミミは「私はそっちに染まっていってるわ」と自分も一人の日本を生きる若者としての日本語の乱れに巻き込まれていることを語る。

(2005年1月「バアサムトレイス」正月特別番組より)

ここでは最初，3人の使う日本語に対する批判者として登場した日本人青年の存在を「うちら」に対する「他者」として規定し，「他者」である日本の若者の「言葉の乱れ」について語りが進むにつれ，「うちら」も日本に生きる若者として同様の言葉の乱れを経験している，つまり「彼ら」の同類へと変化していくのがわかる。つまり，多様な視点をもつ彼らも，時と場合によりその立脚点を選択しており，不断に視点を移動させ，さまざまな角度から（時には内部から）「日本」と「日本人」を見つめていることがわかる。

　彼らの表現から，日本人であること，あるいは，外国人であることという境目は，実はかなり当事者の選択によって決定される，可動性のあるものであるということが明らかになる。この視点は，日本人であることをアプリオリに受け入れているマジョリティには意識しにくい気づき「**視点の多様性と可動性**」の認識をもたらしているといえよう。

(ii) 視点の相対化

　さらに今一つ，「視点の相対化」というべき気づきをもたらす表現が2-vi「多文化な人々の間で感じること」のカテゴリーに分類された語りの中で観察された。

　下記では，韓国からの短期交換留学生をホームステイさせたユミの家で，ユミの妹ルマが経験した「異文化体験」から，日本からの視点と異文化からの視点をスイッチさせるユミの姿が浮かび上がる。

　　ゲストとしてユミの妹であるルマがラジオに出演し，韓国からの短期交換留学生をホストファミリーとして受け入れたときの様子を語る。ルマは，韓国からの留学生が平気で1時間2時間と待ち合わせに遅れるのに，ホストファミリーを務める高校の同級生（日本人）と共に怒り，「なぜ電車の時間があるのに1時間遅れるのか？」と不満を言う。ユミは時折，ルマや他のメンバーと共に韓国人留学生を非難するようなコメントを出していたが，「ブラジル人よりひどいやん」とコメントしたことから，ミミに「ブラジル人も結構ルーズなん？」と質問された。普段から遅刻の多いユミは，そこから遅刻する側の論理を語り出す。ユミとルマ自身も，日系ブラジル人コ

スタジオでの「バアサムトレイス」収録風景。　イベントの際、屋外で「バアサムトレイス」を収録。

ミュニティの人が相手だと30分は遅れるのが常である、と語り、どうして遅れるのか聞かれて「10時ねと言ったら30分遅れるのが普通の感覚。みんなわかってるから大体の目安の30分前の時間を言うと丁度いい」という。それを受けてさっきまで韓国人留学生を非難していたルマも「それが普通、皆がみんなそうだから」と遅刻者の論理をあっさりと支持する。

　では、日本は何でこんなにきっちりしているのか、5分前行動にはどういう意味があるのか、ユミ・ルマ姉妹から疑問が出て「日本のきっちりした文化」が相対化されて浮かび上がる。おそらく「韓国からの留学生は逆にきっちりした日本の文化がしんどかっただろう。予定を詰め込みすぎたこっちもいけなかったし、やっぱりちゃんと言葉を勉強してそういうことも話し合えるようになったほうがいい」という、異文化理解を目指した姿勢がルマより示されて番組が終わる。

(2006年11月4日「バアサムトレイス」第211回放送より)

　ここでは最初、ルマは韓国からの短期交換留学生の遅刻の多さを、日本的視点からのみ見据えてややエスノセントリズムに陥りながら非難していた。しかし、ユミによって提示された日系ブラジル社会で受け入れられている遅刻者の論理を持ち込むことで、日本と韓国の価値観の衝突を解きほぐして、両方の文化的価値「きっちり」と「のんびり」を相対化させ、理解可能な形に変換したのだ。

　この3人がマイノリティの多様な視点を持ち込むことで、2つの異文化に

よる非難の応酬にならずに済んでいる，という点について，「バアサムトレイス」の番組企画に関わったコミュニティラジオのプロデューサー金千秋氏は，下記のように語っている。

「日本人と韓国人だけだったらすごく責め合いになっちゃったり，マイノリティ対マジョリティの対立みたいな話になっちゃうけど，日系（ブラジル人），在日（コリアン），（ベトナム）難民って3極あったから，3極の間での関係，そこと日本との関係，と立体的に世界が見えた感じがする。日本もマイノリティの一つって言うか，日本人同士でもいろいろっていうのがわかる」。　　　　　　　　　　　　　　（2008年7月15日インタビュー）

つまり金千秋氏は，3人が多様な視点を示すことで，それぞれの視点を相対化し，日本文化をも世界の中の一つのマイノリティとして，あるいは多様な人々の集合として相対化して捉えることを可能にしたというのである。自文化対異文化という二項対立で物事を捉えれば，そこにはエスノセントリズムな視点で他者を見てしまう可能性がある。しかし，多様な視点が持ち込まれることで，文化相対主義的な視点を対立の場に持ち込み，二者の対立を多様な異なりの中に位置づけ対立を解きほぐす。

日本育ちの外国人青年たちは，単一民族幻想の中でエスノセントリズムな視点に陥りがちな日本マジョリティ社会の人々にも通じる言葉で異なる視点を提供し，マジョリティの「普通」と感じる感覚を世界の中の（あるいは多文化社会の中の）一つに過ぎないという「視点の相対化」をホスト社会にもたらすことができる。

(3) 外国人青年がホスト社会に提示した意見・視点

以上4人の若者がラップミュージックに乗せて，あるいはコミュニティラジオの電波に乗せて語った「マジョリティとは異なる意見・視点」として，下記が観察された。

① 「個別性の提示」
② 「背景の可視化」

③ 「視点の多様性と可動性」

④ 「視点の相対化」

　4人はそれぞれの発信により，外国人市民がいかにして，いかなる事情をもち日本で暮らすことになったのか，その背景をホスト社会に対し提示している。それと同時に，日本で人生を築いている外国人市民の一人として，名前のある顔の見える存在となって，それぞれの個別性をもホスト社会に提示するという作業を行っているといえるだろう。つまり，ベトナム難民，在日韓国人，日系ブラジル人の日本移住の背景に関する理解の機会をホスト社会に提供するのと同時に，4人が生き生きと生の声で日々の暮らしや日常感じたことを伝えることで，日本人に同化されたのでもなく，かといってステレオタイプに陥らない，顔の見える外国人像をホスト社会は獲得するのである。

　また，時と場合によって自らの立ち位置を日本人市民と外国人市民の間で自在に選択し，二者対立が起こりそうな局面では第3の視点を提示することで，対立する双方の主張を相対化し，衝突を解きほぐしていく。4人がそれぞれの表現活動を通じて提示した意見・視点は，多文化共生社会，あるいは国際協調社会において他者を理解し，協調行動をとるためにいずれも重要なものであると考えられる。

　4人のラジオのリスナー，あるいはラップミュージックの聴衆というメッセージの受け手であるホスト社会の人々もまた，彼らの声に触れ，「**エスニックマイノリティ独自の意見・視点を認識する**」という異文化間リテラシー形成に向けての一歩を踏み出したはずである。しかし，4人の意見・視点に触れたホスト社会側の異文化間リテラシーの形成に関しては，現時点で把握できていない。外国人の発信を受け止めたホスト社会側の反応に関しては，次章にて取り上げることにする。

　さて，こうした日本育ちの外国人青年が自分たちの背景や顔と名前をもつ個人として個別の人生を語る声を，現実に日本社会の中で私たちは日常的にそこここで見聞きすることができるだろうか？　答えは否である。日本育ちの外国人青年たちは，異文化間リテラシーをもつ存在となる可能性を秘めながら，多くの場合，境界化され，あるいは日本社会に同化され，またはステレオタイプ化され，彼ら「独自の声」を失うケースが多いのではないか。

本章で焦点を当てた4人の若者がこうして声をもったのは，非常に稀な成功例といえるのかもしれない。この4人にしても，異国にルーツをもつが故のオリジナリティを肯定的に受け入れ，自らの独自の意見・視点を認識し言語化するまでには，大変な紆余曲折があった。では，その紆余曲折をいかに乗り越え，4人は異文化間リテラシーをもつ外国人として発信を始めたのか。次節において，表現者となる以前から，表現者となり現在に至るまでのプロセスを概観し，外国人青年が異文化間リテラシーをいかに形成させるのか，ライフストーリーから考察する。

3　表現活動に至る経緯とその影響――ライフストーリー分析から

　本節では，4人の若者が語ったライフストーリーを分析し，彼らが「表現活動に至る経緯」と「表現活動を行ったことによって現れた影響」を，自らの人生にどう関連づけて認識しているのかを明らかにしたい。語られた状況は「小講演記録」[32]（ナム），「インタビュー」（ナム），「座談会形式インタビュー」（ミミ，スナ，ユミ），そして補足的に「ラジオでの語り」（ミミ，スナ，ユミ）と多様であるので，それぞれの語りを紹介するときは，どのような状況で語られたか記して明らかにする。

　4人の語りで共通したのは，いずれも小学校高学年頃から中学，高校にかけて「エスニシティの否定期」を経験し，その後，高校中退・卒業後，もしくは大学入学後エスニシティの是認という転機を共通して迎える。この否定期から是認への転機―エピファニー[33]（桜井，2002；デンジン，1992），さらに表現活動をする中で，自らのエスニシティへの認識の深化の時期を迎えている。この否定―是認―深化の3つのプロセスを4人のライフストーリーから追い，否定から是認への転換を何が支えているのかを明らかにする。また，外

32　この小講演会は「オレはなに人？――在日ベトナム人ラッパーの叫び」と題され，NPO，TCCの内部団体であるベトナム系自助組織が主催して行われた。自助組織の日本人スタッフが質問をし，それにナムが答えるという形で進行した。
33　デンジン（1992）によると，転機（エピファニー）とは，個人の変容経験を創出する可能性のある相互作用的契機であるという（p.9）。また桜井（2002）は，人生の転機をなすきわめて重要な契機であり個人的諸問題をより大きな社会的公的問題と関連付けること，としている（pp.241-242）。

国人としての表現活動に携わることによってエスニシティへの認識を深化させ，「**他者との対話を通じた自己変革力**」という異文化間リテラシーを形成していることを確認する。さらに，そうした異文化間リテラシーの形成を可能にしている実践共同体の重要性を，社会的学習理論の立場から指摘する。

(1) エスニシティの否定期——日本人になりたい

　4人の語りに共通することに，それぞれが「自分だけがクラスのみんなと違うこと」を否定した時期をもっているという点がある。日本生まれ（ミミ，ナム，スナ）あるいは幼少時に来日（ユミ）し，ほとんど日本語に不自由せず，アジア系であるため日本人と変わらぬ外見をもつ彼らにとって，周囲との差異は「名前」にのみ現れる。

(i) ミミの場合

　ミミはエスニシティへの意識の芽生えを下記のように語る。

　筆者：外国籍を持ってて，良かったこと，大変だったことを教えてください。
　ミミ：良かったこと……。多分，最初は大変だったことから始まると思うんですよね。小学校とか中学校とかで名前が違ったり，（中略）長いしさ，私だけ。なんか他のベトナム人よりめっちゃ苗字が長くてさ。何で〜，とか思ってて。何で〜嫌だ〜みんなと一緒がいいよと思ってた。

（2007年4月2日座談会形式インタビュー）

　「めっちゃ苗字が長く」，「みんなと一緒でない」。それを「嫌」である，とまず感じるミミの語りから，「みんなと一緒であることが良きこと」という感覚を強くもっていたことがうかがえる。また「多分〜思うんですよね」という一般化を伴う語りから〈名前の異なりから困難を感じ始める外国人青少年〉というモデルストーリーが参照されていることも観察される。モデルストーリーとは，桜井（2006）によると，人々が現実を語ろうとするとき，その語り方を引用したり，参照する特定のコミュニティで流通され伝承される「語り」

のことである。

(ii) ナムの場合
　ミミの2歳年下の弟のナムは，自身のみんなと違う名前にまつわる思い出と，名前をからかわれることを嫌って，日本的な通名へと変更した当時のことを下記のように語っている。

　「小学校時代（名前の一部の「ナム」をいじって）「南無阿弥陀仏」とか「手と手を合わせて幸せ，な～む～」とかからかわれた。今思うと「南無」ってすごくいい言葉やんけ。今はそういう風に言い返せる。でも「ベトナム！」とか「ベトコン！」とか言う人もいて，コレは差別だなって，思った。
　翔（通名）っていう名前は，小卒後，中学に入るときに。兄弟全員が日本名にしたがってた。中学に入るんで心の入れ替えって。お姉ちゃんがジャニーズjrの櫻井翔が好きだから，翔って名前にした。姉貴2人はMAXってグループから名前を取った。
　名前を変えてめちゃくちゃ変わった。嫌なこと全部隠した。名前で決められることがなくなった」。　　　　　　　　　　（2007年7月1日小講演会より）

　小学校時代，名前がからかいの対象になる様子が語られる。そしてナムの中学入学時，兄弟揃って日本風の通名に改名する。自己のルーツにつながる名前の変更は，さらなる日本人化へとエスカレートしていく。

　「中学は，半分同じ小学校から，半分違う小学校から来てた。同じ小学校の子はナムを知ってる。他の小学校の子は知らない。同じ小学校出身の子は違和感を感じてた。どうみんなに自分を日本人って思わせようか大変だった。翔って呼ばせたり，ナムって呼ばれたらシカトしたり。でせっかく翔で統一したのに，担任が英語の先生で『ナム』って呼ぶ。それで『英文法はベトナム語に似てるからお前は得や』って言ってくれた。でもそのときは『全員日本人でおれだけベトナム人って，何で呼ぶんや！』って思った。
　（中略）

友達は日本人が多い。クラスにベトナム人がいたけど友達にはならなかった。固まってるようには見られたくなかった。ベトナム人の女の子が前の席に座ってたが，お互いクラスの一員同士で。
　とにかく日本人になりたいと思ってた。名前を変えたときがそのピークで。家も日本にしたかった。キリストも取ったほうが普通に日本ぽくなるのでそうしたかった。このキリスト捨てようと言って母と衝突した。キリストとご飯とお祈りが日本の家と違うところで，家にはとにかくキリストがいっぱい飾ってあって。兄弟も多い。友達が遊びに来ると，キリスト見て『何でこんなんあるの？』って聞かれるのが嫌で。今は友人呼んでも平気。大丈夫。でも名前変えた頃はだめ」。　　　　（2007年7月1日小講演会より）

　この中学校の3年間が，ナムにとっての日本人への同化のピークの時期であったようだ。いかに日本人らしく振る舞うか，学校でも家庭でも彼は奮闘している。「みんなと違う」というストレスから，名前だけではなく，家庭の宗教，兄弟の人数，家庭の食生活までが，日本的でないことから隠蔽の対象や拒否感の源へとエスカレートしている。そして，学校の級友の前では「みんなと一緒」を必死で装う姿が語られる。

(ⅲ)　スナの場合
　スナの場合，本人の意向とは異なる形で通名から本名へと名前を変更させられ，彼女の思春期は周囲とさらに家庭内でも葛藤に見舞われた時期であった。スナが2004年，Re: Cプログラムで制作した映像作品であるセルフドキュメンタリー『「在日」でいることの意味』の中でこの名前の変更を下記のように語っている。

　「小学校3年生のとき，教科書の朝鮮併合に関する記述が事実と異なっていることに抗議した父は，私の名前を通名から本名の日本読みに変えました」。　　　　（Re: Cプログラム映像作品『「在日」でいることの意味』より）

　このときの父親とのやりとりをスナは，Re: Cプログラムのラジオ番組に

出て下記のように解説している。

「私はずっと通名で生きてきて，で父からの勧めで勝手に名前変えられて，まあおもちゃ買ってくれるって言うので，そんな餌に乗ったんですよ（笑）。何もわからなかったんで，名前を変えて本名の日本読みにしたんです」。　　　　　　　　　（2005年2月「Re: Cプログラム」ラジオ放送より）

韓国名を名乗ることで，小学校高学年から中学生にかけてスナはかなりのストレスを強いられ，いじめと本人が認識することも経験する。

「小学校まではいじめられてると思わなかったんですけど，中学校に入ってから決定的なのがあったんですよね。それは何て言えばいいのかな。中学校の1年生のときなんですけどね，美術の時間で友達と絵を描いてたんですよ。それで友達としゃべってて，何々なんやな〜とか私は話すんですけど『らりるれろ』が言えなくて，そしたら友達が『韓国人は「らりるれろ」が言われへんらしいよ』って言ったんですよ。
　私そのときすごいショックでホントに泣きそうで，しかも美術の時間でみんなこっち一斉に向き出して，そのお友達，悪気があって言ったんじゃないみたいな顔してずっと平気な顔してるし。それですっごい私ショックを受けてほんとにどうしよ，ってつらくて，思い出しても涙出てくるんですけど，何て言うの？　自分の一番気にして嫌なことを自分が嫌なんだけどマイナスにとりたくない，『在日のせい』だってとられることが嫌なんですよね。つらくて，そこからどうやって自分で立ち直ろうと思って。もちろんそんな話をされてこう心も傷つくし，誰も癒してくれへんし，みんなが，『あ，そうなんや〜』って，初めて聞いて勉強したかのように言うし，私はほんとに泣きそうになるし，そのまま顔を下向けてうつむいて黙って涙流してたらいいのか，それとも上向いて『そんなことないって韓国人とか関係ないよ』って笑い飛ばしたらいいのか，どっちのほうがいいのか，自分の中で葛藤っていうか戦って戦ってして，その場は『え，そうなん，知らんかったわ，でもそんなことはないと思う』て逃げたっていうか，道を

そらしたんですけども，で私はそれから在日ってことが嫌になりました。ホントに嫌になりました」。

(2003年5月11日「バアサムトレイス」第30回放送より)

スナのしゃべり方は，日本人だったら「かわいいしゃべり方」として捉えられるはずの範疇のものだが，それが韓国人であることと結びつけられると，「滑舌が悪い，韓国人は『ラリルレロ』が言えない」という偏見を伴う負のステレオタイプに結びつけられる。この場面で「自分の一番気にして嫌なこと」=「舌足らずなしゃべり方」が「嫌なんだけどマイナスにとりたくない」=「在日韓国人であること」と結びつけられ，彼女は悲憤する。だが，それが周囲の日本人生徒にはまったく共感されず，彼女が何に悲しみ，怒っているかも理解されないことがスナを絶望させる。その日，家に帰った彼女は，父親とのさらなる衝突を経験せねばならない。

「で私のお父さんが，またすっごい民族意識をもった父で，私が韓国人だってことが嫌だって言ったときはすごい家族でけんかになりました。あのときほど，やばいときはなかったですね。まずは『出て行け！』って怒られて，『民族意識もたんやつは韓国人やない！ うちの娘じゃない！』って言われて，私もこうぶわっと泣きながら抵抗するんだけど，何も言い返せなくて，父も何で韓国人でなきゃいけないのかってことを説明してくれなかったんですね。当時の私が幼くて理解できなかったってことが一番おっきかったと思うんですけど，だから言われてないから，本名名乗ることが大事とか知らないから，だから単にいじめられたから嫌って素直に韓国人は嫌だって自分で言うてたんですけど，『おまえは，もう……』何言われたかな？ 私が『韓国人なんか嫌や，日本人になりたいわ』って叫んだんですよね。そのことでお父さんが『何でそんなこと言うんや』で，ものすごく怒って，『おまえは韓国人，在日のこと何も知らん！』ってすごい怒り出したんですよね。そのときは何も解決できぬまま終わったんですけど，普通にその話が流れてって，ホントは中学校は私の中では自分との葛藤だったんですよね。で，私は在日を隠したいと思って中学校を流して生きてきま

した。これが中学校時代の私でした」。

(2003年5月11日「バアサムトレイス」第30回放送より)

なぜ在日韓国・朝鮮人という存在が日本にいるのか，そのような説明を受けられないまま，在日を隠したい，日本人になりたいというスナの希望は，父によって激しく叱責され，コミュニケーションが断たれる。日本人がマジョリティの中学校教室空間で韓国人として孤立したスナは，家庭空間では日本人であることを志向したことによって再び孤立する。ここでは級友たちが形成する日本社会から「韓国人」であるが故に疎外され，家庭でも，特に父親から「日本人を志向した」ことによって疎外され，両社会に居所を失い，「境界化」されたスナの姿が浮かび上がる。

在日を隠したいのに隠すことが許されないスナも，名前を変えることで一見日本人化を果たしたかのように見えたミミ，ナム姉弟も，それぞれのルーツから距離をとり，否定した時期を経験しているのがわかる。その日本人になりたい，ルーツを隠したいと強烈に志向したのは，スナは「中学時代」とはっきりと述べている。ミミとナムが日本名を名乗り始めたのは，ミミが中学3年生で，ナムが中学1年のときである。

エスニシティの否定について言及しなかったユミは下記のように語る。

「今，成長していくにつれてブラジル国籍が良いと思って。これからも変えるつもりはない」。　　　　　　　　　(2007年4月2日座談会形式インタビュー)

成長につれて自分のオリジナリティとしてのブラジル国籍を是認できるようになったことを語っている。それぞれが中学時代を同化志向のピーク期と捉えているといえそうだ。この繰り返し語られた「エスニシティの否定」は，それぞれ個人的な体験として語られているが，それぞれの葛藤は「みんなと一緒」でないことへの拒否というモデルストーリー (桜井, 2006) も同時に参照されていることがうかがえる。では，このモデルストーリーはどのように生じたのだろう。彼らは基本的に実際の経験を語っている。しかしその一方で，マジョリティからの異なりを「多様性」ではなく「劣位性」と読み替え

ていることも，ミミとナムの語りから読み取れる。また，明確な偏見を投げつけられたスナが，多数者の中で偏見の告発の機会を得ずに自己のエスニシティ否定に向かう姿も観察された。学校空間に由来する同化圧力から生じる，この「みんなと同じことが良いこと／異なることは劣ること」という読み替えを内面化することで，自らのエスニシティを否定しながら葛藤するというマイノリティの青年のモデルストーリーが形成され，流通していくのである。

(2) エスニシティの是認――自分のままで

　日本人化，同化志向や，多文化な背景をもつことに葛藤し否定する経験をもった彼らは，中学卒業後それぞれにエスニシティの肯定という転機―エピファニー（桜井，2002；デンジン，1992）を迎える。いずれも学校生活と離れた場に外国人の視点から表現活動を行う仲間の集う居場所を得ることが，彼らの転機となっている。ミミ，ユミ，スナにとってそれはNPO，TCCで出会ったコミュニティラジオのDJ仲間であり，ナムにとって，それはラップグループの仲間たちであった。

(i) ナムの場合

　中学卒業後ほどなく，日本の学校空間と縁を切り，ラップミュージシャンという表現者の道を歩み出したナムの場合，そのエスニシティの否定から是認への転換は劇的だった。中学校を卒業後，2ヶ月で定時制高校を中退したナムは，ストリートのラップミュージシャンの仲間に入る。

　　「やることないのでバイト探してて，友達がラップしてて自分もやろうか」。　　　　　　　　　　　　　　　　　（2007年7月1日小講演会より）

この時期ナムは，他の日本人のラップ仲間と同じような曲作りをしていた。

　　「三宮の町のこととか，騒げ！歌え！みたいな目の前に見えることを10曲ほど作っていた」。　　　　　　　　　　（2007年7月1日小講演会より）

Re:Cプログラムの映像発表会で行われたMCナムのラップライブ。

そうしてラップミュージックを作詞作曲しながら，この時期，ナムはベトナム難民として海を越えた母から，ベトナム脱出から日本へと漂着するまでの物語を聞く。ナムの母が命をかけて海を渡った年齢は，そのときのナムと同じく10代後半だった。母の物語を聞いたときのことを，ナムは以下のように述懐している。

「それまではベトナム人が何で日本にいるのかとかは興味がなかった。『船で来た』ということだけ知っていた。『船で来たってどういうこと？』と思って話を聞いて，知った瞬間とても興味が湧いた。自分の人生がおもしろいと思った。『オレの歌』はその話（母の脱出の話）を聞いたとき，すらすらできた。そのあと2,3ヶ月かけて（歌詞を）かっこよくして，その間何度も（母の）話を聞きに行った。まだボクの知らないベトナムを母は知っている。もっと知りたい」。　　　　　　　（2007年7月1日小講演会より）

こうしてそれまで抑えていた自分の出自への思いを爆発させるように『オレの歌』を作詞したナムは，しかしまだラップ仲間にも自分がベトナム人であることを隠していた。

「みんなオレのことを日本人だと思っていたので『オレの歌』みたいのを作ったら受けるとは思っていた。で，できたけど，発表するのには勇気が要った」。　　　　　　　　　　　　　　　　　（2007年7月1日小講演会より）

そんなとき，ナムは数人の仲間と共同で，ライブハウスでラップコンサートをすることになる。そこでついにナムは，自分がベトナム人であることをカミングアウトする。

「ライブハウスでプログラムを作るとき，名前を決めないといけなかった。MCショウって最初言ってて，でもありふれてて，（頭髪が）坊主だったから友達に『MCオショウにしたら？』って言われて，和尚ってダサイと思った。それで『オレ，ベトナム人なんだ』って言ったら，『クンベルさんみたいでかっこいい！ ベトナムの名前ある？』って言われて，『ある，ナム』って言ったら『MCナムにしよう』って。そのとき『いける，オレはナムでいいんだ』と。そのときのことが『オレの歌』の中の『ある日言われた，オレはナム』って歌詞にそのあとなっていくんだけど。何とか特色を出したかったんだと思う，ラッパーとして」。　　　（2007年7月1日小講演会より）

　ここでナムは「みんなと一緒である」ことを追求していた学校空間とはうって変わって，「いかに自分の個性を打ち出すか」という価値観を経験する。この公教育の場から離れた，個性的であることを是とするラップ仲間たちが形成する空間が，ナムのカミングアウトを支えている。
　また，語りの中に出てくる「クンベルさん」の存在にも注目したい。「クンベルさん」とは「クリーム・クンベル」と名乗り，日本語とベトナム語の両方でラップを制作し，ラッパーとして活動している神戸出身の難民1世の青年である。すでに4枚のCDを自主制作で発表している。ナムのカミングアウト後はナムとともにライブ活動を行うことも多く，日越両国で音楽活動に従事し2008年9月の日越外交関係樹立35周年行事など公式行事にもナムとともに出演している（2008年9月20日朝日新聞「ひと」欄より）。1979年生まれで年齢的にはナムよりも上である。そうした神戸のラップ仲間の中で認知されたベトナム人ラッパー「クリーム・クンベル」の存在が，ナムにとってロールモデルの役割を果たし，ベトナム人としてのカミングアウトとアイデンティティの回復を励まし，支えたといえるだろう。

(ii)　スナの場合
　スナは高校に入って，「バアサムトレイス」でのDJとして外国人と日本人の間にいる自分の思いを発信する活動をしながらも，まだ在日韓国人であることを肯定できないでいた。

「(17歳からラジオのDJを務めながら)前はあんまり人には言わなかったですね。こういう活動をしてるって。ラジオをしてるよって言えば『どういうこと話してるの』ってことになるし，答えるのがためらわれて。学校でとか」。　　　　　　　　　　（2007年4月2日座談会形式インタビュー）

そんなスナに転機をもたらしたのは，高校や大学で「朝文研」（朝鮮文化研究会）に入り，在日という仲間意識の中での先輩たちとの出会いだったという。

スナ：高校の頃に朝文研の先輩に，ホントにくだらないことなんですけどきれいな人が多かったんですよ，在日の人で。で，ある人が「在日の人ってかわいい子が多いな」って言ってて，イメージ逆転しました。
筆者：じゃあ朝文研での活動も自分の中の転換の役に立った？
スナ：そうですね。大学に入って思ったのは，自分が尊敬する先輩ほど本名をかっこよく名乗ってたんですよ。反対に不細工っていうか，あんまり男前でない人ほど自分に自信がない。消極的な子ほど日本人になりたがってる感じがありました。　　　　（2007年4月2日座談会形式インタビュー）

高校，大学と成長していく中で出会う同じ在日という立場の人々の中から「きれいな人」，「本名をかっこよく名乗る人」をロールモデルとして選び，自分の中の韓国人像を肯定的に捉え直していくことによって，スナは転機を迎えたのである。

(iii)　ユミの場合
　ユミは変化の節目として，高校3年生のときにRe: Cプログラムで制作した，『日系ブラジル人の私を生きる』という自分と自分の家族のドキュメンタリー映像作品を挙げる。

ユミ：いちいち友達とかに説明するのが何で日本人の顔なのに外国人な

の？って一から説明しないと，友達は知らないんですよね。周りの人とかも。それで皆から聞かれたときに自分のルーツをまとめたいなと思ってたとき，丁度ここでビデオカメラで自己表現をって言ってて，それをしないかって言われて。(中略)

筆者：撮ったことで何か変わったこと，っていうか変えたことってありますか？

ユミ：自分が変わった。

筆者：もうちょっと噛み砕くと？

ミミ：ユミちゃんは撮ってから積極的になったんちゃう？

ユミ：自分がビデオ撮ってるうちに，おじいちゃんおばあちゃんのことも自分で調べて，どういうことが昔あったのかとか。自分がどういう人間なのか，誰に対して伝えたいのか，まあその第一歩だったけど，何かわかり始めた。 　　　　　　　　　　　　　(2007年4月2日座談会形式インタビュー)

周辺から常に問われ続けた「なぜ日本人の顔なのに外国人なのか」，自分のルーツを映像作品にまとめたい，というところから彼女のセルフドキュメンタリーの制作は始まる。その中で祖父母の物語である日本からブラジルに移住した人々，そして父母の物語であるブラジルから日本へ還流した人々のことを調べ，知識を得ていく。それをいかに誰に伝えようか，と情報を取捨選択し表現を考える中で「第一歩だったけど何かわかり始めた」という経験をする。さらにこの映像作品が評価され，ユミは関西でも有数の私大にAO入試を経て合格する。この映像作品として自らのルーツをまとめたこと，それが大学合格という形のある評価を得たことは，彼女の日系ブラジル人としてのアイデンティティの肯定へとつながっていく。さらにユミは，ミミやスナとともにラジオDJとして過ごした日々のことも一つの転換点として語る。

「この3人で話してると普通の女の子の話みたいなんですけど，でもこの3人だから話せることもあって，外国人同士だから話せることもあって。だから思春期の時代とか大人になる前だったので，相談相手みたいなところがあったんだけど，それがラジオを通じて人にも聞いてもらえたんで，

まあ曲がった大人にならなかった」。

(2007年4月2日座談会形式インタビュー)

　3人は日系ブラジル人，在日韓国人，ベトナム難民とそれぞれに違う立場ではあるが，日本マジョリティ社会に対するマイノリティとして共感し合う場面も多い。そうした共感できる仲間と語り合い，その語りがマイノリティの中で隔絶された環境ではなく，常に日本ホスト社会につながっているラジオの前で進行したことを，「曲がった大人にならなかった」つまり自分たちの成長にプラスに作用したとユミは述べる。

(ⅳ)　ミミの場合

　ミミの転機に関しては，本人からは聞けなかった。しかし「バアサムトレイス」のプロデューサーを務めた多文化放送局のスタッフ金千秋氏は，ミミの成長を下記のように語る。

　「3人の中でミミちゃんが一番日本人になりたがってた。ミミのお母さんがミミちゃんのことを『バアサムトレイスをやったから，ベトナム人に戻った』って言ってた。ミミちゃんは一番ベトナム人であることを嫌ってた。でもここで『バアサムトレイス』やって，すごいねって言われることで，変わってきた。例えば，それぞれの言葉でこれ何て言うんだっけ？っていうとき，スナちゃんもユミちゃんもお母さんに電話をかけて『何て言うの？』って聞いてたけど，ミミちゃんだけは言えた。すごいね，ベトナム語知ってて，って言われる。ベトナムを自分はもってる。それからベトナム人なのに高卒で大手企業に就職できて『すごいね〜』って。それが自信になっていった」。

(2008年7月15日インタビュー)

そして続けて他の2人に関しても下記のように語った。

　「ブラジル，韓国のことも自分はもっている，それはいいことだってみんな思い直せてるようだった。親が言ってもわからないけど，友達同士で認

め合えてすごいね，って言われて（自分のルーツをもつことは）『いいことだ』って思えたみたい」。　　　　　　　　　　（2008年7月15日インタビュー）

　親から「自分のルーツに誇りをもて」と言われても，それは素直には若者の心には響きにくいが，友人同士そのルーツを見せ合える場をもち，それを「すごいね」と賞賛され，互いに認め合うことで，自分の他とは異なる独自のルーツを「良きこと」として捉え直す転機とすることが可能になったというのである。
　また，既述したが金千秋氏は番組開始時に3人に下記のように指示していた。

　「もし3人のうち誰かが母国や多文化的なことについてしゃべり始めたら，すでに知ってることでもリスナーの立場になって，初めて聞くことのように聞いてと言ってあった」。　　　　　　（2008年7月15日インタビュー）

　メンバーが母国や多文化について語り出したとき，「リスナーの立場に立って初めて聞くことのように」聞くという態度は，番組の中で意外な効果をもたらしている。日常生活についての他愛ないおしゃべりの場面では「はい！　そこまで〜」，あるいは「もういいよ，じゃあ次いこう！」とDJたちの間で会話を中断するような場面が何度も観察されたが，話題が母国や多文化的なテーマになると，語っているメンバーの話すことを他の2人は「関心をもって聞く」姿勢を示す。これは第3章で述べた，ボランティアが外国にルーツをもつ子どもたちに対してとるコミュニケーションの起点である共感の姿勢に近い。そして3人のコミュニティラジオでの語りは，3人の中で完結しているわけではなく，ラジオを通じて神戸・長田の町を中心にした地域の，あるいはインターネット放送を介したリスナーともつながっている。そのリスナーの共感的な姿勢，興味関心をほかのDJメンバーが体現することで，母国や多文化な自らの背景を語るということが，ホスト社会の多くの人々に「関心をもって聞」かれているという状態が生み出された。この自分たちの語りに興味と関心をもっているリスナーの耳を意識しつつ，自分の日々の暮ら

し，出身国やエスニックソサイエティや家族の話を語る経験は「それは語るべき価値のあること」であることを繰り返し彼女たちに伝える。つまり，ラジオでの表現を支えているのもエスニシティへの是認であるのと同時に，ラジオでの表現が彼女たちにエスニシティの是認をもたらしているともいえる。ラジオでの表現活動とエスニシティの是認は，相互に関連しながら互いを強化している状況といえるだろう。この表現活動とエスニシティの是認の相互作用は，彼女たちの転機をより強固な安定したものへと導いていったことがうかがえる。

(3) エスニシティへの認識の深化——もっと知りたい

　ラジオで自らの考えを語る，またラップでベトナム難民の脱出と新天地定着の物語を歌う，という彼らの表現活動とそれに対する周囲からの反応は，どのような影響を彼ら自身に与えたであろうか。

　長くラジオDJを務めたミミ，ユミ，スナは毎週15分の番組で何をしゃべろうか，考えながら暮らすようになったことを表現活動に関わったことで得られた変化として挙げた。

ミミ：テレビで見たからこういうのは（ラジオの話題として）どうだろう？とか（中略）視野が広くなったっていうか。
スナ：よくユミが取り上げるのは，犯罪者でいつも外国人とか日系ブラジル人の，とか，中国人の，とか，そういうことをニュースで口にするからイメージがダウンになるんだ，とか。私だったら雑誌の「イオ」から無年金問題取り上げて，それについて説明して考えたり（中略）私も日頃からこれラジオでしゃべろうとかネタを見つけたり。
筆者：どういう感じのネタがピピッときます？
スナ：最近ではソフトバンクに携帯を変えようと行ったときに，めちゃ日本人のおじさんに怒られた。
筆者：何で？
スナ：ここは日本人がやってるところじゃないからな，そんな契約するなみたいなことをお店の中で叫び出したおじさんがいたんですよ。それはま

あ衝撃的で印象に残ってたんですけど，そういう感じで日頃，これ今度ラジオでみんなに言ってみよって。
筆者：そうすると日々の生活の中でも，これは？と思うことでいろんな問題が見えてくる，みたいな。
スナ：あとなんやろ，ニュースで外国人のニュースとか流れたら，今までは韓国人のことばかり気にしてたんですけど，ベトナム人とかブラジル人とか中国人とか聞いても，あ！これ，来週使えるって。あと来週絶対ユミちゃんがこのネタ持ってくるわ，ってそういうことを考えるようになりました。
ユミ：日本のニュースとか日本の事情を見るようになった。そういうところに出てくる外国人，それに対して敏感に。あ，次はこれ話そうかな，と ニュースであんな風に言ってたな，って。
ミミ：普通の女の子の会話の中にわざと（外国人としての話題を）入れて，「これ，どうなんやろ」，みたいな話が多いです。

(2007年4月2日座談会形式インタビュー)

　ラジオ番組で語るべき「ネタ」を求めて，アンテナを高く掲げて日常生活を過ごす3人の様子が見て取れる。町で起こる事件，ニュースから流れる言葉，本や雑誌の記事，それをマイノリティである外国人の視点から切り取り，女の子同士の明るい語りの中に忍び込ませて，日本のホスト社会に響きやすい形で届けている様子がうかがえる。メディアを読み解き，自分なりの視点から編集し直し，聞く側が受け取りやすい形でホスト社会へ送り返すというメディアリテラシーの求められる活動ということができるだろう。
　3人は2007年4月，番組を終了させたのち，外資系商社でブラジル担当者として採用されたユミ，IT企業で働きながら将来の起業を目指すスナ，全国チェーンの若者向けの洋品店の店長を務めるミミと，それぞれの道を歩んでいる。しかし「バアサムトレイス」での4年半のDJとしての経験は，それぞれにそれぞれの母文化，エスニシティを肯定的に捉えさせた。そしてそれぞれの視点では日本社会はいかに見えているか，日本のマジョリティに届く言葉で伝えるということを実践してきた。その作業の過程で自分たちだから

語ることができる言葉を積極的に探し，発信することで彼らのエスニシティへの認識は深まっていった様子がうかがわれる。

『オレの歌』というベトナム難民の子どもに生まれた状況を歌ったナムは，ラップミュージシャンとしてよりも，まずは日本の若い世代に伝わる言葉をもつ「ベトナム難民の子ども」として注目を浴びる。その状況をナムは下記のように語っている。

「小中高大学の先生とかによく呼ばれる。国際交流の場からよく呼ばれる。普通のラッパーが歌えない場で歌える」。

(2007年7月1日小講演会より)

ナムの母親ハイ・ティ・タン・ガ氏は，TCCの下部組織であるベトナム系自助組織の代表者を務めている。その関係でどこかのイベントでナムの歌を聴いた国際交流関係団体のスタッフ，マスコミ関係者がTCCやベトナム系自助組織に「ベトナム難民のことをラップで歌っている青年を探しています」と，問い合わせてくる。そうした問い合わせに応えるうちにナムはマスコミへの露出も増え，ベトナム難民理解講座などでもステージを務めるようになっていく。特にベトナム難民受け入れ30周年の2005年から2006年にかけては，多くのマスコミ取材やベトナム難民関連のステージを務めることになる。ベトナム系自助組織の記録に残っているだけで，2005年3月から2006年12月にかけて，ナムは表6のように，非常に多方面からの取材を受け，ステージを務めている。また，啓林館が発行する2008年度の英語教科書にも，日本に暮らすベトナム難民青年物語としてナムの個人史とラッパーとしての活動が取り上げられている。

「バアサムトレイス」の3人のDJにラジオリスナーが共感的な聞き役として存在したように，ラップシンガーのナムにも，国際交流イベントやさまざまな場で聴衆が非常に共感的に「関心をもって」ナムのラップに耳を傾けている。2005年5月28日の「たかとり10年感謝祭」で歌い終えたナムに，在日コリアンの老人が駆け寄り握手を求めるシーンを実際に観察した（2005年5月28日フィールドノートより）。ベトナム難民としての自分史をラップに乗せ

表6　ナムの活動歴（2005〜2006年）

日付	イベント・媒体	活動
2005年3月20日	Kobe国際交流フェア2005	ステージ
22日	朝日新聞「ひと模様」	新聞記事
5月28日	たかとり10年感謝祭	ステージ
6月27日	イベント・ベトナム難民の「今」―30年を迎えて	ステージ
8月11日	第3回ユニバーサルデザイン全国大会	ステージ
9月20日	読売新聞「ざっくばらん」	新聞記事
21日	読売テレビ「ニューススクランブル」	テレビ
10月31日	毎日新聞	新聞記事
11月15日	ユニバーサルひょうご	雑誌記事
22日	高砂市松陽高校（定時制）	ステージ
27日	イベントFMわいわい開局10周年記念	ステージ
27日	朝日新聞	新聞記事
12月31日	神戸新聞	新聞記事
2006年1月22日	姫路市立城東小学校	ステージ
27日	Re:Cプログラム　ラップ教室	講師
4月22日	アースデイイベント「88」	ステージ
5月27日	朝日新聞（夕刊）	新聞記事
6月19日	大阪府立住吉高校　修学旅行事前研修	ステージ
20日	関西学院大学「世界難民日写真展」	ステージ
21日	HP「ベトナム情報局」	HP記事
26日	NHK国際放送局「News Today Asia」	ラジオ放送
11月3日	神戸市外国語大学　学園祭	ステージ
12月9日	レイバーフェスタ	ステージ
16日	関西NGO大学　宿泊研修	トークステージ
2007年	2008年度啓林館高校英語「Element English Writing」	教科書

※　ベトナム系自助組織の記録資料より筆者作成。

て歌うことが，多くの人に理解され，感激されるという体験は，エスニシティの肯定感を強めることになるだろう。

　しかしナムはここで一つの困惑を経験する。ステージでベトナム難民の子どもとして『オレの歌』を歌っていく中で，会場の人々からベトナムについての質問を受ける。しかしそのときナムは愕然とする。

「ベトナムのこと聞かれたりするけど，でもあんまり答えられない。だって僕日本人だし。質問者と同じくらいしかベトナムのこと知らない」。

(2007年7月1日小講演会より)

「だって僕日本人だし」という述懐には，偽らざるナムの自己認識がうかがわれる。ベトナム難民の子どもとしての自分を歌うことで注目されながら，ベトナムについて語る言葉を失い，母語としてのベトナム語運用能力も十分ではない。この現状にナムは危機感を抱く。自分のラッパーとしての武器でもあるベトナム人としてのオリジナリティを取り戻さなくてはならない。そこで彼は，2007年9月から2008年6月までホーチミンへ，ベトナム語留学を果たす。そのベトナムへの語学留学への抱負を，彼は下記のように語っている。

ナム：ベトナムで一人暮らしをします。最初はいとことか親戚の家に行くけど，そのうち一人で。母国語力が低いので，ベトナム語の学校に行ってベトナム語で歌を作って，ベトナム人に認めてもらいたい。向こうではベトナム語学校に通う予定。1年前，日本でベトナム語を習おうと思った。でも日本だと日本語を使ってしまう。親も日本語を理解してしまう。それでベトナム語環境に行こうと決意した。自分のベトナム語能力は5歳児レベル。聞けることは聞ける。母から電話でベトナム語しゃべられても日本語で返す。

ベトナムにもラッパーがいるので，出会って，話したい。ストリートでやってみたい。日本より怖いけど。自分がベトナムにいたベトナム人だったら何してるかな，と思う。

質問：ベトナム語のラップを作って誰に何を伝えたい？

ナム：母に。父にもラップをベトナム語で聞かせたい。

(2007年7月1日小講演会より)

日本人になりたいと願った中学時代，日本人に同化する過程で失われてしまったベトナム語運用能力とベトナム人としての体験を取り戻すために，ナ

ムはベトナムへと旅立つ。日本人としての表現力，ベトナム人としての表現力，その両方を手に入れ，ベトナム人にも日本で暮らす自分の思いをラップで伝え，日本人にもベトナム人がなぜ日本で今暮らしているのかを伝えられるようになりたい。ハーフではなくダブルになりたい。まさしく両文化を担う人々の間の対話を開く異文化間リテラシーをもつ表現者になることを目指したナムの旅立ちだった。

　ミミ，ユミ，スナは，表現することによりリスナーに何を語るか，どう語るか考え，ナムは聴衆とのやりとりという対話を経験する。そうした他者とのやりとりを経験することで，4人はエスニシティへの認識を深めていく。また実際に自分たちだからできる表現を求めて生活をし，母国について学ぼうと試みる。こうした試みを「**他者との対話を通じた自己変革力**」という異文化間リテラシーと捉えることができる。

(4)　異文化間リテラシー形成──社会的学習理論からの分析

　この章では「**エスニックマイノリティ独自の意見・視点を認識・発信する力**」，「**他者との対話を通じた自己変革力**」という異文化間リテラシーが形成されていることを観察した。

　これらの異文化間リテラシーを形成するために4人の外国人青少年はエスニシティの是認と深化というプロセスを経験していた。4人がエスニシティの否定から是認，そして深化に転じるにはそれぞれに「外国人であることを表現する実践共同体」が存在していた。

　本節では，学習とは実践共同体への参加を深める過程で共同体の古参メンバーの振る舞い，視点を模倣・共有し，共同体のメンバーとしてのアイデンティティを形成する過程で成立するという社会的学習理論（レイブ＆ウェンガー，1993；Rogoff, 1990；ロゴフ，2006；野津，2007）の立場から4人の異文化間リテラシーの形成を分析する。

　ミミ，ユミ，スナにとっての「実践共同体」といえる「場」はまず，ラジオDJ仲間であった。これは外国人の意見・視点を地域社会に伝え，多文化なまちづくりを目指すTCC内部に設定されたコミュニティラジオ放送局の一番組を制作するチームとして結成された。この「場」に参加しているのはミミ，

「バアサムトレイス」DJ 3 人。最終回の収録後に花束を渡され，記念撮影をした。

ユミ，スナだけではない。この「場」のオーガナイザーともなっている番組プロデューサーの金千秋氏の存在に注目したい。金千秋氏は番組開始前の半年間3人によるラジオ番組作りを指導し，ミキサー技術やオープニングの素材作りを指導しただけでなく，どんな話ができるか，3人が持っているパスポートはどんなものなのか，3人のそれぞれの多文化な背景を話し合わせる機会をもつ。

そして，3人がそれぞれの中のマジョリティとは異なる意見・視点を認識・言語化しやすい態度の共有を指示していた。番組開始前の半年間の準備期間には深く関わった金千秋氏だったが，番組開始後は最初の数回は番組ミキサーとしてスタジオに入ったが，その後は番組をモニターするにとどまっている。しかし，3人にとっても金千秋氏の存在は大きかったようだ。

「番組開始後も100回放送記念とか，そういうときはゲスト出演してもらったり，ミキサーに入ってもらったりした。ミキサーも金千秋氏さんが

やってくれるとすごくかっこよく音をつないでくれて番組が締まった」。

(2007年4月2日座談会形式インタビュー。ミミ談)

　この述懐からも，マジョリティとは異なるエスニシティをもち，それ故の表現力をもち，社会に対する発信に長く関わっていた金千秋氏という年長の女性の存在は3人にとってロールモデルとしての役割を果たしていることがわかる。そうした金千秋氏というロールモデルの存在に影響を受け，多文化なまちづくりを実践するTCCというNPOの一画に設定されたラジオDJ仲間は，3人がエスニシティを是認し，深化を支える「実践共同体」として存在していた。3人はそこに参加し，活動を長期化させる過程で，金千秋氏をはじめとするTCCに集う古参メンバーの振る舞い・視点を模倣・共有し，そこの一員としてのアイデンティティを形成した。さらに3人の間で，また番組に関わるゲストやリスナーといった，自分たちと同等か自分たちよりも「実践共同体」の外側にいる人々に3人の意見・視点を表現することによって，自らの意見・表現を深化させていった。

　また，スナはこのラジオ仲間以外にも，「かっこよく本名を名乗る先輩」というロールモデルと出会うことができた高校や大学の「朝文研」も，エスニシティを是認するために必要な場所だったと述べている。

　ナムにとっての「外国人であることを表現する実践共同体」は，まずは三宮のラップグループであった。そこで，公教育を受けていたときとは正反対の「いかに個性的であるべきか，いかに他のラッパーから自分を際立たせるか」という価値観と出会う。当時，三宮のラップグループにはすでにラッパーとして活動していた「クリーム・クンベル」というベトナム人ラッパーが存在していた。この「クリーム・クンベル」というラッパーの存在も，ロールモデルとしてナムのエスニシティの是認を助けている。また，TCCのベトナム系の自助組織と，そこと協力関係にある市民活動組織や国際交流団体のネットワークもナムに活動の場を与えている。そうした市民活動組織・国際交流団体などの緩やかなネットワークに参加し，ベトナム難民の声を聞く機会をもちたい人々に対して，マジョリティとは異なる自分の意見・視点を表明する。そしてそれが共感をもって受け止められ，さらに，ベトナムやベトナム

難民についての人々の興味と関心に触れる機会を得たことで，ナムは「ベトナムについてもっと知らねば」と自らのエスニシティの認識を深めようという努力を始める。「三宮のラップグループ」，「TCCのベトナム系自助組織をはじめとする市民活動組織や国際交流団体とのネットワーク」，ナムは2つの実践共同体に同時に属し，それぞれへの参加を深めることで「ベトナムを語るラッパー」という独特の地位を築いている。また，ナムのロールモデルの「クリーム・クンベル」もそうしたナムを支援し，国際交流イベントに共に参加するなど，ナムの活動を助けている。

これらの「実践共同体」への参加が4人の外国人青年の異文化間リテラシーの形成を促している。そこでロールモデルというべき古参の参加者の振る舞い・視点を，4人は模倣・共有し，またそれぞれのルーツに関する知識を得る機会をもつ。そうした「ロールモデル」，「知識」を提供する「実践共同体」への参加が，外国人青年のエスニシティの是認・深化を可能にしているといえよう。

また，本節での観察からそうした「実践共同体」のもつ特徴として，以下の3点が挙げられる。
① 外国人であるなど個性的であることが是認されている。
② 公教育から距離をとった場所に存在している。
③ 主流社会に対して発信・表現の場が確保されている。

4人が自らのエスニシティへの是認・深化を可能にした「実践共同体」はいずれも，外国人であることに肯定的であった。また，公教育とは離れたNPOや街角に設定されている。そして彼らの表現は，マジョリティとは異なる意見・視点の表明ではあったが，それはマジョリティと隔絶された場所で行われるのではなく，マジョリティが聞く機会をもった場で行われており，多くのマジョリティがその意見・視点に興味をもって耳を傾けていることが意識された場であった。

ロゴフ（2006）は，文化間を移動しながら人生を送る人々の存在を指摘し，自分が育った家庭から継承した文化的背景と異なる支配的な文化環境で生きる子どもが直面する，コミュニティの「間」で生きる過程の不確かさと創造性について指摘する。複数の文化コミュニティを経験することは，創造性の

源となることもあるが，葛藤の源にもなりうる。

　複数の文化の「間」を生きる子どもが，その複数の文化を体験することを，葛藤の源ではなく創造性の源とするためにはどうしたらよいのか。複数の文化を体験したことによって得られる独自の意見・視点を整理・認識し，自ら納得できる形で他者に発信することができる，そうした場所＝「多文化共生のための実践共同体」の存在が重要であろう。その実践共同体が家庭とも学校とも距離を置いた場所に設定され，外国人青少年がアクセスすることができ，自らが経験した複数の文化のぶつかり合いの意味をロールモデルや同僚と共に問い直し，社会に発信する機会をもつことで，認知的にも社会的にも柔軟性を育み，新しい文化のあり方を生み出すことができるのではないだろうか。

4　ここで語ったこと

　本章では，コミュニティラジオのDJ，ラップミュージシャンとして表現活動を行う外国人青年に焦点を当て，①彼らが発信した表現を解析することで認識・言語化したマジョリティとは異なる意見・視点とはいかなるものであったか。②ライフストーリーの解析から彼らの実践共同体といえる場を獲得することで，エスニシティの是認，深化を果たし，それが「**エスニックマイノリティ独自の意見・視点を認識・発信する力**」，「**他者との対話を通じた自己変革力**」という2つの異文化間リテラシーの形成を可能にしていることを解明した。

　図6において，本章で観察された外国人青少年の表現やエスニシティをめぐる成長のプロセスと，そのプロセスごとに形成される異文化間リテラシーを図示した。

　4人の外国人青年は最初，外国人としての自己の表出を抑制する状態にある。この段階で彼らは自らのエスニシティを否定し，できうるならば日本人になりたい，と同化志向をもっていた。4人の外国人青年が「他のみんな」とは異なるルーツを否定的に捉えるのではなく，自らの大切なオリジナリティとして是認する，その転機―エピファニー（桜井, 2002；デンジン, 1992）を得

図6 外国人青少年の表現と異文化間リテラシー

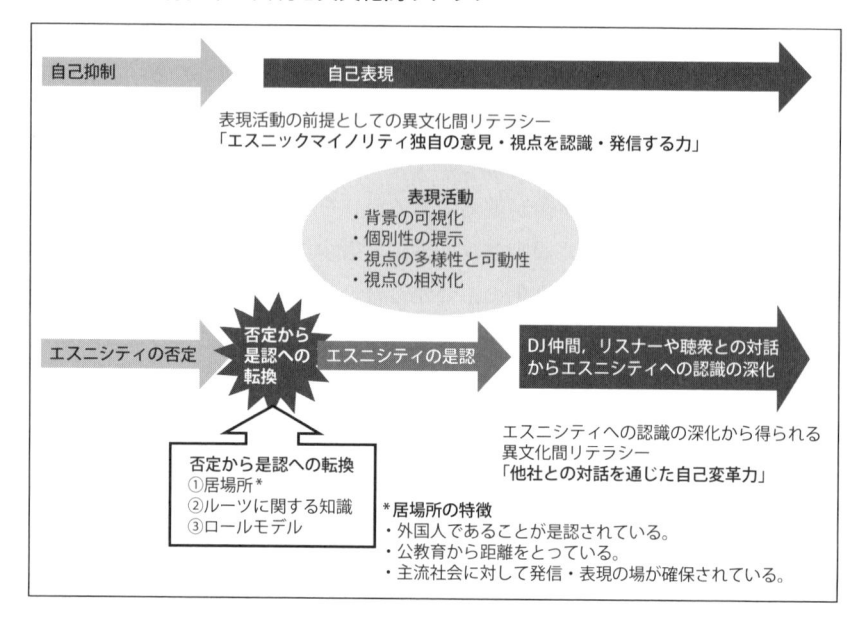

るには、どのような環境や条件が必要だったであろうか。

　第1に、ラップグループ、ラジオDJ仲間、朝文研など外国人であることを表現する実践共同体というべき「場」の存在が挙げられるだろう。この4人が獲得した「場」の共通する特徴としては、以下のことが挙げられる。

- 外国人であることが是認されている。
- 初等中等レベルの公教育から距離をとった場所に設定されている。
- 主流社会に対して閉じてはおらず、ホスト社会の聴衆につながりがあり、発信・表現の場が確保されている。

「みんなと一緒であること」を重んじる、つまり同化圧力の強い小学校・中学校の教室で「みんなと違う」ルーツが非常に重荷であったことが、4人の語りからたびたび立ち現れた。そうした教室空間とも家庭とも距離をとった場所に居場所と仲間をもつことが、ルーツの是認のためには大切になるようだ。また個性的であること、つまりは他とは異なるルーツをもつことを是認できる仲間に囲まれた「場」であること、そしてその「場」は決してホスト社会から隔絶され、閉じた場所ではなく、ホスト社会との間につながりをもち、

ホスト社会に対する発信・表現の機会が確保されていることも重要な要素として観察された。

それはナムにとっては三宮のストリートラッパーのグループであった。ミミ，ユミとスナにとっては「バアサムトレイス」のDJ仲間がその機能を果たした。またスナにとっては高校や大学で関わった朝文研も同様の機能をもった「場」として彼女のエスニックなルーツの是認に一定の役割を果たした。

そしてその「場」は，外国人青年に「ルーツに関する知識」と「ロールモデル」を提供する場にもなっていることが観察された。

「ルーツに関する知識」については，なぜ自分たちが今外国人として日本にいるのか，その背景，歴史を知ることによってルーツの否定からルーツの是認へと意識が転換した，とする語りも多数観察された。

「知った瞬間とても興味が湧いた。自分の人生がおもしろいと思った」。
（2007年7月1日ナム小講演会より）

「おじいちゃんおばあちゃんのことも自分で調べて，どういうことが昔あったのかとか，自分がどういう人間なのか（中略）第一歩だったけど何かわかり始めた」。（2007年4月2日座談会形式インタビュー。ユミ談）

また，「日本社会で活躍する外国人ロールモデル」の存在もルーツ是認に重要な役割を果たしている。ユミ，スナ，ミミにとってのラジオプロデューサーの金千秋氏。ナムにとってのすでに活躍しているベトナム人ラッパー，クリーム・クンベル。そしてスナにとっては，きれいな人が多く，かっこよく本名を名乗っている「朝文研の先輩」がそれにあたる。

こうした「場」が提供する「ルーツに関する知識」，「日本社会で活躍する外国人ロールモデル」が，外国人青年に自分のルーツを肯定的に捉えることを可能にし，彼らは外国人としてのメッセージをホスト社会に発信し始める。

彼らがホスト社会に提示した意見・視点は下記のとおりである。

① 個別性の提示

「外国人」と括られ，ステレオタイプ化されやすい彼らが，独自の個性的な

声をもった存在としてホスト社会に現れることで，彼らはホスト社会に「個別を見る機会」を提供している。

② 背景の可視化

なぜ外国人が日本にいるのか，また外国人故に彼らが抱えがちな問題の背景を掘り下げてみることで，彼らの存在理由や抱えがちな問題の背景をホスト社会にわかりやすく提示し，より深い理解へと導く。

③ 視点の多様性と可動性

多様な視点をもつ彼らは，時と場合により立脚点を選択しており，不断に視点を移動させ，さまざまな角度から（時には内部から）日本と日本人を見ている。日本人であること，外国人であることの境目は，実は当事者の選択によって決定される可動性のあるものだということを明かしている。

④ 視点の相対化

多様な視点を示すことで，日本文化も世界の中の一つの文化として，あるいは多様な人々の集合として相対化して捉えることを可能にした。マジョリティが「普通」と感じる感覚を世界の中の（あるいは多文化社会の中の）一つに過ぎないと相対化する。

これらの発信の前提として**「エスニックマイノリティ独自の意見・視点を認識・発信する力」**という異文化間リテラシーを形成があることはいうまでもない。

エスニシティの是認は彼らの外国人としての表現を支えているが，同時に表現活動はエスニシティへの認識の深化をもたらす場面も観察された。外国人として語る言葉を他者が共感的に聞く，関心をもって聞かれるという体験は，外国人であることをさらに是認させる。また，発信すべき情報を精査する中で彼らは，何が問題か，自分は何を問題と考えるのか，自分自身の問題への立ち位置を確認させられる。さらに，聴衆からの祖国への質問に答えられない自分を自覚し，より深く祖国について知らなければという祖国探訪への動機も手に入れる。こうしたエスニシティの深化から，彼らは**「他者との対話を通じた自己変革力」**という異文化間リテラシーを獲得する。

本章では，4人の外国人青年のエスニックマイノリティとしての発信と，

それにまつわる異文化間リテラシーの形成を取り上げた。4人のメッセージ発信をホスト社会が受容し，それによってホスト社会の人々が異文化間リテラシーを形成するに至るまでは本書はフォローできていない。また，若者の意見表明，視点の提示がホスト社会を動かすまでにはまだしばらくの時間が必要だ。

　そこで次章では，より先行する世代に焦点を当て，外国人の意見・視点の提示を受け取った側がいかにそれに答えていくかを観察する。

第5章
声を上げ，声を聞き，そして変わろう
外国人市民のもたらす異文化間リテラシー

1 ここで語ること

(1) 在日コリアン教育活動家がもたらす異文化間リテラシー

　第4章で，外国人青年が外国人としての表現活動を行うことで得られる異文化間リテラシーの形成について述べた。外国人青年たちが認識し，言語化し，発信している外国人としての意見・視点が明らかになったが，その意見表明，視点の提示を受け取るホスト社会側の変容，すなわち，ホスト社会側で形成される異文化間リテラシーは検証することができなかった。

　そこで本章では，これまで取り上げてきた表現活動に取り組む外国人青年より1つ上の世代に属するオールドカマー[34]である在日コリアン2世の教育活動家，金信鏞（キム・シニョン）氏（1953年生まれ）に焦点を当てる。

　彼は，日本の学校風土の変革を志向して，外国人児童の保護者の立場から子どもたち，学校現場そして教育委員会に働きかける活動を行っている。ここでは彼がいかに外国人としての意見・視点を認識し，言語化し，ホスト社会との間で対話を切り開いていったか。そして，その彼の意見表明・視点提示を受け止めるホスト社会側の協力者との間にネットワークを形成させ，多文化教育の実践共同体を築いていく過程を明らかにし，ホスト社会側で形成される「異文化間リテラシー」についても言及したい。

　本章でその存在を確認する異文化間リテラシーは，「エスニックマイノリ

---

[34] オールドカマーとは，福岡（1993）によると，朝鮮半島等日本の旧植民地より植民地政策下での生活解体によって渡日を余儀なくされた人々の子孫である。1945年の日本の敗戦時，上記の移住者と強制連行された人々と合わせておよそ230万人が朝鮮人が日本にいたといわれる。8月15日の「解放」を機に多くの人々は母国に帰還したが，50〜60万人の人々は日本に留まり，2世，3世，4世と世代を重ねている（pp.24-25, 31）。

ティ独自の意見・視点を認識・発信する力」,「他者との対話を通じた自己変革力」,「多文化共生社会構築力」である。特に「多文化共生社会構築力」は,異文化間リテラシー形成のプロセスでは最終段階に形成される力であり,ここで初めて観察された。

(2) 調査の方法

金信鏞氏には筆者の興味関心を説明した上で「自分史」,「現在の活動」の2点を中心に,ライフストーリーインタビュー[35]を行った。この金信鏞氏のライフストーリーの多くは2008年3月13日のインタビュー時にフィールドメモをとり,直後フィールドノートに起こしたものから構成している。またライフストーリーをまとめる段階で,不明な点は後日,金信鏞氏から補足的に説明を受けた。

また,2008年度から金信鏞氏が代表を務める「神戸在日コリアン保護者の会」が主催した行事への参与観察調査も行った。そして,金信鏞氏と在日コリアン保護者の会が開催に協力した甲小学校と乙小学校のコリアベトナムフェスティバル[36]の参与観察を行った。さらに金信鏞氏と彼が組織する神戸在日コリアン保護者の会との間で協力関係にある長田区周辺の小学校においても,多文化担当教諭を対象にインタビューを行った (詳しい調査日程は巻末資料1も参照のこと)。

これらのインタビューや参与観察で得られたインフォーマントの語りや私が見聞した出来事をフィールドメモにとり,即日,フィールドノートとして文書化した。こうして集めたデータをもとに話を進めていくことにする。

(3) エスニシティと在日コリアンに関する議論

ここまでこの本では,異文化間リテラシーの形成のためには「エスニシ

---

35 ライフストーリー研究法の詳細に関しては第4章1(4)参照のこと。
36 コリアベトナムフェスティバルについては,本章2にて詳述。甲小学校と乙小学校では学校開放日,あるいは学校開放週を「コリアベトナムフェスティバル」と呼び,韓国・朝鮮,ベトナムの食文化,遊び,民族衣装,言葉に触れる機会にしている。神戸在日コリアン保護者の会と金信鏞氏はどちらのフェスティバルにも準備段階から関与し,当日ゲストティーチャーを務めるなどしている。

ティの是認」が重要であることを指摘してきた。金信鏞氏とその周囲の異文化間リテラシーの形成について述べる前に，ここで，ひとまずエスニシティとは何か，また在日コリアンにとってのエスニシティ，そしてエスニックアイデンティティに関する先行研究を概観しておくことにする。

エスニシティとは，一般的に「民族性」(研究社新英和大辞典第6版)，あるいは「ある特定の『人種』集団に属するという事実」(オックスフォード英語辞典第6版)と訳される。

ではその「民族」あるいは「ある特定の『人種』集団」とは何であろう。エスニックグループを綾部 (1985) は，「国民国家の枠組みの中で，他の同種の集団との相互行為的状況下に，出自と文化的アイデンティティを共有している人々による集団」(p.9) と定義している。Geertz (1973) は，エスニシティを生来の事実によって根拠づけられた身体的特徴，言語，慣習，歴史的認識を共有する人々のグループと見なした。これに対してバルト (1996) は，「エスニック境界論」を唱え，エスニック集団の構成員が境界を越え，アイデンティティ変更する可能性を指摘しながら，それでもなおエスニック集団の境界が集団間の社会的相互作用の結果，維持されると主張した。つまりエスニシティとは，人々の政治・経済的な配慮のもとで道具的に使われるものだというのだ。バルトの「エスニック境界論」以来，ギアツの原初主義の立場よりもバルトの道具主義に基づいて，エスニシティに関する議論がされることが多かった (石井, 2007)。

在日コリアンのエスニシティに関しては，在日コリアン2世の文化人類学者，浜本 (1995＆1996) は，通常「日本人と変わらない」というアイデンティティを持つ2世，3世世代が日本社会によるコリアン排除を見聞するにつれ，コリアンであることを隠すことによってはじめてコリアンであることを意識し，コリアンとしての実体を「自己の内部に取り込む」(浜本, 1995) という。そして，日本人として生きることを志向する青少年期を経て，親との絆を回復し，日本名を捨て（日本人としての自分を捨て）朝鮮名を名乗ることで，コリアンであるというエスニックアイデンティティを肯定的に転化させるよりどころとする事例を報告する。姜 (1995) は，民族性をもたない戦後生まれの在日コリアン2世，3世，4世の多様性を述べたあとに，自分にとってのエスニッ

クアイデンティティとは「ハイブリット」(p.55),「エドワード・サイードの言うノマド的アイデンティティ」(p.57) であると述べ，日本同化か本国志向かの二項対立では捉えられない第3の在日アイデンティティの可能性を述べている。

　自分の祖国への帰属意識，在日コリアンコミュニティでのメンバーシップ，ホスト社会におけるメンバーシップが混じり合いながら一人の人間の中に存在し，時と場合によってさまざまな立脚点を選択し，そこからの視点を提示することができる。同化圧力の強い日本の公教育を経験した多くの外国人青年が，日本人としてのアイデンティティも同時に形成しており，ホスト社会とエスニックコミュニティの連続したバルトのいう「接合部分」(バルト, 1996) に立ち，両領域を行き来しながら人生を成立させているといえるだろう。

　こうした在日コリアンのエスニックアイデンティティの選択の多様性を福岡 (1993) は「共生志向」，「祖国志向」，「帰化志向」，「個人志向」の4分類にまとめている。福岡 (1993) は1988年以降，150人を超す在日韓国朝鮮人の若者たちにライフヒストリーインタビューを行い，「生き方の選択においてきわだった特徴を持つアイデンティティのあり方」(p.88) として上記の4分類を設定している。

　それでは以下に，外国人としての視点を生かしながらホスト社会である日本の学校教育現場に提言・働きかけを行う金信鏞氏が，いかに自らのエスニシティを是認し，その上で日本社会への働きかけを目指すことになったのか，そしてその過程でどのような異文化間リテラシーを獲得していったのか，ライフストーリーから明らかにする。

2　金信鏞氏のライフストーリー

　以下に，外国人としての視点を生かし，神戸の在日コリアンの子どもたちの教育に関して，学校現場に提言・働きかけを行っている金信鏞氏のライフストーリーを追っていくことにする。

　金信鏞氏は，自らの生い立ちを教員研修や児童向けの総合学習の国際理解

教育の場で語る機会が多くあり，語り口は平易で非常にわかりやすく，整理されていた。さらに2008年4月から金信鏞氏が組織している在日コリアンの子どもたちへの民族学級（オリニソダン。後述）において自分史の講座を開講する予定があり，金信鏞氏は小学校時代の資料（卒業アルバムや写真資料）を収集しており，そうした資料を提示しながらの非常に練れた「語り」であったことも付け加えておく。

(1) 生い立ちからエスニシティの否定〈ホスト社会への同化期〉

　「1953年1月，下関の朝鮮人部落で在日2世として生まれた。4人兄弟の4番目だった。父と長兄が職を求めて神戸に移動し，残された母親と自分を含めた3人の兄弟も1961年に兄と父のあとを追い，現在の神戸市の湊川インターの辺りにあった朝鮮人部落へと移動した。父は神戸に移動するとすぐに死んでしまい，残された母が4人の子どもを育てることになった。

　民族意識の強い叔父がいたため，転入先の学校は朝鮮初級学校に行くように勧められて，最初の1日だけ通った。出席をとられて朝鮮語で『イエエ』と返事したことはよく覚えているが，1日だけ通って『嫌や』と言って，日本の学校，長田区の甲小学校の2年生に転入させてもらった。朝鮮初級学校を嫌い，日本の学校を選んだのは，下関を転出するときみんなの前に立たされて，担任の教師に別れの挨拶をさせられた。そのときに『金は今度神戸に行く。どこへ行っても朝鮮人は朝鮮人でどうしようもない』と言われた。朝鮮人であることは恥ずかしい。隠さなあかんことのように思った。それで日本の学校に行きたかった。甲小では仲のいい子は1人いたけど，当時あんな多住地区で本名を名乗ってたのは自分ただ1人。今も甲小で本名を名乗る子どもは少ないが，昭和30年代もとても少なかった」。

(2008年3月13日インタビュー)

　ここで金信鏞氏は甲小学校の卒業アルバムを見せてくれたのだが，確かに民族名を名乗る子どもは金信鏞氏ただ1人であった。その金信鏞氏も，中学校入学を機に日本名を名乗るようになる。

「小学校は本名だったが，中高と日本名を名乗った。卑屈な思いが澱のように心に溜まって，在日というのは隠す存在にしか思えなくなった。丁度，小学校卒業のとき，家が引っ越してみんなと違う中学校に行けた。在日の自分が消せると思って日本名を名乗った」。

(2008年3月13日インタビュー)

上記の語りは，第4章で触れたベトナム難民2世のナムの語りと鏡のように重なる。外国人の名前をもち，日本の公教育空間を生き抜く中，自らのエスニシティへの肯定感を抱けず，それを否定し，日本人化しようとする外国人少年の姿と，それを彼らに強いる公教育空間の同化圧力が浮かび上がる。

(2) エスニシティの是認〈ホスト社会からの分離期〉

その後，金信鏞氏は大学に入り，世界が広がり，民族的な仲間を得ることでエスニシティへの肯定感を得ることになる。

「大学に入って，世の中は全共闘の時代で，反入管運動に関わった。自分でも歴史を勉強するようになる。朝文研などで，さらに勉強している先輩と出会う。そうするとコリアンであることを隠しているのはおかしい，隠さねばならないという状況自体がおかしいと気づくことができて，大学で日本名を捨てて本名に戻した。

大学では弁護士になりたくて，勉強していた。ほかの兄弟3人は皆中卒で働く中，自分だけは大学にまで行けた。親や親戚の期待もあった。ところが司法試験は朝鮮籍でも受けられるが，司法修習は日本籍でなければ受けられないという詭弁のようなトリックを知った。当時朝鮮名で弁護士がすでにいたので，朝鮮籍でも大丈夫なんだと思っていた。指導教官は『法学部を挙げて支援するぞ』と言ってくれた。しかし自分の中で弁護士への思いが急速にしぼむのを感じた」。 (2008年3月13日インタビュー)

家族，親族の期待を受け大学に進学した金信鏞氏は，そこで朝文研という

居場所を得て同じ境遇の在日コリアンの青年たちと出会い，エスニシティの是認，在日コリアンの日本移住の経緯に関する知識などを獲得し，日本人への過度な同化志向を改めることになる。そして弁護士として日本社会で活躍することを志しながら，在日外国人の司法分野への参入を排除する制度的な壁にぶつかり，日本ホスト社会によるマイノリティの排除を経験し，結果として，日本社会での活躍をあきらめ，在日コリアンとしてエスニックコミュニティで活躍する道を選ぶ。

　「大学卒業後，東京に出て民族団体の専従の活動家になった。井上光晴の小説なんかに影響されて１世の生き方に学びたかった。そこでさまざまな活動家に出会って『やっぱり東京だ』と思った。崔洋一，『異邦人の河』の李学仁，『潤（ユン）の街』の金佑宣。綺羅星のような人々と出会った。しかし４年後，組織があまりに教条主義，個人崇拝に陥っていくのを感じて，1980年頃，民族団体を辞めて神戸に戻った。
　神戸に戻ってからは，どうやって食おうか模索しながら，長田区で何かしたい，と思っていた。しかし当時ファシズム政権が韓国にあって，悶々としながらも，活動には関わらず，自営業を営み，普通にあくせくと生活をしていた，それが80年代の日々だった」。（2008年３月13日インタビュー）

　日本社会で弁護士になることをあきらめ，１世の生き方に学ぼうと，エスニックコミュニティでの活躍，すなわち，民族団体での専従活動家への道を歩んだ金信鏞氏は，ホスト社会との関わりを弱め，エスニックコミュニティとの関わりを強める。しかし，民族団体の方向性への不賛同から，氏は東京での暮らしを切り上げ，神戸に戻ってくる。しばらく彼はコリアンの視点からの社会活動を休止し，自営業を営みながら，家族との平穏な暮らしを営む日々を送る。

(3) 外国人としてのホスト社会への意見表明〈ホスト社会への統合期〉
　金信鏞氏のコリアンの視点からの活動が再び始まる。それは子どもの保護者としての活動であった。ここに至り，金信鏞氏は在日コリアンの視点を生

かし，日本ホスト社会をより多文化的に成熟した方向へと，変容を促す活動を開始する。

「1990年代，現在25歳の上の子どもが学齢期になって学校に行くようになると，とにかくいじめを受けた。本名で地域の小学校に行くと，『からかい』は半端ではなかった。『キム，キム，キムチ，韓国に帰れ！　朝鮮人学校へ行け』と，自分が教育を受けた戦後と学校風土が何も変わっていない。悔しい。腹が立つ。どうしてそういうことが起きるのか。子どもの行ってた学校の職員会議でも話させてもらった。だが『人の嫌がることはやめましょう』のような話がされるだけ。そうではないだろう？　保護者として何とか，日本の学校を変えねばならない，と活動を再開した」。

(2008年3月13日インタビュー)

こうして金信鏞氏は，「神戸在日コリアン保護者の会」を結成し，外国人としての視点を生かしながら，学校現場への意見表明・働きかけといった活動を始める。

金信鏞氏の語りは，在日コリアンの置かれた背景を明確にしながら，同時にその中で差別を受けた小学生の金信鏞氏，そして差別を受けた息子の保護者である金信鏞氏という顔の見える，名前をもつ個人としてその痛みを聞く者に伝えている点を指摘したい。

この時点で金信鏞氏はすでに「エスニックマイノリティ独自の意見・視点を認識・発信する力」という異文化間リテラシーを形成していたことが推察される。

3　「神戸在日コリアン保護者の会」の活動

金信鏞氏の組織した「神戸在日コリアン保護者の会」は，その活動の方向性については当初よりさまざまな議論にさらされた。

コリアンの保護者会活動は決して神戸のみで行われているわけではなく，全国のコリアン多住地区でその活動が展開した。金信鏞氏自身1990年代の

在日コリアンの活動を「保護者会運動の時代」と位置づけ，下記のように語っている。

　「あまり言われていないが，90年代の在日コリアンの活動は『保護者会運動』の時代だと思っている。兵庫，奈良，大阪，東京，福岡等，在日コリアンの多住地域ではかつての学生運動家たちが子どもを生み，育てだした。奈良の保護者会は学生運動の仲間がそのままやってるから，大変仲がよくて横のつながりも強い。そういう中で多くの保護者会活動は『行政交渉』の運動が主流だったが，神戸での私たちの活動は，教師とつながり，名前のことで悩む子どもを教師とともに支えるような活動にしたかった。行政交渉一辺倒の活動とは一線を画するような活動にしたかった」。
(2008年3月13日インタビュー)

　事実，金信鏞氏の神戸での活動と並行する形で，兵庫県全域を活動エリアとした保護者会が行政交渉を活動の主眼において展開していた。そうした行政交渉を重視する兵庫県コリア保護者の会と，方向性を異にする金信鏞氏は議論を重ねることになる。

　「ずいぶん叩かれましたよ。当時，兵庫県保護者の会がすでにあった。行政交渉も大事だけど，それだけでは子や親の姿が見えない。地域に入っていって，地域の人に見えるような活動がしたかった。別に先行の兵庫県保護者会に対して批判的に設立したわけではなかったけど，なぜ一緒にやらない，なぜ輪に入らないとずいぶん叩かれて，長時間，電話で罵倒されもした。だけど20年経って，今，兵庫県保護者会はなくなってしまった。行政交渉をおもな活動にしたところは世代交代が難しい。子どもの現場をもって，はじめて活動に携わる人の世代交代ができる。教師ともつながれる。行政交渉を『上の活動』とすると，子どもに関わる『下の活動』も必要。両方が必要だったんだと思う。(中略)
　活動開始からそろそろ20年，行政交渉を目指した保護者の会が（兵庫コリアン保護者の会も含めて）姿を消していく中で，子どもの現場を大事に

した『神戸在日コリアン保護者の会』は若い世代の参加もあり，活動が存続している」。
(2008年3月13日インタビュー)

　兵庫県や他の自治体のコリアンの保護者たちが行う，行政と渡り合い，時には敵対するような「行政交渉」の成果を認めながらも，金信鏞氏は現場の教員との対話を繰り返し，コリアンの子どもと日本の子どもを中心に置き，コリアンや日本の保護者，教員などすべての人々に響く言葉を探し，語る。そのような努力を経て多くの関係者が手を携え，共によりよい学校風土作りを目指す活動を志向する。この運動の「ソフト化路線」とでもいうべき志向性が，教育現場から金信鏞氏への安定した信頼を勝ち取ることになっていく。

　学校の教師や日本社会の人々と協力が可能で，さらに若い世代が活動に参加し，持続的に活動を続けていくために，コリアンの保護者の活動はどうあるべきか。学校現場の教師たちと対話を重ねながら金信鏞氏は，「**他者との対話を通じた自己変革力**」という，異文化間リテラシーを形成していったといえよう。

　そうした対話から，金信鏞氏の周囲には，学校教育の現場で人権問題に取り組む多くの学校教員が協働作業を行うパートナーとして現れる。ホスト社会側から在日コリアンやニューカマーの子どもたちの教育問題に取り組み，外国籍児童から見た教育現場の問題点を理解しようとするホスト社会出身の教員たちが，金信鏞氏の発するメッセージを受け止め，異文化間リテラシーを形成していくことになる。

4　外国人市民による日本社会への働きかけ

　金信鏞氏は，自らの子どもたちの小学校入学を機に，在日コリアンの保護者の立場から日本の教育現場への提言，働きかけを始めていくことになる。本節では金信鏞氏が立ち上げ，活動を推し進めてきた神戸在日コリアン保護者の会の活動を紹介し，その活動の中で金信鏞氏が培っていった異文化間リテラシーを観察する。

(1) 神戸在日コリアン保護者の会の活動

　神戸在日コリアン保護者の会の設立は，正式には1994年の1月であるが，それ以前，1980年代末期にも実質的活動実績があり，20年の歴史（2008年3月の時点で）をもつ。

　この会の活動目的として，コリア保護者の会では下記の2つの目的を設定している。
　(a)　コリアンの子どもと親のための場を作ること
　(b)　学校現場や教育委員会とネットワークを形成し学校風土を変革すること

これらの目的を達成するために保護者の会では，現在，多くの活動が展開されている。個々の活動を箇条書きにすると以下のようになる。
　①　オリニソダン（民族学級・ハングル教室，韓国語で「子どもの学校」の意味）の運営
　②　サマーキャンプ，交流親睦会等コリアンの子どもたちと親たちのための仲間作りの場の提供
　③　神戸市の公立学校でのコリア文化の紹介
　④　神戸市の教頭の2年次研修での講師
　⑤　現場の先生たちへの相談活動[37]
　⑥　オープンセミナーの開催
　⑦　オリニマダン（民族舞踊・音楽教室と発表会，韓国語で「子どもの広場」の意味）の運営
　⑧　神戸市道徳副教材『オリニマダン』作成委員会への参加

　活動目的(a)「コリアンの子どもと親のための場を作る活動」を達成するための具体的な活動は「①オリニソダン」，「②サマーキャンプ」などが挙げられる。

　活動目的(b)「学校現場や教育委員会とネットワークを形成し学校風土を変革すること」を達成するために行われている具体的な活動としては「③神戸

---

[37] この相談活動に関して，金信鏞氏は下記のように語っている。「現場の先生たちがよく相談に来るので相談に乗っている。マイノリティのことを教育で取り上げようと思うと相談場所がなくて困っている先生が非常に多いと感じる」（2008年3月13日インタビュー）。

表7　神戸在日コリアン保護者の会の活動

活動目的	具体的な活動	活動対象
(a) コリアンの子どもと親のための場を作る	① オリニソダン（民族学級・ハングル教室）の運営 ② サマーキャンプ，交流親睦会等コリアンの子どもたちと親たちのための仲間作りの場の提供	エスニックコミュニティ内部
(b) 学校現場や教育委員会とネットワークを形成し学校風土を変革する	③ 神戸市の公立学校でのコリア文化の紹介 ④ 神戸市の教頭の2年次研修での講師 ⑤ 現場の先生たちへの相談活動 ⑥ オープンセミナーの開催 ⑦ オリニマダン（民族舞踊・音楽教室と発表会）の運営 ⑧ 神戸市道徳副教材『オリニマダン』作成委員会への参加	公立学校教育現場とのネットワーク

市の公立学校でのコリア文化の紹介」、「④神戸市の教頭の2年次研修での講師」、「⑤現場の先生たちへの相談活動」、教員やコリアンの保護者がつながる場となっている「⑥オープンセミナーの開催」や日本の子どもとコリアンの子どもの対話を開く「⑦オリニマダンの運営」と「⑧神戸市道徳副教材『オリニマダン』作成委員会への参加」などが挙げられる。

前者(a)の目的を達成するための活動はエスニックコミュニティ内部での活動である。後者(b)の目的を達成するための活動はエスニックネットワークの外部にある日本の公立学校教育現場とのネットワークを舞台にした活動であるといえるだろう。

それではこれらの活動の中から「①オリニソダンの運営」、「⑥オープンセミナーの開催」、そして「⑦オリニマダンの運営」と「⑧神戸市道徳副教材『オリニマダン』作成委員会への参加」の活動を取り上げ、具体的に解説する。

(2) 具体的な活動①「オリニソダン＝民族学級・ハングル教室」

オリニソダンの発足は，1995年の9月である。その年の1月に阪神大震災があり，長田区のコリアン多住地域は甚大な被害を受けた。その際，大阪の民族学級を支えてきた講師や保護者が毎週土曜日にボランティアとしてやって来て子どもの心のケアをしてくれた。震災後，大人が大変だと子どもは放って置かれる。そういう子どもに毎週週末，大阪から100人ものボラン

ティアが来て，当時避難所になっていた若松公園，己小学校，甲小学校，壬小学校などに分かれて韓国料理の炊き出しを行ったり，キムチを作ったり，チャンゴ（朝鮮半島の太鼓）で遊んだり，チョゴリなどの民族衣装を着せたりしてくれた。

　金信鏞氏はそうした大阪からのボランティアの受け入れにあたる。当時の状況を下記のように語る。

　「たいていが日帰りだったけど，夜，我が家に泊まった人もいた。夜，焚き火を囲みながらそういう大阪の民族学級ボランティアの人々と触れ合って『民族っていいな』という思いが募った。震災当時，多文化共生ということが語られる一方，こういう民族だけの時間を大切にすることも必要だと考えた。そのときの衣装やチャンゴが神戸に寄付された。最初，『己小学校にどうか？』と打診したみたいだったけど，結局こっち（神戸在日コリアン保護者の会）でもらった。2ヶ月くらい毎週土曜日来てくれた大阪からのボランティア活動に触れてノウハウをもらったというか，『これはおもしろい！』と思った。大阪ではこういう風にやってるのか！と。当時大阪に民族学級は小学校に100校，中学校に60校あり，神戸にはゼロだった」。
（2008年3月13日インタビュー）

　この「大阪の民族学級のボランティアの人々」とのつながりは，現在のコリアNGOセンター（在大阪）との結びつきへとつながっていく。現在でも，民族教育についての困難に出会うとコリアNGOセンターに相談するなど，ネットワークとして機能している。

　こうして大阪の民族教育を担う人々から寄付された民族衣装やチャンゴを活用して，神戸で韓国・朝鮮語や民族音楽を子どもたちに教える民族学級を公立学校教育の枠組みで始めようと金信鏞氏は教育委員会に要望を出す。だが，教育委員会の反応は「けんもほろろ」だった，という。そこで金信鏞氏は，神戸在日コリアン保護者の会独自の活動として，西神戸YMCAや勤労者センター，シューズプラザなどを借り，毎週土曜日に民族学級オリニソダンを始めたのである。

その後，神戸市国際交流センターから，アジア交流センターというスペースを作ったので，そこを活用してくれないかという打診を受ける。しかし，スペースは十分ではなく，チャンゴなどを叩くのは難しい。そこでシューズセンターや勤労者センターなどと併用しながら，民族学級を続けていくことにする。

　こうした経緯で始まった民族学級オリニソダンを学校教育の中に位置づけてほしいと金信鏞氏は願い，神戸市教育委員会との話し合いを重ね，2004年1月，当時，神戸市教育委員会人権教育課にいたN指導主事と地域の小学校校長で会議を開いた。その日の話し合いを金信鏞氏は下記のように語った。

　「集まったのは教育委員会のNさんと自分，そして甲小，己小，康小の校長の5名。そこでこちらから『10年来教育委員会に要望を出している。教育委員会が動くのを待っていられない。現場から校長先生方が手を挙げてください』とお願いした。そうしたら己小の校長先生が『わかりました。己小が教室を提供します』と言ってくれた。（己小学校の）校長は，『コリアを知ろう』と実践をやってみても，在日コリアンの子どもがどれだけ元気になったかわからない。『民族的な仲間作りは必要だ』と言ってくれた。それでも『自分の一存では決められないから教師や地域の理解を得るのに少し待ってほしい』と言われた。結局2ヶ月後の3月に地域や教師からの承諾を得て，2004年度4月から土曜日は己小学校の教室を借りてオリニソダン（民族学級）が始まった」。　　　　　　　　（2008年3月13日インタビュー）

　2010年からは，オリニソダンは丁小学校にも開設され，己小と丁小合計2つの小学校で毎週土曜日[38]の午前10時から12時まで，韓国・朝鮮語を中心に民族教育が行われている。オリニソダンの運営は，参加者の子どもたちから月1,000円を月謝として徴収し，その月謝からおやつのお菓子代やテキスト代を出している。ハングル語講師は金信鏞氏自身と保護者の会のメンバーや，最近まで朝鮮初級学校で教師を務めていた在日3世の女性など合計7名

38　丁小学校のオリニソダンは，2012年より水曜日の放課後15時から17時に行われることになった。

が務めているが、ボランティアベースで運営されている。

神戸市教育委員会からは「教室の提供」を主軸とした支援が行われている。十分な支援ではないが、最初の一歩は踏み出された。

現在、参加している子どもは約30名。己小、丁小だけではなく、長田区の地域の子どもが広く通い、ハングルを学び、時にはチャンゴを叩いている。

また、2008年度は韓国・朝鮮語や民族音楽だけでなく、金信鏞氏が自分史の講座も開講した。その意図を金信鏞氏は下記のように説明する。

「親が3世で、子どもが4世。そういう子どもたちに在日の歴史を伝えるのは難しい。親が伝え切れていない。アイデンティティやルーツについて年間を通じて取り組もうと思った。今、子どもをオリニソダンやオリニマダンに参加させようとしている親を見ると、民族との出会いを肯定的にできている親のような気がする。そういう自分の経験から、子どもにも肯定的な民族との出会いを経験させようとしているようだ。肯定的な民族の出会いをできるだけ多くの子どもたちに経験してほしい」。

(2008年3月13日インタビュー)

このように、金信鏞氏は「エスニシティの是認」の重要性を語る。この取り組みは「コリアンの子どもたちに場を提供する」ことを目的に始まっているが、金信鏞氏は教育委員会や地域の小学校の校長と粘り強く対話を繰り返し、神戸市の小学校教育の中に公的に位置づけられるべく、活動している。大阪の民族学級をモデルにしつつ、神戸にも公教育の枠組みでマイノリティへの教育の実施に向け対話を重ね、十分ではないが、「教室の提供」を中心とした支援を得ている。金信鏞氏はこれにとどまらず、学校現場とのさらなる連携の道[39]を探っている。

---

39 平日の放課後の開催の可能性や毎年4月のオリニソダンへの参加案内チラシの配布を学校に依頼しているが、その際、オリニソダンの存在を在日コリアンの子どもたちだけでなく、すべての子どもたちに伝え、「多文化教育の資源」として活用する可能性などを探っている。

(3) 具体的な活動②「オープンセミナーの開催」

　次に，神戸在日コリアン保護者の会が開催するオープンセミナーについて記述する。「オープンセミナー」とは，年に1回，在日コリアンに関わる先進的な人権教育を実践している小学校教員等を招き，地域の小学校関係者（教員や保護者）を前に実践例を発表してもらう活動である。2012年で22回を迎えている。

　活動当初はどのような教員がどのような実践をしているか情報がなかったため，兵庫県外国人教育研究協議会や全国同和教育協議会の活動をしている高校教諭に「小学校レベルでよい実践をしている先生」を紹介してもらった，という。そしてそのオープンセミナーの場で実践例を報告してもらい，「教師とコリアンの親がつながりを作る場」と同時に「志のある教師が前に出る機会を作って，志をもつ教師と教師がつながる場」を作ることを目指した，と金信鏞氏は語る。

　2008年6月22日に長田区の甲小学校図書室において催された第18回オープンセミナーに私が参加したところ，約40名の参加者がおり，そのうち自己紹介時に確認できただけで25名の地域の教員，学校長，教育委員会関係者が参加しており，残りは在日コリアンの児童の保護者，コリア保護者の会の関係者，そして私であった。教員はすでに人権教育に取り組む中堅もしくは校長クラスの先生が主流だったが，2名の若手教員が参加しており，2名はいずれも辛小学校の賀来校長[40]に伴われて参加したということだった。

(4) 具体的な活動③「オリニマダンと道徳副教材『オリニマダン』」

　オリニソダンが始まった3年後の1998年から，チャンゴなどの民族楽器・舞踊の発表会であるオリニマダンの開催が始まる。

　学校行事との関連で毎年12月の初め，協力関係にある小学校の体育館などを会場に開催する。

　「始めたときはコリアンの子どもたちのための『場』を作ろうと思った。

40　賀来校長に関しては本章5で詳述。

在日コリアンの子どもが集う場とはどんな場か，現場の先生たちとも議論した。ここ10年コリアン社会の多様化は激しい。オリニソダンに来る子も半数が日本国籍。ウリナラ（私たちの祖国）への思いが今の親や子には通じない。コリアンであることの引っかかりが弱くなっている。習い事の一つのように（オリニソダンに）通ってくる子たちがいる。書類上，コリアンと現れない子が根を張っている。そういう子がオリニソダンに顔を向けない。向けさせない学校風土もある」。 　　　　　(2008年3月13日インタビュー)

　民族学級であるオリニソダンに顔を向けない子どもたちがコリアンであることを肯定できる場を作ろうと，民族舞踊・音楽の発表の場であるオリニマダンは始まる。そしてオリニマダンが始まった1998年以来，10年の活動の中でオリニマダンはコリアンの子どもたちのためでなく，日本人児童のための場にもなっていく。

　「大阪の民族学級は日本社会に対して閉鎖的と聞いたことがある。子どもたちは放課後こそこそ民族学級に通う。民族学級に子どもたちが来やすい取り組み，学校の実践の裏づけなしで，学校の実践と離れてはならない。コリアンであることのプラスの価値を周囲に認められて，はじめて民族的実践は価値をもつ。
　学校風土を変えさせるためにも，コリアンの子だけでなく，日本の子どもにも参加する場としてオリニマダンを見に来てほしいと願った。コリアンの子だけでなく日本の子との関係性を大事にしてほしい。
　2007年12月の第10回オリニマダン発表会は，合計約800人の参加者を数えた。第9回オリニマダン発表会から参加者がぐっと増えた。参加者も在日コリアンの子どもと関係者ばかりではなく，甲小，乙小，壬小などは教員が在日コリアンの子どもたちだけではなく，学年全体を引率して団体で来てくれた。そのおかげで在日コリアンの子どもだけでなく日本の子どもも来てくれるようになった。また20名ほどの先生たちがボランティアで会場設営や受付なども手伝ってくれている」。
　　　　　　　　　　　　　　　　　　(2008年3月13日インタビュー)

神戸市在日コリアン保護者の会による民族舞踊・音楽を披露するオリニマダンの一場面（上下とも）。

私は2008～2011年，第11～14回オリニマダン（持ち回りで地域の小学校体育館で開催）において参与観察を行った。そこには，民族舞踊を発表する立場の在日コリアンの子どもたちを引率してやって来る公立小学校の教員たちや，当日ボランティアとして会場設営や受付業務を行う公立小学校教員，在日コリアンの保護者たちの姿があり，さらには学校の教員に引率されてやって来る日本人児童の姿も多く観察された。また，長田区周辺の小中学校の校長や教育委員会のスタッフが来賓として多数参加していたことも観察された。
　最近の参加者の増加や校長や教育委員会のスタッフの来賓としての参加の原因を，金信鏞氏は神戸市教育委員会が作成した道徳副教材の『オリニマダン』が影響していると分析している。

　「もともと小学校で使用していた道徳の教材『あゆみ』には『チマチョゴリ』というタイトルの在日関連の文章が入っていた。だが，問題があるということで運動体に叩かれた。そこで神戸市独自の副教材を作ることになった」。　　　　　　　　　　　　　　　（2008年3月13日インタビュー）

　そして人権教育に関わる小学校教員，教育委員会，神戸在日コリアン保護者の会からも金信鏞氏らが参加して，「小学校人権教育指導資料作成委員会」が結成された。2003年発行の道徳副教材『オリニマダン』は，神戸在日コリアン保護者の会が主催する民族舞踊・音楽発表会オリニマダンを舞台に展開する下記のような物語である。

　日本人少女真紀が主人公。毎年開かれるオリニマダンに出演するため練習を重ねる在日コリアンの友人明美（ミョンミ）を応援にオリニマダンの発表会に行きたいが，父親が「そんな場に日本人の真紀がわざわざ行く必要はない」と許してくれない。練習を見学に行き，オリニマダンに参加している学校の担任教師や明美の姉などの話を聞いて，ぜひ見に行きたいと思い父を説得する。また，明美は同じコリアンなのにオリニマダンに行く

のを拒否し，コリアンであることを頑なに隠す卓ちゃんを心配し，主人公に相談する。主人公は「<u>みんな一緒なのに，（コリアンであることを）気にせんでええのに</u>」と言う。すると明美は「一緒と違うよ」と言う。オリニマダンの日，瞳を輝かせ，チャンゴを叩く明美の姿を見ながら真紀は「一緒と違うよ」という明美の言葉の意味を考え，今日の経験を父や周囲に伝え，「卓ちゃん」のことを明美と一緒に考えよう，と思う。（下線部は筆者による）

この教材の作成委員会に加わった金信鏞氏は下記のように語る。

　「在日のしんどさを強調する話ではなく，在日像の可能性が感じられる教材で，神戸ならではの話にしたかった」。　（2008年3月13日インタビュー）

その狙いどおり，主人公である日本人少女「真紀」の目を通して，級友でオリニマダンに参加する在日コリアンの少女「明美（ミョンミ）」や，コリアンであることを隠そうとする「卓ちゃん」，オリニマダンを真紀が見学することを最初警戒しながら，真紀の説得に理解を示す父親の存在など，オリニマダンの周辺の日本人とコリアンが現実に即した形で登場し，神戸のコリアンの子どもたちと日本の子どもたちの関係を考えさせる構成になっている。また，友好的な明美と真紀の間に一瞬緊張が走る原因となる，真紀の「みんな一緒なのに，（コリアンであることを）気にせんでええのに」という言葉かけは，マジョリティである真紀からマイノリティである明美へのコリアンであることをマイナスと捉えた上での，マジョリティへの同化を前提とした差別性を含んだものであることが示唆される。しかし，この〈みんな一緒〉の差別性は，マジョリティであることに安住している限り感知することが難しい。それをマイノリティからの視点から「一緒と違う」ことを提示することで，そこにある「差別」を含んだ「同化」の存在を可視化させている。

現在神戸市内の169の公立小学校のうち33％の60校近い小学校が，この教材を使っている。この教材普及が実在のオリニマダンの知名度を上げ，参加者増加につながっていったことが推測できる。

「12月の発表会のために10月と11月に集中的に練習する。それ以外は月1回程度しか練習しない。在日＝チャンゴという図式はなんとなく嫌なので」。
(2008年3月13日インタビュー)

この12月のオリニマダン以外では，兵庫県外国人教育研究協議会の年次大会や震災関連の神戸市の行事など年に3～4回の民族舞踊や音楽の公演を神戸在日コリアン保護者の会は引き受けているという。

(5) 多文化共生社会構築力

以上，神戸在日コリアン保護者の会の具体的な活動を概観した。これら金信鏞氏の展開する神戸在日コリアン保護者の会の活動の特色は，神戸の在日コリアンの子どもたちへの支援を大きな目的としながら，コリアンの子どもたちの周囲の学校の教員，日本人児童への働きかけも同時に行っている点である。コリアンの子どもの親としての思いを神戸の人々に共感できる形で伝え，ホスト社会の人々も活動に巻き込み，神戸という町全体をマイノリティにとってもマジョリティにとっても住みやすい町へと変えていこうという点に注目したい。

「オリニマダン」というコリアンの子どもたちのための「場」が道徳教材に取り上げられ，神戸市の3分の1の小学校で学習される。そして年に1度の現実のオリニマダンには日本の子どももコリアンの子どもも集まり，その場を共有し，コリアンの子どもたちの表現活動を通じ，コリア文化への理解を深める場になったことは象徴的である。マイノリティの問題を，マイノリティだけでなくマジョリティによる理解と自己変革への機会と位置づけることで，「在日コリアン」から見える世界をホスト社会と共有することに成功しているといえよう。

この時点での金信鏞氏は直接，交流・対話する人々を超えたホスト社会とエスニックマイノリティの間の広範囲な対話の場を開くことにより神戸の長田という地域社会を多文化共生社会へと変容させていく「**多文化共生社会構築力**」[41]というべき異文化間リテラシーを発揮していると説明できる。

次節では，金信鏞氏と長田区の学校教育関係者の間の相互作用と，そこで

形成される異文化間リテラシーについて詳しく触れたい。

5　金信鏞氏のメッセージを受け止める学校教員が形成する異文化間リテラシー

　金信鏞氏の在日コリアンの視点を生かした学校現場への働きかけは，ホスト社会である学校現場の教員たちに一定の影響力をもった。そこには，金信鏞氏の発信を受け止め，それを学校教育の充実のために生かそうとしたホスト社会出身の教員たちの異文化間リテラシーの形成があった。

　多様な活動を展開する神戸の小学校の中から，TCCのほど近くに位置する甲小学校の事例を紹介する。甲小学校において多文化担当教諭を務めている杉本先生は，外国人児童の教育に関わりだしたきっかけとして，金信鏞氏との出会いを挙げた。

　「私自身は，やはり転機になったのは金信鏞さんとの出会いだった。それまでも在日の子どもと出会うことはあったが，教員になって11年目，コリアン多住地域の小学校で2年目の年，3年生の担任になった。3年生の国語の教科書では韓国民話の『三年峠』を学習するので，そのとき在日コリアンの人々のことやコリアン文化を取り上げたくて，金信鏞さんに相談しに行ったのが始まり。

　金信鏞さんのいろんな話を聞く中，『そやな，そやな』と思うことがたくさんあった。（筆者に向かって）金信鏞さんが保護者の会を立ち上げるきっかけになった息子さんのいじめの話は聞きました？　キムキムキムチくさいって言われて。そういう話を聞くと，あからさまな差別というのは見たことがなかったけど残ってるんだと。日本には差別の現実がある。そのことをそうなんや，と。そして，知らなければ，と思った」。

（2008年3月11日甲小学校多文化担当教諭杉本先生インタビュー）

41　「多文化共生社会構築力」とは，社会変革を促す能力であり，この能力は直接，対話・交流し，異文化間リテラシーを形成する人々を超えて自らが獲得した理解や視点を第三者や地域社会に伝える仕組みをつくる能力である，と第1章にて位置づけた。

自らの子どもが学校現場で経験した差別の実体験を語る金信鏞氏の言葉に，現場の教員として認識を深め，実際に学校現場で自分に何ができるのか，杉本先生は，自己への問いを突きつける。その後，杉本先生は長田区で外国人児童問題をテーマにさまざまな活動[42]を立ち上げていくことになる。

　また，個人的に金信鏞氏とのネットワークを形成した例とは違い，辛小学校の賀来校長から金信鏞氏の活動を紹介されたと語る教員が何人かいた。

　「オリニマダンのボランティアとなったきっかけは，辛小学校の賀来校長が口コミで誘ってくれたから。賀来校長はこういうことに興味のありそうな若い教員に声をかけてくれた。そうやって賀来校長に集められてオリニマダンのメンバーになっている教員は20人くらいいる」。

(2006年8月10日乙小学校多文化担当教諭インタビュー)

　「(神戸在日コリアン保護者の会主催のオープンセミナーの帰路，セミナー出席の動機を質問したところ) 賀来先生のところで新任教員をしていて，同和教育に出会った。これは何だと，思うようなことがあった。そしてそのつながりで外国人教育に出会って，子どもの一人ひとりの違うしんどさを見ることの大切さを学んだ」。

(2008年6月22日巳小学校多文化担当教諭インタビュー)

　辛小学校の賀来校長に関しては，本章でもすでに言及している。2008年6月の神戸在日コリアン保護者の会主催のオープンセミナーにも，2名の若手教員を伴って現れている。金信鏞氏は，賀来校長との出会いを下記のように述べている。

　「賀来先生との出会いは1995年の震災のあった年。震災が起きたあと，全同教 (全国同和教育協議会) の高校の先生に紹介されて，当時震災の避難所になってた賀来先生が勤める小学校に行って，オープンセミナーに

42　杉本先生の活動に関しては次章にて取り上げる。

来て話をしてくれと頼みに行った。そのときは自分一人の実践じゃないし，今大変だからとやんわり断られて，代わりに別の小学校の先生に話をしてもらった。しかし，そのときの出会いで賀来先生が教師の立場で若い教員を育てようとしていることも知り，その後の関係へとつながっていった」。

(2008年3月13日金信鏞氏インタビュー)

「若い教員を育てようとしている」賀来校長が，金信鏞氏と神戸コリア保護者の会が主催するオープンセミナー，オリニマダンというリソースを若手教員のための研鑽の場として活用することによって，金信鏞氏は人権問題に取り組もうとする教員たちとの複数のネットワークを築いていくことになる。

毎年，地域の小学校が会場を提供するオリニマダンにおいて，私は参与観察を行ってきた。その際，多くの神戸市内の小学校教員がボランティアとして働いていた。個人で金信鏞氏とのネットワークを作り出した杉本先生の姿も，辛小学校校長賀来に紹介されて活動に加わった各校の多文化担当教諭の姿もあった。オリニマダンの開会式の折，来賓席に座った長田区周辺の小中学校の校長が紹介された。辛小学校の賀来校長の紹介のとき司会者の声が不意に戸惑ったように途切れた。賀来校長は来賓席にはおらず，一般の保護者や子どもと一緒に会場の後ろの方に立っていたのだ。「賀来校長いらっしゃいませんか？」と司会者が再度聞くと，「おお，ここだー」と賀来校長が手を挙げる。すると，会場のボランティアを務める教員やコリア保護者の会のメンバーから笑い声が洩れたのが印象的だった。緩やかではあるが，そこには仲間意識を伴ったネットワークが形成されていることを感じた。賀来校長には2008年12月のオリニマダンの席上でインフォーマルインタビューを，また2010年11月1日に約2時間のインタビューを行った。賀来校長が金信鏞氏と神戸在日コリアン保護者の会を応援し，若い教員にこの活動への参加を促す理由を聞くと，下記のように語った。

「(若手教員にコリア保護者の会への参加を促すのは) コリア保護者の会が教育実践の場と結びつかねばならない，と思っているから。金信鏞氏がしているこういう活動を教員が一緒になって支えなくては神戸の外国人教

育に未来はない，と」。

（2008年12月8日オリニマダン会場にて辛小学校賀来校長インタビュー）

　非常に強い信念に基づいて金信鏞氏の活動に協力していることがうかがわれる。
　また，賀来校長が校長から教育委員会の指導主事へと身分を変動させた2010年のインタビューでは，金信鏞氏の活動と教員，教育委員会の関係を下記のように語っている。

　「オリニソダンを大事にできる神戸（の教育界）でないとだめ。我々は信鏞さんのスタンスに賛同してやっている。北も南も思想に偏らず，公立に通う在日の子を先生と一緒にやる。既存の民族団体と距離をとって。
　あのおっさんもがっくりくるようなことを言われながら，教育委員会に協力している。それで教員は連動してやれている。信鏞さんは運動家というより，教育者。在日だけではなく，日本の子を含めて，そこを変えていかないとだめだということを信鏞さんはわかっていて，鋭い。教員は圧力をかけられたら逃げ出す場合がある。先鋭にやられると教育に根を生やしていけない。振り子の原理で反動的になってしまう。そこを信鏞さんはものすごいバランス感覚でやっている」。

（2010年11月1日賀来指導主事インタビュー）

　さらに，こうした個々の信頼関係をもとにしたインフォーマルな結びつきだけではなく，このインフォーマルなネットワークを強化する役割をもつ神戸市教育委員会の「研究会」の存在も明らかになった。

　「神戸の教員は全員，神戸市教育研究会というのに所属している。神戸市教育研究会は『教科』と『教科外』の分科会に分かれ，『教科外』の中でさらに『人権教育部』，『視聴覚教育部』，『保健部』，『図書部』などに分かれて研究会を組織している。この『教科外』の『人権教育部』の研究会メンバーにオリニマダンを手伝っている人が多い。自分の生徒を日本の子も在日の子

も引率してつれて行ったり，机を並べたり。『今度こんな行事あるよ』って誘い合ったり」。

(2008年3月11日甲小学校多文化担当教諭杉本先生インタビュー)

「校長会の下部組織『神戸市小学校教育研究会』，通称神小研と呼ばれる組織の中に国語部，社会部などの教科教育の研究会があり，図書館部，視聴覚部，特別支援部，国際教育部などとともに人権教育部が，教科外教育の研究会の中にある。教員は任意に所属研究会を選ぶ」。

(2010年11月1日賀来指導主事インタビュー)

どの研究会に所属するかは教員の希望によって決められるという。それ故に，在日コリアン教育や外国人教育に問題意識をもって取り組もうとする教員が集まってくる場となりやすい。この神戸市の教育委員会内部の研究会「人権教育部」が，金信鏞氏やオリニマダンに関わる教員の情報交換の場になっていることがうかがえる。

金信鏞氏自身も，「手伝ってくれるのは『人権教育部』の先生が多い」(2008年3月13日インタビュー) と，その存在を認識している。また金信鏞氏は，困難に出会ったときの相談相手として「民族教育に関してはコリアNGOセンターに」(同インタビュー) 意見を聞く，と話していたが，出会った困難が教育関係の場合は「教育関係なら賀来さん，教育委員会や地元の校長先生たちに意見を聞いたり情報をもらったりしている」(同インタビュー) と同時に語っており，活動を進める上でのパートナーとして，神戸市で金信鏞氏とともに活動する教員集団を認めている。

このように，賀来校長や神戸市教育研究会人権教育部を起点に集まった教員たちが，金信鏞氏との間でネットワークを形成していく。ここには，多文化共生の実践共同体というべきネットワークが形成されている。そこで彼らは金信鏞氏の発信を受け止め，それを教員同士のネットワークで共有し，さらに各自の学校での教育活動へと波及させていく。

ここで，この教員集団が形成している異文化間リテラシーは「**他者との対話を通じた自己変革力**」，「**多文化共生社会構築力**」といえるだろう。

オリニマダンの会場となった小学校の体育館の壁には，各学校での在日コリアン教育の実践の様子が模造紙に貼られて紹介されていた。

　オリニマダンの会場となった小学校の体育館の壁には，各学校での在日コリアン教育の実践の様子が模造紙に貼られて紹介されていた。そこでは例えば，自校でコリア文化に関する教育活動を行う際，金信鏞氏をゲストティーチャーとして招いて生い立ちや経験を聞いたり，コリアの楽器，遊び道具や民話の紙芝居などのリソースを神戸在日コリアン保護者の会から借りて実演してみたり，オリニマダンに自校の生徒を引率し，自分たちの学校の在日コリアンの生徒が演じる民族音楽や舞踊に触れる機会を持つなどの活動が写真入りで紹介されていた。
　こうして金信鏞氏や賀来校長，人権教育部の教員が中心となって形成された多文化共生のための実践共同体ともいうべきネットワークに参加した教員たちの学びは，各学校に持ち帰られ，そこで新たな多文化共生のための教育の輪が広がっていこうとしている。

6 ここで語ったこと

　本章では，外国人としての発信を行うことで，神戸の教育現場に大きなリソースを生み出している金信鏞氏とその周辺で，いかに，いかなる異文化間リテラシーが形成しているかを概観した。

　金信鏞氏がホスト社会において在日コリアンとしての意見を表明し，在日コリアンの立場から日本社会の変化を促す活動を始めるまでに，つまり異文化間リテラシーを必要とする活動を始めるまでに，大きく分けて〈ホスト社会への同化期〉，〈ホスト社会との分離期〉を経て，在日コリアンとしての〈ホスト社会への統合期〉を迎えている。

　福岡 (1993) が在日コリアンの4分類を「共生志向」，「祖国志向」，「帰化志向」，「個人志向」と整理したことを本章1の先行研究の項で述べた。金信鏞氏という一人の人間が，その成長の過程で「帰化志向」→「祖国（エスニックコミュニティ）志向」→「共生志向」とアイデンティティのあり方を変容させていったことが読み取れる。

　この金信鏞氏のアイデンティティのあり方の変容は，江淵 (2002) の提示した「多次元マトリックス・モデル」を想起させる。江淵はBerry (1980)，Keefe & Padilla (1987) などの論を参考に，移民や先住民族などのアメリカ主流社会とは異なる文化背景を背負った者の異文化適応過程として，単線的にアイデンティティ形成が進行するリニアモデルと区別して，ホスト社会への適応・受容の強弱，母文化への愛着の強弱の2つの座標軸が作り出す4つの象限の間を揺れながら二文化型の人間へと移行していく「多次元マトリックス・モデル」の存在を提示した（図7）。

　どちらの文化からも疎外される境界人型，ホスト社会に潜入し同化されてしまう同化型，自文化に固執しホスト社会と交わらない伝統保守型，そして自集団文化とホスト社会の双方の文化を自分のものにした二文化型＝バイカルチュラル（二文化保持者）の4類型が想定されている。「異文化への適応過程は決して直線的ではなく，いくつかの段階を行きつ，戻りつホスト文化と自集団文化の間を揺れ動くなどジグザグコースをたどりながらその人なりの安定した心理状態とアイデンティティを獲得する」(江淵, 2002, p.116) という

図7　多次元マトリックス・モデル

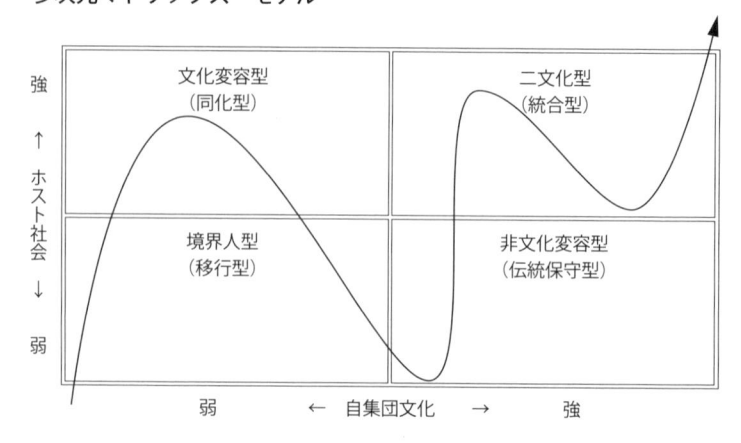

	文化変容型 (同化型)	二文化型 (統合型)
	境界人型 (移行型)	非文化変容型 (伝統保守型)

縦軸：ホスト社会　強↑　↓弱
横軸：自集団文化　弱←　→強

※　江淵 (2002)『バイカルチュラリズムの研究』(九州大学出版会) p.110より。

軌跡を描いたのがこの図7である。母文化とホスト文化，2つの文化の影響を受けながら成長する外国人青年は自分なりに2つの文化を調整し江淵のいうバイカルチュラル[43]に至る者もあるし，その段階に至らず，文化変容型（同化型），非文化変容型（伝統保守型），境界人型（移行型）という多様な状況に置かれたままになる者もある。また一人の人間がその成長過程にさまざまな適応形態を見せていく場合もある。

　ホスト社会への同化や拒否，自文化の隠蔽や強度のあこがれの間を揺れ動きつつ，2つの文化を自分のものとし，時と場合によってそれを使い分け，ホスト社会の人々に響く言葉で外国人としての意見を表明する。つまり江淵の提示した二文化人（バイカルチュラル）とは，この本で解明を試みている異文化間リテラシーを形成した人々の姿に非常に近い。

　同化，境界化によって外国人としての声を抑制してしまう者，またホスト社会と分離してしまい，ホスト社会の変革に興味をもたない非文化変容型（伝統保守型）の適応を遂げる者もいるだろう。そうした中で，境界化，同化，分離を経験しながらも，外国人としての声を維持，発展させつつ，ホスト社

43　江淵 (2002) は，バイカルチュラルを「文化的により高度な均衡状態に到達しようとするダイナミックな過程である。そのように2つの文化にダイナミックに対応する資質・能力を獲得した人間」(p.116) と定義している。

会の人々に外国人としての視点を伝え，ホスト社会を自らの将来にわたって生きていく社会としてそのより良いあり方への改革に貢献しようとする。そのような二文化人 (江淵, 2002) としての人生を選択する金信鏞氏のような外国人市民も存在している。

　金信鏞氏は小学校時代，差別的な教師の発言や周囲のからかいによって「朝鮮人であることは恥ずかしい。隠さなあかんことのように思」い，「卑屈な思いが澱のように心に溜まって，在日というのは隠す存在にしか思えなくな」り，名前を日本名に変え，中学と高校時代，日本社会に同化を試みる。江淵 (2002) の指摘する「同化型（文化変容型）」の異文化適応を示したといえるだろう。

　しかし，大学に進み，朝文研という居場所を得て，歴史を学び，先輩と出会う。そして「コリアンであることを隠しているのはおかしい。隠さねばならないという状況自体がおかしい」と感じ，名前も本名に戻す。この金信鏞氏のエスニシティの是認を支え，日本社会への同化から方向を転換させた転機となったのは朝文研という場であり，そこで得られた歴史に関する知識と先輩というロールモデルであったことがいえよう。

　この大学時代のエスニシティの是認を糧に，在日コリアンとしてのアイデンティティを保持したまま弁護士として日本社会での活躍をいったんは志すが，金信鏞氏は日本社会から司法修習の拒否という形で排除される。この参入の拒否によって氏は，日本社会での活躍ではなく，エスニックコミュニティである民族団体に活路を求める「非文化変容型（伝統保守型）」(江淵, 2002) の適応を試みている。しかし 4 年後には，「組織があまりに教条主義，個人崇拝に陥っていく」という不安から，「非文化変容型（伝統保守型）」(江淵, 2002) の適応も果たせない状態に陥る。

　そんな金信鏞氏が日本社会への関わりを再びもとうと志した転機は，「子どもの公立学校への就学」であった。自分の子どもたち，将来的には孫たちが生きていく日本社会，そこで再び過去に自分も経験した「差別的なからかい，表面的な教師の対応」に出会った金信鏞氏は，日本社会を将来にわたって自分たちが生きていく社会と見定めた上で，より良い社会にしていくために在日コリアンの立場からの発言を始めることを決意する。この時点で金信

鏞氏は,「二文化型（統合型）」(江淵, 2002)の異文化適応を果たしたことになる。

「子どもの公立学校への就学」は，将来も日本社会でやっていくという見通しを金信鏞氏に与えた。さらに，子ども世代の日本社会への参入は「社会を作り，作った社会を運営しつつ，その社会を絶えず作り変えていくために必要な資質や能力」(門脇, 1999, p.61) である「社会力」[44] (門脇, 1999) をもつことを金信鏞氏に求めたともいえる。

この時点で金信鏞氏が形成した異文化間リテラシーは，ホスト社会の中で外国人という自らの資質を肯定的に捉え直し，外国人という視点から自らの意見をホスト社会に対して発信できた，すなわち**「エスニックマイノリティ独自の意見・視点を認識・発信する力」**であるといえよう。

さて，日本の学校風土の改革とコリアンの子どもたちのための場作りを目標に，金信鏞氏は神戸在日コリアン保護者の会を立ち上げる。そして，その活動に賛同する外国人教育に取り組む教員たちと協働で，さまざまな活動を繰り広げていく。

神戸在日コリアン保護者の会の活動は大きく分けて2つに分類できる。1つはコリアンの子どもたちに場を提供するオリニソダン，サマーキャンプ。そして2つ目はホスト社会とコリアンソサエティの対話を開く活動である。2つ目の対話を開く活動には，日本の子どもとコリアンの子どもの対話を開くオリニマダンの開催と，道徳副教材『オリニマダン』の神戸市教育委員会との共同開発などがある。また，現場の教員やコリアンの保護者のつながる場となっているオープンセミナーも，この2つ目のカテゴリーに分類されるだろう。

金信鏞氏は活動を通じ，自らのメッセージをよりホスト社会に届きやすく洗練させる。具体的には，ホスト社会の教員集団と対立せずに，また南北対立や日韓，日朝間の政治的対立と一定の距離をもち，コリアンと日本の子どもを挟んでお互いが協調できるようなソフト化路線とでもいうべき活動を展開していく。この対話を通じて金信鏞氏は，**「他者との対話を通じた自己変革力」**とでもいうべき異文化間リテラシーを発揮している。また，オリニマダ

---

[44] 社会力の前提として，門脇はコミュニティへの永住意識を挙げている。

ンの開催や，そのオリニマダンが道徳副教材「オリニマダン」として広く神戸市内の小学校で学習され，オープンセミナーが学校教員の研修の場と認識されるなど，神戸在日コリアン保護者の会と金信鏞氏は地域の学校教育現場に幅広い影響力をもつ。その結果，金信鏞氏は，対面関係を超えて広く異文化間リテラシーを育む対話を神戸の学校現場に生み出す。この対面関係を超えて自らが獲得した理解や視点を，第三者や地域社会に伝える仕組みを作る能力である「**多文化共生社会構築力**」といった異文化間リテラシーを身につけ，発揮している様子が観察された。

　こうした金信鏞氏の表明する意見，提示する視点を受け取る地域の学校教員たちは，賀来校長や神戸市教育研究会人権教育部を起点に集まり，金信鏞氏も含めた形でネットワークを形成している。彼らは人権教育部の研究会だけでなく，神戸在日コリアン保護者の会主催のオープンセミナーやオリニマダンでも顔を合わせる。こうして緩やかに形成された多文化共生のための実践共同体というべき集団で，教員たちは金信鏞氏のメッセージを受け止め，「**他者との対話を通じた自己変革力**」という異文化間リテラシーを身につける。そしてそれを教育実践の場で生かし，子どもたちへ教育していくことから地域社会の多文化共生化を推し進めていく。すなわち「**多文化共生社会構築力**」をもつことになる。

　半世紀前，在日コリアンとしていわれなき差別と偏見にさらされ，一時はコリアンであることを隠蔽し，日本人に同化することを志した少年がいた。しかし，彼は過去に関する知識と適切なロールモデルを獲得できる「場」を獲得することで，「エスニシティの是認」を得る。さらなる曲折を経て，子ども世代の公教育就学を機に彼は日本社会を将来にわたって自分たちが生きていく社会と見定めた上で，より良い社会を構築し駆動していくという社会力(門脇，1999)をもつ必要性に迫られる。そして，学校現場の改革とコリアンの子どもたちの居場所作りを志して活動を始める。その活動の過程で彼は，賛同者である学校教員たちと多文化共生のための実践共同体とでもいうべきネットワークを形成し，神戸の外国人教育・人権教育にはなくてはならない教育リソースの提供者へと成長していく。

　以上，本章で焦点を当てて紹介した金信鏞氏のライフストーリーと活動実

践は，ある外国人の子どもがいくつかの転機 (エスニシティの是認，ロールモデル，正しい知識，適切な協働者，社会力の獲得) を経ることで，すべての人を含めたホスト社会にとって大きな恵みをもたらす存在になりうるという一つの例である。

　私たちは，外国人の子どもたち自身が身につける異文化間リテラシーを，そして彼らが日本の教員や級友に与える可能性をもつ異文化間リテラシーを適切に評価し，彼らを含めた〈私たち〉の社会全体の恵み，利点とすることができるのだろうか。そのためには何が必要なのか。次章においては，公立小学校に焦点を当て，考察を進める。

第6章 友だちの声が聞こえる
学校空間で育まれる異文化間リテラシー

1 ここで語ること

(1) 学校の同化圧力と異文化間リテラシー形成の可能性

　これまで私は，本書の中で学校空間における外国人青少年への同化圧力についてたびたび触れ，外国にルーツをもつ子どもたちが異文化間リテラシーを形成するためには，「学校教育空間とは距離を置」いた場に多文化共生のための「実践共同体」が設置され，そこに子どもたちが参入することの重要性を述べてきた。それは外国人支援のためのNPOであったり，街のラップグループであったり，コミュニティFMのDJ仲間であったり，あるときは朝文研のようなサークルであった。

　そのような地域のNPOやサークルなどが提供する「実践共同体」への参加の機会を得，学校空間以外の居場所を得ることができた外国人青少年しか，異文化間リテラシー形成には至れないのだろうか。居場所を学校と家庭にしかもつことができない多くの外国にルーツをもつ子どもたちは，学校空間で日本人として同化され，あるいはホスト社会からもエスニックコミュニティからも疎外され，境界化され，異文化間リテラシーの形成を阻まれた存在なのだろうか。学校空間とはただ外国にルーツをもつ子どもたちを同化し，異文化間リテラシーを形成する可能性を剥奪するだけの場なのだろうか。

　文部科学省(2007)によると，日本の公立小・中・高等学校および特別支援学校に2007年5月現在，73,000人の外国人児童・生徒が在籍している。これに含まれない日系人や国際結婚の子どもたちや，ルーツを外国にもつ子どもたちも含めれば，この数はさらに増える。

　日本の学校文化，風土については恒吉(1996)の挙げた「一斉共同体主義」，

太田 (2000) の「『脱文化化』の機関」などの言葉で，同化圧力の強さ，ほかとは異なる文化・言語をもつことがマイナスとして作用する状況が語られ続けてきた。

　梶田ほか (1997) は，外国人の子どもへの教育対応を3階建ての家に喩え，1階のフロアを異文化交流・理解，2階を日本語指導，3階を教科指導としその3階建てを支える土台として「アイデンティティの形成」を挙げ，その重要性を指摘している。しかし乾 (2009) は，1965年の文部省通達をひいて，日本における外国人児童・生徒の受け入れ方針を「日本人と同様に受け入れる」であり，「外国人の子どものアイデンティティの発揮」とは程遠かった (p.116) という。日本の外国人児童・生徒の受け入れ方針は，外国人の子どもたちへの教育対応の土台となるアイデンティティ形成を行わないまま設計されたことになる。

　重要なアイデンティティの形成・発揮の機会のない公教育空間で育つ外国人の子どもたちにとって，学校空間は「同化の空間」としてしか存在しないのであろうか。そこから逃亡しないことには，彼らはエスニシティを肯定的に捉え，異文化間リテラシーを形成するのは難しいのだろうか。日本の学校とは，「異なり」を「劣位」と読み替え，言語能力，文化背景，視点などマジョリティとは異なる個性をもつ子どもたちを同化圧力によって押しつぶすだけの空間なのだろうか。

　そこで，本章では「学校のもつ異文化間リテラシー形成の可能性」について取り上げたい。学校空間においてNPOとの協働でエスニシティの是認の場を作り出し，外国の子どものみならず日本の子どもにも異文化間リテラシーを形成する可能性を作り出した，甲小学校の取り組みを紹介する。この事例は，学校においても地域やNPOとの連携で学校内に多文化共生のための実践共同体というべきネットワーク型の学習空間を生み出す可能性を示唆していると，筆者は考えている。

(2)　神戸市立甲小学校とベトナム語母語教室

　TCCの近隣に位置する甲小学校は，全校生徒が200名を切り，各学年単学級の小規模な小学校である。甲小学校はそのうち外国人児童は30名前後で，

半数がベトナム系で残りがおもに韓国・朝鮮系で，そのほかフィリピンとアメリカ系の家庭が1家庭ずつ存在している。10年ほど前から2月の1週間をコリアウィーク，ここ数年はコリアベトナムウィークとしてコリアン文化とベトナム文化を学年ごとに学び，保護者や地域の人を学校に招き，コリアとベトナムに関する学習成果を発表する学校開放週を設定している。

また，甲小学校には2006年より兵庫県の母語教育支援センター校としてベトナム語母語教室[45]が設置運営されている。母語教室設営のため，甲小学校はベトナム語講師探しから始めた。近隣のNPOであるTCCのベトナム系自助組織の日本人スタッフ（当時）でベトナム留学経験をもち，TCCのベトナム児童向け母語教室や大学非常勤講師としてベトナム語教育を実践している北山氏を，甲小学校の母語教室の講師として迎えた。以前から甲小学校の多文化担当教諭杉本先生[46]がTCCのベトナム系自助組織が主催するベトナム理解講座に出席したり，甲小学校のコリアベトナムフェスティバルにTCCのベトナム系自助組織が協力したり，甲小学校とTCCの間の交流はあった。また北山氏は甲小学校のベトナム人保護者のほとんどと顔見知りでもあった。

現在，甲小学校では毎週1回，放課後に低学年に45分，高学年に45分間，ベトナム系児童を対象にベトナム語教室を開いている。甲小学校のベトナム語母語教室では，主教材として『たのしいベトナム語』（トッカビ子ども会編）を使用するほか，副教材として北山氏が用意した絵カードやプリント，ベトナム語カルタなどのゲーム，さらには楽器や歌も用いて指導が行われている。また，中秋節や旧正月（テト）などベトナムの年中行事の際はそれにちなんだ授業を行い，夏休みと冬休みにベトナム料理実習，試食も行うなど，座学

---

45 兵庫県は，2006年度より2010年度まで5年間にわたって，県内10〜20の小中学校をセンター校に指定し，「新渡日の外国人児童生徒にかかわる母語教育支援事業」を実施していた。この事業は，各センター校が主体となり，母語講師を外部から雇用し，母語教室を運営する，そのための人件費を教育委員会が各学校に給付するというものである。この事業の目的としては，「母語を思考基盤とする新渡日の外国人児童生徒に対し，学習言語の習得を支援するため，当該児童生徒が多数在籍している小・中学校に母語の指導ができる者を派遣する。また，母語・母文化にふれる様々な体験をとおして，当該児童生徒のアイデンティティの確立を支援する」ことを挙げている（古角, 2008）。甲小学校では，2011年からは県の事業としての母語教室事業は終了したが，神戸市教育委員会などの支援を得て現在も続行中である。

46 杉本先生は第5章に登場し，在日コリアン教育活動家の金信鏞氏との出会いを自らの教師としての転機と語っている。

だけにとどまらない教室運営がなされている。北山氏は母語教室の目標を下記のように語っている。

「ベトナム語が楽しいと思えること，ベトナム語に対してポジティブな態度がもてるようになること」。　　　　　（2008年10月16日インタビュー）

それでは，この母語教室内で育まれる「ベトナムエスニシティの是認」と，母語教室外で行われる一般生徒や教員との間で形成される「ベトナムエスニシティの是認の共有」の2つに分けて，母語教室で行われている営みを紹介する。

2　神戸市立甲小学校の取り組み

(1)　ベトナムエスニシティの是認——母語教室内での取り組み

　ベトナム母語教室で参与観察[47]を繰り返す中で，母語教室内で特徴的ないくつかのコミュニケーションの存在を確認した。一つは母語教室に参加するベトナム系児童のベトナム語使用への〈賞賛・激励〉，そして〈競争の多用〉，今一つは〈ベトナム語能力の高い子どものリソース化〉である。

(i)　賞賛・激励

　通常，母語教室には，多文化担当教諭の杉本先生が母語講師北山氏と共に教室に入り，またベトナム系児童の原学級の担任教諭もときおり補助として教室に入り，子どもの横に寄り添うように座る。指導は基本的に北山氏が行うが，北山氏の質問に対し，児童が正答すると杉本先生は「よっしゃ！　おお，すげえ」，「すごい！　先生にもわからへんのに！」と絶え間なく賞賛の言葉や励ましの言葉をかけて，「ベトナム語ができること＝すごいこと」というプラス評価を与え続けている様子が観察された。

　また，そうした声かけに対し，子どもたちも自慢げな顔をしたり，「イエ

---

[47] 参与観察の日程等詳細は巻末資料1に詳しい。

イ！」と声をあげ，喜びを表明する。ベトナム語の書き取りの時間も机間巡視をし，「お，○×ちゃんもかけた！　上手」と本人をほめたあと，傍らにいる原学級の担任に「この子はアルファベットの形を整えるのが上手やね」と声をかけると，担任も「丁寧ですよね」と2人で本人に聞こえるようにプラスの言葉をかけ，ベトナム語学習への気持ちを育もうとしていることが観察された（2008年3月6日フィールドノートより）。

　このコミュニケーションは，Re: Cプログラムのボランティアと外国人の子どもたちの間で交わされる共感を出発点にしたコミュニケーションに似ている。通常教室では，教師は生徒に対して時間内に一定の教育成果を上げさせるためにそれなりに厳しい態度で臨むが，母語教室においては，定められた達成目標もなく，教師役は北山氏が引き受けてくれている。ここでは多文化担当教諭の杉本先生や原学級の担任教諭は「教師」の座を降り，子どもたちに寄り添い，賞賛し，励ます存在に変化していることが観察された。

(ii)　競争の多用

　語彙確認などの学習活動で，子どもたちにやる気が見られない場合，母語講師の北山氏が，子どもたち同士を競わせることで学習へのやる気をかき立てる場面が何度か観察された。例えば，赤い，長い，太いなどの形容詞をベトナム語で述べ，それらの形容詞が修飾するのにふさわしいベトナム語の名詞を子どもたちに挙げさせていたが，クラスの雰囲気は盛り上がりに欠けていた。そこで北山氏は，子どもたちの名前を黒板に書き，正答するたびにその子どもの名前の横に「正」の字を書く形で得点を記していった。途端にクラスの雰囲気は一変し，特にベトナム語能力の高い子どもたちは勝利を目指して激しく競争を始めた。例えば，「赤い」という形容詞が修飾する名詞を答えたい児童は「林檎って何ていうんだっけかな〜！　昨日かあちゃんがその言葉言ってたんだけど何だっけかな〜」と苦悶するなど，競争に勝ちたい，そのためにベトナム語を思い出したいと，自分の中の知識を総動員している様子が観察された（2009年8月24日フィールドノートより）。

　また，副教材としてベトナム語単語カルタを使うなど，ベトナム語運用能力が高いほどゲームの勝利に結びつくような教材が用意されており，ベトナ

ム語ができることが喜びと感じられるような工夫がされていた。

　多様なベトナム語能力をもつ子どもたちは，こうした競争への参加を通じて，よりベトナム語の勉強をしよう，親との会話を活発にしてベトナム語能力を身につけよう，という母語学習へのモチベーションが備わっていく様子が観察された。

(iii)　ベトナム語能力の高い児童のリソース化

　また，来日したばかりで日本語能力が十分でないが，ベトナム語の堪能な児童は，生きたベトナム語をしゃべれる人材として母語教室内で重要な役割を演じる。例えば甲小学校で年賀状を書く授業の際には，来日間もない少年が母語講師北山氏とベトナムの正月の習慣を語り合い，その後他の母語教室のメンバーに「今の話わかった？」と北山氏が話を振る(2009年12月17日フィールドノートより)。

　来日間もないということもあり，原学級では日本語が堪能でない彼は活躍の場が少ないが，母語教室では貴重な現代ベトナムの情報を母語教室にもたらすリソースパーソンとして受け入れられ，ベトナム系児童の賞賛を浴びる。原学級とは異なる，ベトナム文化との親和性をコア（中枢）とするまとまりが母語教室の中で形成されている様子がうかがえた。

(iv)　コア形成

　これらの母語教室内の特徴的なコミュニケーションから，ベトナム語能力を中核としたベトナム文化への親和性が「ほめられるべきこと」，「良きこと」という共通認識が母語クラス内で醸成されていく様子が観察された。

　ベトナム系の子どもたちは，母語教室の外の原学級では同化圧力にさらされ，ベトナム語能力を中心としたベトナム人性，すなわちエスニシティの表出を抑え，「みんなと一緒」に振る舞おうとする。そんな彼らが母語教室の中ではエスニシティを是認され，ベトナム人であることを求めようとする。この自らのエスニシティを求める活動を「コア形成」活動と名づける。すなわち，この母語教室のメンバーの場合，「コア形成」活動とは，母語教室内部でベトナム語能力を中心としたベトナム文化への親和性をもつことを是認し，それ

を高めるために努力する営みのことである。

(2) ベトナムエスニシティの是認の共有――母語教室外部での取り組み

次に母語教室内部で形成された「ベトナム人であること」、「ベトナム語がしゃべれること」を良きこととして是認するという共通認識を，母語教室外の原学級の級友，教職員，保護者らとの間で共有していく様子が観察された。具体的には〈ベトナム調理実習〉と〈ムアラン（ベトナム獅子舞）の習得と披露〉そして〈ベトナム系保護者の戦争体験の一般教室でのリソース化〉等の場でのことである。

(i) ベトナム調理実習

甲小学校では年に2回，学校主催でベトナム料理の調理実習が行われている。2009年度は8月26日（夏休みの母語教室の3日間講座の最終日）と1月6日に開催された。甲小学校ではこの日を教員研修（多文化教育）と位置づけ，教職員全員が参加し，ベトナム系児童の保護者の指導のもと，バインセオ（ベトナム式お好み焼き），シントー（フルーツジュース）（8月26日）やフォー（ベトナム式麺）（1月6日）を作成した。子どもたちも前日から材料の買出しなどに携わり，当日も実際に調理を担当する。母語教室の子どもたちにとっては，ベトナム文化に精通した者として教員を指導する保護者の姿を間近に目撃する機会となる。このほか甲小学校では，PTAの文化講習会としてもベトナム調理実習が開催され，ベトナム人保護者を指導役に一般保護者がベトナム料理を学ぶとともに試食する機会がもたれている。

ベトナム料理作りをベトナム系の保護者が指導し，それを教員，保護者が学ぶ。教員がベトナムの食文化に興味をもち，保護者に質問し，その知識や技術を学ぶ姿，また親が誇りをもってベトナム食文化を伝える姿，そして，そこにいる人々がベトナム料理を実際に味わい，「おいしい」と言う姿に子どもたちは触れる。これによって子どもたちは，ベトナム食文化は「学ぶべき価値のあるものである」という認識を形成し，その場にいる人々がその認識を共有していることが観察された。

(ii) ムアランの習得と披露

　2007年末より甲小学校では，多文化担当教諭杉本先生の発案で，ムアランを母語教室メンバーで習得し，コリアベトナムフェスティバルで全校の前で披露するという活動を行っている。ムアランを母語教室の学習活動に取り入れたいという杉本先生の希望に，北山氏が八尾のベトナム人自助組織から講師を招聘し，獅子頭の購入の段取りをつけた。また北山氏は姫路で行われているベトナム人小学生によるムアランのビデオを甲小学校に提供し，甲小学校のベトナム母語教室メンバーのムアラン習得をサポートした。

　ムアランという表現活動を行うことで，これまで母語教室内部で蓄積してきた「ベトナム文化に親和性をもつことの是認」が広く母語教室の外の級友，教員，保護者の間で共有されていくことになる。

　初披露の直前，2008年2月7日，体育館における最後の通し稽古のとき，杉本先生は，母語教室メンバーの原学級の子どもたちを体育館に招き，母語教室のメンバーによるムアランを観賞させた。演技冒頭のベトナム語の堪能な当時6年生のアンとオアンによるベトナム語と日本語での活動紹介と挨拶，そしてムアランの演技までを観賞させ，演技が終わると，原学級の級友たちに感想を言わせる。級友たちは口々に「すごい！」「（冒頭のベトナム語挨拶を担当したオアンに対して）何でそんなにベトナム語が上手なの？」と，ベトナム系の子どもたちへ賛辞を浴びせた。そうした原学級の級友から賛辞を受ける場を，杉本先生は意識的に作り出していることが観察された。

　また，ベトナム語能力に自信がなかったり，言語習得には消極的であった児童も，ムアランには非常に熱心に参加したということも観察された。特に2009年度の6年生の少年は，夏の3日間の母語教室で「ベトナム人の子どもだけが集められる母語教室へ参加することの苦痛」を原学級の担任に語るなどしていたが，2010年2月のコリアベトナムフェスティバルでのムアラン披露では，最大の獅子頭の演者としての役目を果たし，他のメンバーに対しても「やるからには，真剣にやろう！」と檄を飛ばすなど（2010年2月3日フィールドノートより），母語教室メンバーの中心として成長を見せ，原学級担任もその姿に母語教室の存在の意義を再認識している様子が観察された（2010年2月5日フィールドノートより）。

また多文化担当教諭は，ムアラン披露のたびにベトナム語のチラシを作り，ベトナム系の保護者にも催しへの参加・鑑賞を呼びかけた。保護者たちは子どもたちの演じるムアランを見て，「この学校に子どもを通わせてよかった」（2008年2月15日フィールドノートより）といった感想を漏らしたり，「ムアランはもっと激しくこんな風に！」と演技後，興奮して演技指導をしてくれる親もいたという（兵庫県在日外国人教育研究協議会年次大会における杉本先生の発表より）。そして2008年度には，子どもたちのムアランの衣装をベトナム系の保護者が制作し，本国でムアランの経験のある保護者が学校を訪れ，演技指導にもあたった（2009年3月12日杉本先生インタビューより）。さらに2010年には，ベトナム系保護者によりムアランの音楽を担当する学童への楽器の指導も行われた（2010年1月21日，2010年2月3日フィールドノートより）。このムアランの習得と披露は，通常コミュニケーションの難しいベトナム系保護者が学校に心を寄せ，学校との共同作業を行う契機となっている。

　杉本先生は，この母語教室での活動を「ベトナム人であることを誇りに思えるような種を撒いている」（2008年3月11日インタビュー），「素敵なこと，楽しいこと，いいことで子どもたちをベトナムと出会わせたい」（2008年2月10日兵庫県在日外国人教育研究協議会での発表より）と述べて，自尊感情の育成，すなわちベトナム生まれのルーツをプラスに捉え直させる場として考えていることを語っている。そして，2010年のコリアベトナムフェスティバル直前に行われたムアラン通し稽古のあと，杉本先生は母語教室のメンバーに下記のように語りかけた。

　「君たち（母語教室のメンバー）には他のみんな（原学級の級友）は知らんことができる。それは他の子にはできないことで，それができるのはすごいこと。でも真剣に一生懸命やらないとみんなに『すごい』が伝わらない。最後にみんなに拍手してもらえるよう頑張りましょう」。
　　　　　　　　　　　　　　　　　（2010年2月3日フィールドノートより）

　ベトナムにルーツをもち，その文化に親和性をもつことをプラスに捉えることを強力にメンバーに訴え，それを母語教室外の級友との間で共有しよう

コリアベトナムフェスティバルで披露された母語教室メンバーによるベトナム式獅子舞ムアラン。

と呼びかけているのである。みんなと一緒ではないこと，すなわち「違い」は劣位性ではなく，独自の能力をもつことである。それを自覚し，母語教室の外部ともその視点を共有しようと試みていることが観察された。

　母語教室のメンバーがムアランという目に見える形でベトナム文化を表現することで，母語教室のメンバーの内部だけでなく，周囲のより広い範囲，すなわち，原学級の級友，保護者，教職員との間でベトナム文化と親和性をもつということは良きことである，という共通認識を構築していることがうかがえた。

(iii)　ベトナム系保護者の戦争体験の一般教室でのリソース化

　2006年度，2007年度，2009年度から2011年度まで多文化担当教諭を務め，ムアランをプロデュースした杉本先生は，2008年度のみ，その任を離れ，6年生の担当になった。1学年1学級の甲小学校の2008年度の6年生

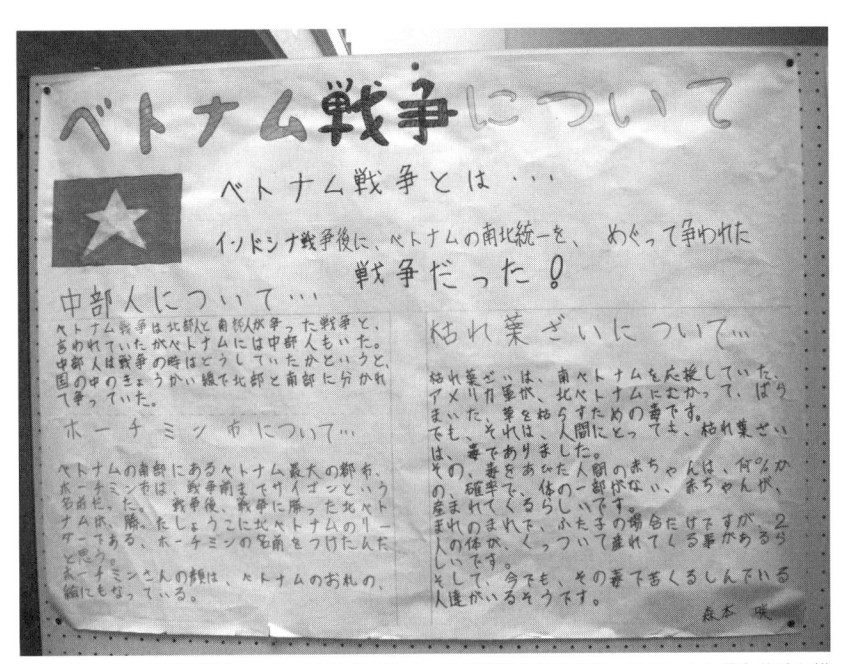

甲小学校，調べ学習「戦争」で，6年生はベトナム系保護者から聞き取ったベトナム戦争体験を模造紙にまとめて発表した。

には，2007年度以来，ムアランで中心的な役割を果たした5名の児童がいた。2008年度，教諭は6年生と共に「戦争」をテーマに調べ，学習をすることにした。杉本先生と北山氏は，ベトナム系保護者とベトナム戦争の体験を授業で語ってもらえるように，家庭訪問を繰り返した。3家庭のベトナム戦争体験者である保護者がインタビューに応じ，躊躇する保護者を説得し，1人の保護者が2009年2月，甲小学校の6年生に対し，ベトナム戦争体験を語ることになった。杉本先生は，2006年度，2007年度の2年間の多文化担当教諭として築いた，北山氏やベトナム系の保護者との信頼関係とネットワークを生かし，「ベトナム人であること」，「現代ベトナムを生き抜いたこと」を語る保護者の経験を普遍的な教育リソースとして，ベトナム系の子どものためだけでなく，甲小学校6年生の教室全体に還元する授業を行った。

　この授業によって，マジョリティと異なる社会背景をもつ人々の存在は，「学ぶべきリソース」を提供する可能性をすべての人に示したのである。

(iv) プラットフォーム形成

　これら3つの事例で観察されたベトナム語，ベトナム文化への親和性の是認を，母語教室の内部だけではなく，日本人児童，保護者，教職員と共有する活動をプラットフォームの形成と呼ぶ。プラットフォームとは，多様なものを乗せる基層部分という意味をもつ。

　日本語を教授言語とし，日本社会に巣立っていく人材を育成する場である原学級には，マジョリティの児童と教諭が中心になって日本文化を中心とするコア（中核）が形成されている。通常はベトナム系児童も原学級においてこの大きなコアに参加しながら生活している。しかし，母語教室に参加する時間，ベトナム系児童はこのマジョリティのコア（中核）とは異なるコア（ベトナム語能力を中心としたベトナムへの親和性を高めようとするコア）の存在を認識し，そこに参加しているのではないか。

　この複数のコア（原学級で形成される大きなコアと母語教室で形作られる小さなコア）が1つの学校の中で共存していることを可視化し，双方が理解し認め合う「場」としてプラットフォームが機能しているのではないか。

　本節で取り上げた，調理実習，ムアランの習得と披露，ベトナム戦争に関する授業は，そうした2つのコアの共存を，特に普段見えにくい母語教室で形成されている小さなコアを可視化するプラットフォームとしての役割をもつといえる。

　さらに，ベトナム語ができるというプラス評価を母語教室の中から母語教室の外にいる日本人生徒にも伝え，原学級の子どもたちにベトナム系児童への認識を改めさせようとする動きも観察された

　甲小において展開しているベトナム語母語教室は，小学校という公教育空間の中に存在しながら，地域のNPOであるTCCのベトナム系自助組織や母語講師の北山氏との連携のもと，母語教室内では日本社会への同化圧力を消滅させ，ベトナム系であるという個性を是認し，〈違い〉を〈劣位〉と読み替えず，別の価値をもつものと認識するための実践を行った。さらに，母語教室の外部の原学級の級友たちや教師ともその是認を共有することで，母語教室をコアにしつつ，その周囲に「多文化共生のための実践共同体」を成立さ

せたのである。

(3) コアとプラットフォーム

　コア（母語教室内部でのベトナム文化への親和性の是認）とプラットフォーム（外部との是認の共有）は，それぞれに形成されるのではなく，コアがしっかり形成されればプラットフォームは強固となり，プラットフォームがしっかり存在すればコアはより明確に可視化される，というように相互補完関係が認められた。甲小学校において，ムアランの前に行われるベトナム語の比較的長い挨拶を担当するのは，常に母語教室で優秀なベトナム語能力を示す子どもであった。その子どもへの原学級の級友からの驚嘆と賞賛を受け，母語教室メンバーはベトナム語の運用能力を「かっこいいこと」として再認識する。逆にコアがしっかりしていなければ，教室外の人々とのベトナム文化との親和性の是認を共有することは難しいであろう。ムアランは真剣に取り組まねば，その感動を観客に伝えることはできない。つまり，コアがしっかりしなければ，ベトナム文化是認の共通理解は生まれず，プラットフォームの形成はおぼつかない。

　また，母語教室の外部の人たちにまったく評価されなければ，子どもたちはベトナム文化に親和性をもとうとする動機を失うだろう。母語教室内でのベトナム文化への親和性の是認は，外部の人々との共有が大きな鍵を握っていることも指摘したい。

　日本人児童にとって，級友が外国人としての表現活動を行うことは，何を意味するのだろう。日本人児童にとって学校とは，普段意識されることもないが，日本社会に巣立つ日本人を育てる場として存在している。しかし，ベトナム語母語教室が学校内に存在し，異なる価値観に基づく活動（ここではベトナム言語・文化を是認し，それを追求しようとする活動）が育まれ，それがコリアベトナムフェスティバルでのムアランの演技や，ベトナム戦争の学習などで，一般生徒に可視化される。それによって，学校空間は多様な価値の追求が共存しうるプラットフォームであるという認識が生まれる。自分の属する日本文化を世界の中の一つの文化的コアとして相対化し，世界に，そして日本国内にもいくつもの学ぶべき異なる文化のコアが存在することを

図8 原学級のコアと母語教室の形作る異なるコアを共に乗せた　　プラットフォームをもつ学校の模式図

| 原学級で形成されている，日本人を育成する大きなコアのみが可視化されている学校空間 | 原学級で形成される大きなコアと，母語教室で形成される小さなコアが共存する，プラットフォームとしての学校空間 |

体感する機会となったのではないか（図8）。これは，「異なりを劣位と読み替える」同化圧力をもつ学校という場の変革への可能性を秘めた「体感」ではないのか。

　この経験は，狭い視野の中で自文化中心主義（エスノセントリズム）に陥ることを防ぎ，異文化理解のために重要な資質である「文化相対主義的視点」が子どもたちに備わることを予感させる。多文化社会の中での文化相対主義的視点の重要性に関しては梶田（1996）が「文化衝突を避けるために（中略）自己の文化をOne of themとして受け入れる」（p.85）必要性を説いている。これからの多文化社会，国際社会で成長し，活躍していくすべての子どもに必要な資質である「文化相対主義的視点」を，甲小学校の子どもたちは獲得する機会を得ているといえよう。

　またこの甲小学校で観察されたベトナム語母語教室をめぐるコアとプラットフォームの形成は第5章で観察した神戸在日コリアン保護者の会が行っている2つの活動，(a)コリアンの子どもと親のための場を作ること，(b)学校現場や教育委員会とネットワークを形成し学校風土を変革すること，の関係と非常に似ている。(a)がエスニックグループ内でのエスニシティの是認であり（コア形成），(b)がそれを広く外部と共有する営み（プラットフォーム形成）である。

　この神戸在日コリアン保護者の会の営みと甲小学校のベトナム母語教室をめぐる営みの相似関係は，杉本先生が金信鏞氏との出会いを自らの多文化教

育の実践の原点として認識し，現在も他の教員と共に，年に１回のオリニマダン（民族舞踊・音楽教室と発表会）の運営や毎週土曜日のオリニソダン（民族学級・ハングル教室）にボランティアとして参加していることが大きく影響している。杉本先生が神戸在日コリアン保護者の会で得た，民族教育をめぐる知見，実践経験が，甲小学校のベトナム語母語教室運営と甲小学校の多文化教育に生かされているのである。

　金信鏞氏が外国人市民として日本の公教育の場の変革を目指してなされた発信を，杉本先生が受け取り，教育現場での実践に生かしている例ともいえよう。

3　教室の中での異文化間リテラシーの芽生え

　2008年度，杉本先生が６年生の担任を務めた年，ベトナム系保護者によるベトナム戦争の体験談を語るという試みを前に，杉本先生はさまざまな学びの機会を６年生を対象に実施している。

　TCCのベトナム系自助組織を通じ，ラップ歌手のナム（第４章参照）が甲小学校に招かれ，難民少年として日本で生き，自らのアイデンティティを取り戻すまでを歌った『オレの歌』を６年生の教室で歌い，自分の半生を語るという催しも行われた。

　これらのベトナムを理解するための活動は，総合学習の枠内で行われた。それと並行して，社会科の授業の中で「日本国憲法の基本的人権と外国人差別」に関する研究授業を2009年１月29日に杉本先生は行っている。この研究授業では神戸在日コリアン保護者の会から金信鏞氏が招かれ，自らと自らの息子の差別体験，日本社会における外国人の生きにくさを語り，より良い社会を作るために何が必要か，子どもたちは考える機会をもった。この研究授業の時間内に６年生の児童たちの中からベトナム系の児童であるアンとオアンが挙手をし，下記のように発言した。

　　「なんか，あたしら邪魔にされてるような気がすることがある」（オアン小６女子）。

ベトナム語母語教室の風景。この日はコリアベトナムフェスティナルで自分たちが演じたムアランなどの映像を見て，感想文（日本語）を書いた。

「僕もそんな風に差別されるから嫌や。そういう課題がある」（アン小6男子）。
（2009年1月29日研究授業の記録より）

2人の外国にルーツをもつ子どもたちが，教室の中で「**エスニックマイノリティ独自の意見・視点を認識・発信する力**」という異文化間リテラシーを発揮した瞬間であった。

ベトナム語母語教室で形成された「エスニシティの是認」（＝コア形成）とそれを取り巻く級友や原学級の担任の間で「エスニシティの是認の共有」（＝プラットフォームの形成）を繰り返すことで，甲小学校は母語教室を中心とした多文化共生のための実践共同体を形成した。そこへゲストティーチャーとしてやって来た外国人市民のロールモデルに導かれる形で，2人は外国人として自らが感知した「疎外感」を原学級である教室で表明した。2人が表明したエスニックマイノリティとしてマジョリティに対して感じる「疎外感」

は，ホスト社会でマジョリティとして暮らしている限り感知しにくい。その感知しにくいが，ホスト社会のあり方としてホスト社会のすべての人が振り返る必要のある少数者への「疎外感」の存在が，文字どおり「顔の見える関係」にある，そして共に小学校時代を送る「私たち」の中にいるアンとオアンから発信されたのである。

　この機会を6年生のクラスメンバーはどう生かすのであろうか。「周りの生徒がいかに受け止めていけるかが今後の課題」（2009年3月2日インタビュー）と杉本先生は語る。アンとオアンによる外国にルーツをもつ子どもたち故の視点の表明によって，日本人児童たちにもまた異文化間リテラシー形成に向けての種が撒かれた。この種がいかなる芽を出し，どのような葉を繁らせ，いかなる花を咲かせるのだろうか。それは現時点で検証はできない。

　しかし，種は撒かれたのだ。

4　ここで語ったこと

　一般的に同化圧力が強いといわれる学校の内部に，NPOであるTCCのベトナム系自助組織やベトナム語講師の北山氏との連携のもと，母語教室という空間を作り出すことによって，甲小学校では母語教室内で同化圧力を減じさせることに成功した。そして母語教室の内部で，「ベトナム語能力を中心としたベトナム文化への親和性をもつことを是認」される。

　さらに，ムアランや料理教室というエスニックな表現によって，母語教室外の一般生徒や教職員ともエスニシティの是認を共有する。こうしてベトナム系の児童や保護者との間に築かれた信頼とネットワーク，協力関係をもとに，ベトナム系の保護者のベトナム戦争体験を教室に還元する機会を作り出し，マジョリティとは異なる社会背景をもつ人々の存在は「学ぶべきリソース」ともなる可能性が示された。こうした営みには，神戸在日コリアン保護者の会が実践してきたエスニックグループ内でのエスニシティの是認であるコア形成，そこで得た是認をエスニックグループ外部の人々と共有するプラットフォーム形成によって学びを広げていくという，多文化教育の実践のノウハウが活用されている。

これまでの観察から，異文化間リテラシー形成のためには，外国にルーツをもつ子どもたちがエスニシティを是認できる「多文化共生のための実践共同体」というべき場の設定が重要であると考えてきた。それは学校から距離をとった地域のNPOなどだけではなく，学校内に設定された母語教室，あるいは，ある一定の準備がなされた甲小学校の6年生の教室のように，公教育空間でもプラットフォームの上の小コアとして可視化される可能性があることがわかった。外国にルーツをもつ子どもたちはホスト社会において，異文化間リテラシーを形成しうる，また周囲の日本人にもそうした異文化間リテラシーの形成の機会を提供するリソースをもった存在として認識されるべきである。そうした異文化間リテラシーを獲得した外国にルーツをもつ子どもたちも，その周囲の日本人も，ホスト社会のマジョリティとは異なる意見・視点を認識し，それを表明し，そのことによって起こる対話を通じ，自己変革を経験し，やがては社会変革をも呼び起こす可能性を秘めている。

　「みんなと一緒」でない，すなわち外国にルーツをもつということは，隠すべきことでも恥ずべきことでも，ましてや問題として構築されることでもなく，日本社会に生きる外国人にとっても日本人にとっても異文化間リテラシーを形成するリソースとなりうる大切な個性として育まれるべきである。そのような「育み」が可能な空間が学校と地域の連携のもと，さまざまな場所に創造され，外国人にも日本人にも活用され，多様な人々の出会いがもたらす異文化間リテラシーが社会全体に還元される。それが多くの人が暮らしやすい社会すなわち，多文化共生社会の実現の鍵になるであろう。

終章 異文化間リテラシーをもって人々が語ったこと

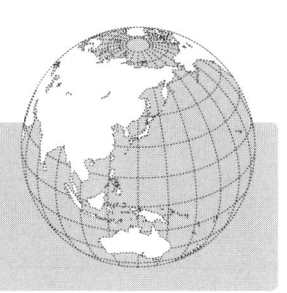

1 ここまで語ってきたこと

　現在，日本社会において，外国人市民のいる風景は地域や学校で日常のものになっている。そうした外国人市民とホスト社会にマジョリティとして暮らす人々との間の日常的な接触現場で，外国人市民とホスト社会出身の市民双方に「異文化間リテラシー」と呼ぶべき能力が形成されているのではないか。そしてそれは日本社会全体にもたらされる利点として評価することが可能なのではないか。

　この問いに答えを得るために，筆者は，神戸の外国人多住地域「長田区」においてRe: Cプログラムを運営するNPO, TCCを主要なフィールドとし，さらには同地域で活動する神戸在日コリアン保護者の会にて参与観察，インタビュー調査を行った。また，TCCや神戸在日コリアン保護者の会が活動を展開する周辺小学校にも観察エリアを広げながら，参与観察，インタビュー調査を繰り返してきた。

　長田の街で出会った外国にルーツをもつ子どもたちの多くは，日本社会，特に学校空間では，外国人としての自己表出を抑制する傾向のあることが観察された。

　第2章においては，そうした自己表出の抑制状態にある子どもたちが，Re: Cプログラムという多文化共生のための実践共同体において，異文化間リテラシーを形成するまでを記述している。具体的には，外国にルーツをもつ子どもたちが外国人として語る言葉を自分はもっているということを自覚し，社会に対して外国人としての視点を表明するようになるまでの過程に焦点を

当てた。

　Re: Cプログラムにアクセスする子どもたちを観察すると，そのアクセスの深度により3つの層が存在していることがわかった。

　第1層「参入」では，比較的年少で参加回数の少ない子どもたちで，彼らはRe: Cプログラムにパソコンゲームなどのアミューズメント機能を求めてやって来る。

　この第1層に属する子どもたちの中から，Re: Cプログラムに参加している学生ボランティアや他の子どもたちと人間関係を形成した者が，Re: Cプログラムの常連の参加者となり，ボランティアとの対話からさまざまな学びを獲得していく。この段階の子どもたちを，第2層「定着」を形成する子どもたちとする。第2層の子どもたちは，ボランティアや他の子どもとの共感を基調にした対話[48]から外国人としての思いを吐露し，母国語能力や外国人としての経験を是認・賞賛され，「エスニシティへの是認」を獲得する。そして日本社会での将来を思い描くために必要な「将来への見通し」を立てていく。さらには，Re: Cプログラム内部での活動の企画・運営の機会が子どもたちに自信を与える。

　この段階の子どもたちのうちの何人かが自分のルーツに関する適切な知識を獲得し，外国人として自らの内部に語るべき言葉があることを自覚する。この自覚を得た子どもたちは，コミュニティラジオや映像表現を通じて社会への発信を開始する。この社会への発信を開始した子どもたちを第3層「深化」に到達した子どもたちと位置づける。居場所への関与の深度が第3層に到達し，社会への発信を始めた子どもたちは，「自分が得た知識，自分なりの視点をホスト社会の人々と共有したい」と考えている。その彼らの発信を支えているのは，多文化なまちづくりを行うNPOという実践共同体（レイブ＆ウェンガー, 1993）のメンバーとしてのアイデンティティの深まりであり，そ

---

[48] この外国にルーツをもつ子どもたちとボランティア等との間で繰り広げられる共感を基調にした対話とは，第3章のボランティアの「共感─対話─個別を見る」というコミュニケーションと対応している。このコミュニケーションにより外国にルーツをもつ子どもたちは同化圧力により日本人化するのでもなく，外国人としてステレオタイプ化されるのでもなく，2つの文化の影響を個々に独自に内面化した顔の見える名前のある個人としての存在をボランティア等周囲に提示する。

こに発信のための場，機材，人材へのアクセスが大きな役割を果たしている。

　こうして多文化なまちづくりを行うTCCの「Re: Cプログラム」という実践共同体を得て，そこへのアクセスを深めることで，子どもたちは異文化間リテラシーを形成する。ここで観察された外国にルーツをもつ子どもたちの異文化間リテラシーは，「**エスニックマイノリティ独自の意見・視点を認識・発信する力**」というものである。

　第3章においては，第2章の舞台となったRe: Cプログラムに参加する外国にルーツをもつ子どもたちをサポートする学生ボランティアに焦点を当て，彼らが子どもたちとの接触からいかに，いかなる異文化間リテラシーを形成しているかを分析した。

　ここでも参加者である学生ボランティアは，Re: Cプログラムという場へのアクセスの深度から3つの層を形成していることが確認された。第1層「参入」を果たした者は「ビジターボランティア」と呼ぶべき人々で，短期間でRe: Cプログラムでの活動から去るボランティアたちである。彼らの短期間の活動参加で「外国にルーツをもつ子どもたち」を経験し，「成長的報酬」と呼ぶべき内的報酬[49]を得たことに満足して去っていく。しかし，短期間での参加では，異文化間リテラシーの形成は難しい。

　ビジターボランティアの中で，外国にルーツをもつ子どもたちや他のボランティアと人間関係を形成し，長期にわたって活動を継続させるボランティアがいる。彼らを第2層「定着」を果たした「レギュラーボランティア」と名づける。彼らの活動の長期化，すなわち活動への定着を支えているのは，活動の場で出会う子どもたちや同僚ボランティアから得られる情緒的報酬や，その情緒的報酬と表裏一体をなす自己効力感である。活動が長期化することで，ボランティアたちは，外国にルーツをもつ子どもたちとの間のコミュニケーションを深め，異文化間リテラシー形成を開始する。

　レギュラーボランティアと外国にルーツをもつ子どもたちの会話や，ボラ

---

[49] 社会交換論では「資源投入」とそこから得られる「報酬」の交換という概念を用いて社会活動への参加を説明している。内的報酬とは，経済財のような外的報酬とは異なり，「他人との交流による精神的な喜び」などを指す（富永，1997）。

ンティアへのインタビューを分析すると，ボランティアたちは子どもたちとの間で共感を起点とした対話をすることで，外国にルーツをもつ子どもたちの思いを言語化し，子どもたち一人ひとりの多様性に触れ，子どもたちを取り巻くそれぞれの現実について実感をもって学ぶことになる。この子どもたちの個別性に，ボランティアたちはさらなる共感と対話を繰り返す。この〈共感―対話―個別を見る〉というボランティアと外国にルーツをもつ子どもたちの間のコミュニケーションは繰り返され，子どもたちのもつ周縁化され，あるいは抑圧されていた思いが言語化されて立ち現れてくる。この段階でレギュラーボランティアたちは，子どもたちとの間で信頼関係を形成して，周縁化された子どもたちの声を引き出し，「**エスニックマイノリティ独自の意見・視点を認識・発信する力**」という異文化間リテラシーを形成している。

レギュラーボランティアの中で本人が希望し，一定の条件[50]を満たした者が「リーダー」に就任する。このリーダーが第3層「深化」に到達する人々である。彼らには少額だが給与も支払われ，活動への参加が義務づけられる。外国人の子どもが映像制作を希望する場合は，そのパートナーとなり映像作りに取り組むため，特定の子どもとの深い交流が求められる。さらに映像の上映会やコミュニティラジオ，ニュースレターを通じて社会に対してRe: Cプログラムの活動を発信することも求められる。リーダーとして活動を深化させ，多くの時間と労力をRe: Cプログラムに投入した若者たちは，自分のテーマとして日本の外国人受け入れ問題や世界の移民問題を捉え直し，結果的にRe: CプログラムやTCCを題材に修士論文や卒業論文を執筆し，異文化間リテラシーが求められる職業を選択していくケースが観察された。ここでリーダーは「キャリア形成報酬」と呼ぶべき内的報酬を得ている。こうしてリーダーたちは，「**他者との対話を通じた自己変革力**」という異文化間リテラシーを形成する。その後のリーダーたちの異文化間リテラシーを要する進路の選択は，個人の中で形成された異文化間リテラシーが社会へ蓄積される萌芽と考えられる。また，こうした人材の育成が外国にルーツをもつ子どもたちとの出会いによってもたらされており，外国人市民が存在することによっ

---

[50]「20代前半で就業経験がなくマニュアルをもたない若者」であることがリーダー就任の条件。

て，ホスト社会にもたらされた利点としてこの人材育成を評価することができよう。

　以上，第2章と第3章においては，外国にルーツをもつ子どもたちと大学生ボランティアが接触する場であるRe: Cプログラムで，子どもたちとボランティアが多文化なまちづくりのための実践共同体へ〈参入―定着―深化〉と関与を深めることによって形成されていく異文化間リテラシーを析出した。

　次に4章と5章では，外国人としての表現活動もしくは意見表明を行う人々のライフストーリーに焦点を当て，彼らが人間形成の過程でいかなる転機を経験しながら表現活動や意見表明を行い，その過程で異文化間リテラシーを形成しているかを分析している。

　第4章ではラップ歌手，コミュニティラジオ放送局（多言語FM）のDJとして外国人の視点を生かし，表現活動に取り組む4人の青年たちに焦点を当てた。彼らもまた，外国人としての自己表出を抑制する時期を経験するが，それを乗り越え，表現活動を開始していた。ライフストーリー分析から，4人の自己抑制から自己表現への転換には，やはり多文化共生のための実践共同体というべき「場」の存在が大きく関わっていた。ラップグループ，ベトナム系自助組織と市民活動団体のネットワーク，ラジオDJ仲間，朝文研など，4人には外国人であることに肯定的で，公教育の場とは離れてはいるが，ホスト社会に対して発信・表現のルートが開かれているという居場所を持っていた。そのような居場所を持ち，ルーツに関する正しい知識を得て，さらに自分が目標とすべき在日外国人のロールモデルを得ることで，彼らはそれまで隠蔽していたエスニシティを肯定的に捉え直すことが可能になった。そしてホスト社会の人々とは異なるエスニシティ故にもつことが可能な「意見・視点」をラップの歌詞に，あるいはラジオの語りに託して，ホスト社会の人々にも理解されやすい形で発信することができた。

　彼らの発信したラップ歌詞，ラジオ番組での語りを分析し，彼らがホスト社会に向けて発信した「意見・視点」を以下に挙げる。

　① 外国人青年の背景の可視化
　② 個別性の提示

③　視点の多様性と可動性
④　視点の相対化

そしてこれらのメッセージを発信することで，彼らは「**エスニックマイノリティ独自の意見・視点を認識・発信する力**」という異文化間リテラシーを形成している。

これらの発信を，ラップミュージックの聴衆，DJ仲間やラジオリスナーが興味・関心をもって聞き，時には質問をする。こうした「聴衆」との対話は，外国人の視点から日々の生活やマスコミの報道はどう見えるか，それをいかにわかりやすく「聴衆」に伝えるかということを常に彼らに意識させる。また，祖国について質問され，知識の不足から答えられないという経験が「より深く祖国や母語，母文化を知らなければ」という学びのモチベーションとなる。外国人として発信し，それを「聴衆」が興味をもって聞き，レスポンスを返すことで，彼らのエスニシティへの認識は深化していった。この段階で彼らは，「**他者との対話を通じた自己変革力**」というべき異文化間リテラシーを形成しているといえる。

第5章では，在日コリアン2世の教育活動家，金信鏞氏に焦点を当てた。彼のライフストーリー分析から，彼が外国人としての意見表明をホスト社会に対していかに行うようになったのか，そしてそれをホスト社会はいかに受け止め，両者はいかなる異文化間リテラシーを形成しているのかを観察した。

金信鏞氏にとっても，異文化間リテラシーを形成する実践共同体が鍵として登場する。彼もまた青少年時代，外国人であることを隠蔽し，外国人としての自己の抑制を経験している。そんな彼がエスニシティを是認し，コリアンとしてのアイデンティティを取り戻すために，大学時代に所属した「朝文研」という「場」があり，そこでロールモデルとなるべき先輩と出会い，適切な歴史的知識を得ている。その後，自らの子どもの就学を機に，保護者として日本社会に対する社会力(門脇, 1999)をもつ必要性に迫られ，日本の教育風土の変容とコリアンの子どもたち，保護者たちのための「場」を作ることを目指して活動を開始する。この時点で金信鏞氏は，「**エスニックマイノリティ独自の意見・視点を認識・発信する力**」という異文化間リテラシーを発

揮している。

　金信鏞氏は，大阪の民族教育の関係者やコリアNGOセンターなどからノウハウの提供やアドバイスを受けて「神戸在日コリアン保護者の会」を立ち上げ，人権教育，外国人教育に取り組む神戸の公立小学校の教員たちとの間でネットワークを形成していく。学校教員とのネットワークの中で対話を繰り返すことで，金信鏞氏は学校現場にもコリアンと日本の子どもと保護者にも受け入れやすい形でメッセージを発信する作業も行っており，「**他者との対話を通じた自己変革力**」と呼ぶべき異文化間リテラシーを発揮している。この教員集団との間のさまざまなネットワーク作りのための試みを通じて金信鏞氏は道徳副教材の作成に関わり，多様な学びの場を創出することでコリアンの子どもと日本の子どもと教員がともに学びを構築する「**多文化共生社会構築力**」というべき異文化間リテラシーを発揮している。

　こうした金信鏞氏から発信されたメッセージを受け止め，ともに活動の輪に加わった神戸の小学校教員たちもまた，異文化間リテラシーを形成している。自分の外国人教育に取り組むきっかけとして金信鏞氏との出会いを挙げる者もいる。また，金信鏞氏と協働する教員ネットワークが多文化共生のための実践共同体とでもいうべき集団となり，教員たちの学びの深化を助けている。その結果，教員たちは「**他者との対話を通じた自己変革力**」という異文化間リテラシーを身につける。そしてそれを教育実践の場で生かすことで，金信鏞氏との交流から得た理解・視点を周囲に発信し，「**多文化共生社会構築力**」をもつことになっていくのである。

　第6章では，金信鏞氏との出会いを多文化教育実践への道の分岐点に挙げる杉本先生が，学校空間の中にベトナム語母語教室という場で言語を中心としたベトナム文化への親和性の是認を形成し（コア形成），その是認を母語教室の外の日本人児童や教員とも共有（プラットフォーム形成）した。このコアを中心に周辺へと広がっていく多文化共生のための実践共同体の出現により，ベトナム系児童が「**エスニックマイノリティ独自の意見・視点を認識・発信**」を教室空間で行うまでの姿を描いた。

これらの事例から，「エスニックマイノリティ独自の意見・視点を認識・発信する力」，「他者との対話を通じた自己変革力」，「多文化共生社会構築力」からなる異文化間リテラシーが形成されていくプロセスが観察された。

　また，こうした異文化間リテラシーを形成・発揮するためには，どの場面でも外国にルーツをもつ子どもたち，外国人市民と彼らを取り巻く人々の間に存在する多文化共生のための実践共同体の重要性が観察されている。その「実践共同体」は，多文化なまちづくりを行うNPOの中の青少年プログラムとして開設されたものだったり，あるいは朝文研，ストリートラップミュージシャンのグループ，ラジオDJ仲間，また教員と在日コリアン保護者たちが形作る多文化教育推進のためのネットワークやベトナム語母語教室である場合もあった。その「実践共同体」には下記の共通する特徴が挙げられる。

- 他者と異なること，すなわち，外国人であることが是認される。
- 「みんなと一緒」であることを重んじる教室空間とは距離のある場所に存在している（教室に設定される場合は周到な準備がなされている）。
- ホスト社会に対して閉じてはおらず，何らかの意見表明や表現の機会が確保されている。

　そこで外国にルーツをもつ子どもたちはエスニックルーツに関する知識を得たり，外国人という資質を生かしてすでに活躍するロールモデルと出会う。

　上記の「実践共同体」でエスニックなルーツに関する知識を得ることで，自らのエスニシティを是認する。そして多様な仲間と出会い，親密な関係を築くことで，仲間集団への帰属意識を高め，異文化間リテラシー形成させていく。

　そしてその内外には，自分なりの意見表明，表現活動を行えば興味をもってその意見・表現を聞く「聴衆」，「聞き役」が存在し，その「聴衆」との対話・交流はさらなる学び・成長のモチベーションともなる。

　外国にルーツをもつ子どもたちや外国人市民がそのエスニシティを是認できる多文化共生のための「実践共同体」を，地域のNPOや日本語教室，あるいは学校内の母語教室等に形成し，外国人市民やボランティアなどさまざまな人がそこへのアクセスを深めることで，異文化間リテラシーを形成する。そしてその多様なエスニシティの是認が実践共同体の外側のホスト社会の

人々とも共有されることで，ホスト社会に広く異文化間リテラシーの形成の機会をもたらす可能性があることが観察によって明らかになった。

2　外国人市民が異文化間リテラシーをもって語ることとその可能性

　私はここまで，外国人市民や彼らを取り巻く人々がどのような異文化間リテラシーをどのように形成してきたか語ってきた。では，その異文化間リテラシーをもつことで人々はどのような意見・視点，そしてメッセージを表現・発信してきたであろうか。

　第2章においてベトナム人少女ユンは，日本が国家として「子どもの権利条約」を批准しているのに，差別のなくならない自分やその周辺の日常を人権作文につづった。そして，ふだんは日本社会を生きる普通の中学生でありながら，胸の奥にはベトナムへの憧憬をもつことをコミュニティラジオで語った。また，日系ブラジル人のエリアネは，日系ブラジル人のブラジルへの移民と日本への還流について初めて知り，それに驚き，その知識と驚きを周囲の日本社会を生きる人々と共有したいと願った。

　第3章では，在日ブラジル人として生きると宣言する姉ユミと，家族ほどは在日ブラジル人として強いアイデンティティをもてない自分の浮遊感を語る妹ルマが登場した。

　そして大学生のボランティアたちは，外国にルーツをもつ子どもたちの「外国人であること」を多様に内面化している現実を，共感に基づく対話の中から経験し，その個別性を理解していた。彼らはボランティアを務めたのち，外国人市民，子どもなど多様なマイノリティとマジョリティの対話を創出するようなキャリアを求めて旅立っていった。

　第4章では，表現する外国人青年たち，ミミ，ユミ，スナ，ナムはそれぞれの表現活動から独自の顔と声をもつ外国人青年像をホスト社会に提示し（「個別性の提示」），なぜ彼らがこの国にいて，ある生きにくさを感じているのか明示し（「背景の可視化」），ホスト社会を内部からも外部からも自由に視点を移動させながら見つめ，語り（「視点の多様性と可動性」），ホスト社会の内部に安住する者には見えにくい相対的なホスト社会の肖像をホスト社会の人々

とは異なる視点をもつが故に描き出して見せた（「視点の相対化」）。

　第5章で金信鏞氏は，在日コリアンの子どもたちがコリアンとして言語・伝統文化を継承することを楽しむ姿を可視化させ，異なりは劣位ではなく，豊かさであることをコリアンと日本の子どもたちの双方に伝えようとしている。それと同時に，金氏の子ども時代から現在まで変わらずそこにある教室の中の差別について語ることで，教室の変容を促すべくメッセージを発信している。具体的には，「コリアンであることを気にするな」というコリアンへの言葉がけが，同化を前提とした差別性を内包していることの指摘など，マジョリティが気づくことが難しい，マイノリティだからこそ感知し，明らかにすることのできる差別を含んだコミュニケーションの存在を指摘している。そしてそれを学校教師と共有し，教育現場へと伝えていった。

　第6章では，甲小学校のベトナム系児童がベトナム人であることを是認できる空間を得て，ベトナム語やムアランを習得・披露したり，全校生徒がベトナムについて学ぶ機会を得ることで，甲小学校のすべての児童は，異なるエスニシティをもつということは隠すべきことではなく，学ぶべきリソースであることを告げられる。また，ベトナム系児童アンとオアンが，教室に存在する疎外感を，教室の内部の住人として発信している。これは，マジョリティに安住している生徒には感知できない教室の姿をアンとオアンは感知し，言語化して仲間である同級生に提示した瞬間であった。

　本書で取り上げた独自の顔と声をもつ「外国人市民」とその周囲の人々が異文化間リテラシーをもって見つめ，語ったこととは結局，何だったのであろうか。

　彼らの視点は非常に多様であり，そして時と場合により，ホスト社会の内部にも外部にも移動する。この視点の可動性によって「外国人市民」の視点は「外国人市民」を含む「私たちの社会」の姿を相対化して描き出すことができた。

　そしてそうやって描き出された「相対化された社会の姿」は，内部に安住するだけのマジョリティには感知されにくい場合が多い。しかし，異文化間リテラシーをもつ外国人市民は，マジョリティにも響く形で「相対化された

社会の姿」を提示し，対話を開くことで自己をも相手をも，また対面関係を超えて広く社会と「相対化された社会の姿」を共有し，そこにある問題点の改善のためのスタートポイントを示す。例えば，マイノリティに疎外感を与え，多様性として評価するべき異なりを劣位と読み替え，母語運用能力を隠蔽させ，本名さえも名乗らせない，そのような同化と沈黙を強いる社会の姿は，客観的に眺めてみると大きな問題の存在する社会といえるが，その場にマジョリティとして安住している限り，その歪みは見えてこない。そうしたマジョリティが感知できない問題と改革の必要性をはらんだ社会の姿を，マイノリティが相対化することで描出して広く提示するということは，社会全体の改革への端緒となる。マイノリティの視点の表明とは社会改革の契機ともなりうる。

　外国人市民にとどまらず，マイノリティは社会のいたるところに存在している。女性や障害者，子ども，もしくは病を得たり，失業したり，あるいは被災をしたり，そして老化したりと，人は誰もが生きている限りマイノリティとして社会と向き合う可能性をもっている。自らがマイノリティとなったとき，マイノリティから見える視点を言語化し，社会全体に発信し，広く対話する回路をもつ社会は，すべての人が生きやすい社会改革への資源を多く確保した社会ということができるだろう。外国人市民との共感的に対話した経験をもつ教員やボランティア，あるいは級友は，他のカテゴリーのマイノリティにもそうした対話を開いていこうとするだろう。そうした対話の回路が，異文化間リテラシーをもつ外国人市民とその周辺の人々によって日々開かれているということは，社会全体にとっての利点，つまり恵みではないのだろうか。

　また，自己の属するコミュニティの自明の感覚を相対化する能力をもつメンバーがコミュニティの中に多数存在することは，エスノセントリズム（自文化中心主義）に陥ることで生じうる他者との葛藤を解きほぐす可能性ももつ。今後のグローバル時代，国際協調時代，多文化時代，すべての人にとって，エスノセントリズムに陥るのを避ける能力は非常に重要なものとなってくるはずである。

　さらに，マイノリティと明確にカテゴライズされなくとも，「皆と一緒」を

強いる空気に，自らの個性や人との異なりを「劣位」と読み替えられることを恐れて「普通」の仮面を被り，集団の中で個性を押し殺した経験をもつ人は意外に多いのではないか。マイノリティが人との異なりをおそれなく表明できる空間を，学校に，地域に作っていくことは，マイノリティもマジョリティを含めたすべての人を生きやすくすることにつながるのではないだろうか[51]。

3 外国人としての視点をもつこと

　私は1980年代の東京で10代を過ごし，級友の在日コリアンとしての名乗りを経験した。彼が本名を隠さねばならなかった空気を私たちの教室はもち，そして私はそれを感知することなく，しかしその空気を作り出す一員として9年を過ごした。彼は本名を名乗ることによって，彼を含む私たち全員に，私たちの教室の改革すべき問題の所在を示した。

　そして時は流れ，30代半ばで私は関西に移動するのだが，その間の時期にあたる20代半ばから30代前半にかけての約8年間，私は青年海外協力隊員やNGO職員を務めながら，アフリカとアジアの国々に滞在し，あるいは行き来し，外国人として過ごした時間をもった。

　「援助機関のメンバーとして訪れた私」が感じた異文化と，「同加圧力にさらされた日本の学校空間で生き抜いている外国にルーツをもつ子どもたち」の異文化体験を同列に論じることは，もちろんできない。しかし，外国人が生活者として共に暮らすホスト社会のマジョリティの人々に感じる驚き，発見，時には疎外感，違和感を言葉にして相手に伝え，対話を開こうとするとき，胸に抱かなければならない一抹の不安と勇気，相手への信頼，そしてそのコミュニティへの愛着とより良い未来への祈りを私は経験として知った。

　異文化間リテラシーとは何だったのだろうか。ある人がその社会を内部か

---

[51] 志水（2003）は，ニューカマー生徒たちへの取り組みが進んでいく中で不登校生徒たちの数が激減したA中学校の例を引き，ニューカマーへの取り組みが学校文化の変革をもたらす可能性を指摘している（pp.115-116）。また志水・清水（2001）も，「同じ方がよい」社会風土に「違っているほうがよい」というセンスをつけ加えることで，すべての子どもたちにとって学校世界が住みやすい場に変容する可能性を述べている（p.375）。

らも外部からも見つめることができるが故に，自己と他者，マジョリティとマイノリティそれぞれが見ている世界を媒介する。その異なる視覚を媒介することによって，自己の属する社会を相対的に描き出し，多様な人々をつなぎ，社会改革を促していく能力，それが異文化間リテラシーだったのではないか。社会改革のための資源としてマイノリティとその周囲の人がもちうる異文化間リテラシーを評価し，それが発揮できるよう学校の，そして社会の同化圧力を減じ，誰もが意見，もしくは異見を表明し，対話を開き，その対話によって自己改革・社会改革がもたらされる。そんな方向に多様な人々で構成されたわれわれが歩んでいくことを願い，筆を置く。

引用文献

【日本語文献】
綾部恒雄 (1985)「エスニシティの概念と定義」『文化人類学』2 号, アカデミア出版会, pp.8-19
新谷周平 (2004)「居場所・参画・社会つながり」子どもの参画情報センター編『居場所づくりと社会つながり (子ども・若者の参画シリーズⅠ)』萌文社, pp.7-12
石井香世子 (2007)『異文化接触から見る市民意識とエスニシティの動態 (叢書21COE - CCC 多文化社会における市民意識の動態24)』慶應義塾大学出版会
伊藤崇達 (1996)「学業達成場面における自己効力感, 原因帰属, 学習方略の関係」『教育心理学研究』44巻3号, 教育心理学会, pp.340-349
乾美紀 (2009)「外国人―アイデンティティを求めて」乾美紀・中村安秀編『子どもにやさしい学校―インクルーシブ教育を目指して』ミネルヴァ書房, pp.103-126
異文化間教育学会 (1997)『異文化間教育』11号, アカデミア出版会
臼井博 (2001)『アメリカの学校文化 日本の学校文化―学びのコミュニティの創造 (認識と文化9)』金子書房
江淵一公 (2001)「多文化共生型のまちづくりの変遷」『異文化間教育』15号, 異文化間教育学会, pp.115-122
――― (2002)『バイカルチュラリズムの研究―異文化適応の比較民族誌』九州大学出版会
太田晴雄 (2000)「ニューカマーの子どもと学校教育―日本的対応の再考」江原武一編著『多文化教育の国際比較―エスニシティへの教育の対応』玉川大学出版部, pp.284-308
――― (2005)「日本的モノカルチャラリズムと学習困難」宮島喬・太田晴雄編『外国人の子どもと日本の教育―不就学問題と多文化共生の課題』東京大学出版会, pp.57-75
落合重信 (1977)『ながたの歴史』神戸市長田区役所広報相談課
落合知子 (2009)「外国人市民のもたらす異文化間リテラシーに関する研究―神戸・外国人支援NPOを事例として」神戸大学大学院国際協力研究科博士論文
――― (2010)「外国人青年がホスト社会にもたらす気づき―表現活動における発話分析」『多文化関係学』7巻, 多文化関係学会, pp.123-135
オルポート, G. W. (1961)(原谷達夫・野村昭訳)『偏見の心理 (上・下)』培風館
外国人地震情報センター編 (1996)『阪神大震災と外国人―「多文化共生社会」の現状と可能性』明石書店
外務省 (1999)「『アジア経済再生ミッション』報告書―21世紀のアジアと共生する日本を目指して」(http://www.mofa.go.jp/mofaj/area/asiakeizai/saisei/hokoku.html, 2008.10.16)
――― (2004)「変化する世界における領事改革と外国人問題への新たな取組み」(http://www.mofa.go.jp/Mofaj/annai/shingikai/koryu/pdfs/0410_00.pdf, 2008.10.16)
鹿毛利枝子 (2002)「『ソーシャル・キャピタル』をめぐる研究動向 (二)・完―アメリカ社会学における三つの『ソーシャルキャピタル』」『法学論叢』152巻1号, 京都大学法学会, pp.71-87
梶田孝道 (1996)「『多文化主義』をめぐる論争点―概念の明確化のために」初瀬龍平編著『エスニシ

ティと多文化主義』同文館出版, pp.67-101
梶田正巳・松本一子・加賀澤泰明編著（1997）『外国人児童・生徒と共に学ぶ学校づくり』ナカニシヤ出版
門脇厚司（1999）『子どもの社会力』岩波新書
金治宏（2005）「ボランタリー組織の誕生と成長―非公式組織から公式組織へ」神戸大学大学院経営学研究科修士論文
川上郁雄（2001）『越境する家族―在日ベトナム系住民の生活世界』明石書店
――――（2010）『私も「移動する子ども」だった』くろしお出版
川喜田二郎（1996）『KJ法―渾沌をして語らしめる（川喜多二郎著作集５）』中央公論社
――――（1967）『発想法―創造性開発のために』中公新書
川村千鶴子編（1998）『多民族共生の街・新宿の底力』明石書店
姜尚中・竹田青嗣・加藤典洋（1995）「在日することへの視座―ノーマ・フィールドと金時鐘のテキストをてがかりに」『思想の科学』28号, 思想の科学社, pp.54-78
木本玲一（2003）「ポピュラー音楽とレコード産業―日本におけるラップ・ミュージックの生産を事例として」『Sociology Today』13号, お茶の水社会学研究会, pp.30-42
倉八順子（2002）「多文化間コミュニケーションを可能にするもの」渡戸一郎・川村千鶴子編著『多文化教育を拓く―マルチカルチュラルな日本の現実のなかで』明石書店, pp.172-193
経済産業省（2000）「21世紀経済産業政策の課題と展望―競争力ある多参画社会の形成に向けて（最終答申）」（http://warp.ndl.go.jp/info:ndljp/pid/286890/www.meti.go.jp/kohosys/press/0000450/0/fintousin.pdf, 2012.7.16）
――――（2003）「2003年版通商白書」（http://www.meti.go.jp/report/tsuhaku2003/15tsuushohpdf/index.html, 2008.10.16）
現代用語検定協会監修（2009）『現代用語の基礎知識〈学習版〉2009』自由国民社
厚生労働省（1999）「第９次雇用対策基本計画」（http://labor.tank.jp/wwwsiryou/messages/92.html, 2008.10.16）
――――（2007）「平成19年度日本における人口動態―外国人を含む人口動態統計」（http://www.mhlw.go.jp/toukei/saikin/hw/jinkou/tokusyu/gaikoku07/index.html, 2011.9.14）
神戸市長田区区役所記録誌編集委員会（1996）『人・街・ながた』
小島祥美・中村安秀・横尾明親（2004）『外国の子どもの教育環に関する実態調査報告書』岐阜県可児市
子どもの情報参画センター編（2004）『居場所づくりと社会つながり（子ども・若者参画シリーズⅠ）』萌文社
駒井洋（1999）『日本の外国人移民（明石ライブラリー11）』明石書店
近藤敦（1996）『「外国人」の参政権―デニズンシップの比較研究』明石書店
坂下典子（2004）「在日日系ブラジル人子弟のアイデンティティ形成と変容のダイナミクス―多文化な背景を持つ子どもたちによる映像制作及びその作品の分析を通じて」神戸大学大学院総合人間科学研究科修士論文
桜井厚（2002）『インタビューの社会学―ライフストーリーの聞き方』せりか書房
―――（2005）「インタビュー・テクストを解釈する」桜井厚・小林多寿子編著『ライフストーリー・インタビュー―質的研究入門』せりか書房, pp.129-208

────(2006)「ライフストーリーの社会的文脈」能智正博編『〈語り〉と出会う―質的研究の新たな展開に向けて』ミネルヴァ書房, pp.73-116

サッセン, S.(1992)(森田桐郎ほか訳)『労働と資本の国際移動―世界都市と移民労働者』岩波書店

佐藤郡衛(1999)『国際化と教育―異文化間教育学の視点から』日本放送出版協会

佐藤学(2005)「教室のフィールドワークと学校のアクション・リサーチのすすめ」秋田喜代美・恒吉僚子・佐藤学編『教育研究のメソドロジー―学校参加型マインドへのいざない』東京大学出版会, pp.3-13

志水宏吉(2003)「『エイリアン』との遭遇―学校で何が起こっているか」駒井洋監修・編著『多文化社会への道（講座グローバル化する日本と移民問題第Ⅱ期6』明石書店, pp.100-119

志水宏吉・清水睦美編著(2001)『ニューカマーと教育―学校文化とエスニシティの葛藤をめぐって』明石書店

清水睦美(2006)『ニューカマーの子どもたち―学校と家族の間の日常生活』勁草書房

鈴木みどり(1997)「世界に広がるコミュニティ・ラジオ運動」鈴木みどり編『メディア・リテラシーを学ぶ人のために』世界思想社, pp.232-253

鈴木幸壽ほか(1985)『新版社会学用語辞典』学友社

関口知子(2005)「在日日系子弟の教育と日本の学校―人材育成のシステムの視点から」『季刊海外日系人』57号, 海外日系人協会 (http://www.kikokusha-center.or.jp/resource/ronbun/kakuron/36/36.htm, 2012.8.15)

高木光太郎(1992)「『状況論的アプローチ』における学習概念の検討―正統的周辺参加(Legitimate Peripheral Participation)概念を中心として」『東京大学教育学部紀要』32巻, 東京大学教育学部, pp.265-273

────(1999)「正統的周辺参加論におけるアイデンティティ構築概念の拡張―実践共同体間移動を視野に入れた学習論のために」『東京学芸大学海外子女教育センター研究紀要』10号, 東京学芸大学海外子女教育センター, pp.1-14

竹本滋編(2002)『新英和大辞典第6版』研究社

立花由香(2004)「鷹取カトリック教会の活動の変遷―ベトナム人信者と日本人信者の出会いから」神戸大学大学院総合人間科学研究科修士論文

田中治彦編著(2001)『子ども・若者の居場所の構想―「教育」から「関わりの場」へ』学陽書房

辻本久夫(2003)「外国人生徒の中学校卒業後の進路課題―兵庫県の緊急な教育課題」『解放教育』33巻2号, 明治図書出版, pp.52-59

恒吉僚子(1996)「多文化共存時代の日本の学校文化」堀尾輝久・久冨善之『学校文化という磁場（講座学校6）』柏書房, pp.216-240

デンジン, N. K.(1992)(関西現象学的社会学研究会編訳)『エピファニーの社会学―解釈的相互作用論の核心』マグロウヒル出版

徳井厚子(2003)「多文化共生時代の日本語支援コーディネータに求められる能力とは」『現代のエスプリ』432号, 至文堂, pp.122-129

富永健一(1997)『経済と組織の社会学理論』東京大学出版会

仁平典宏(1999)「新しいボランティア観のインパクト―ある通所施設での実践の諸相から」箕浦康子編著『フィールドワークの技法と実際』ミネルヴァ書房, pp.106-122

野津隆志(2007)『アメリカの教育支援ネットワーク―ベトナム系ニューカマーと学校・NPO・ボ

　　　　ランティア』東信堂
野山広（2003）「多文化主義の時代に不可欠なコーディネータの存在─日本語支援活動の展開に焦点を当てながら」『現代のエスプリ』432号，至文堂，pp.80-92
─────（2008）「連携におけるコーディネーターの役割と課題─地域における研修やワークショップを事例として」『異文化間教育』28号，異文化間教育学会，pp.32-43
ハート，R.（2000）（木下勇・田中治彦・南博文監修，IPA〔子どもの遊ぶ権利のための国際協会〕日本支部訳）『子どもの参画─コミュニティづくりと身近な環境ケアへの参画のための理論と実際』萌文社
バッキンガム，D.（2006）（鈴木みどり監訳）『メディア・リテラシー教育─学びと現代文化』世界思想社
パットナム，R. D.（2001）（河田潤一訳）『哲学する民主主義─伝統と改革の市民的構造』NTT出版
─────（2006）（柴内康文訳）『孤独なボウリング─米国コミュニティの崩壊と再生』柏書房
バフチン，M.（1988）（新谷敬三郎ほか訳）『ことば 対話 テキスト（ミハイル・バフチン著作集 8）』新時代社
浜本まり子（1995）「人はいかにして自らが生まれ育った場所で異邦人たりうるか─在日朝鮮人の名のりの問題」中内敏夫・長島信弘ほか『社会規範─タブーと褒賞（叢書産む・育てる・教える 匿名の教育史 5）』藤原書店，pp.85-112
─────（1996）「在日朝鮮人─在日朝鮮人のアイデンティティの問題」青木保ほか編『移動の民族誌（岩波講座文化人類学 7）』岩波書店，pp.233-262
バルト，F.（1996）（青柳まちこ監訳）「エスニック集団の境界─論文集『エスニック集団と境界』のための序文」『「エスニック」とは何か─エスニシティ基本論文選』新泉社，pp.24-71
バンクス，J. A.（1999）（平沢安政訳）『入門 多文化教育─新しい時代の学校づくり』明石書店
─────（2001）（山岸みどり訳）「市民教育，多様性，カリキュラム変革」『異文化間教育』15号，異文化間教育学会，pp.105-114
兵庫県（2012）兵庫県3月14日記者発表資料「兵庫県内の外国人登録者数の状況について」(http://web.pref.hyogo.jp/press/documents/000174773.pdf, 2012.8.13)
平沢安政（1993）「ニューリテラシーの理論」アップル，M. W.・長尾彰夫・池田寛編『学校文化への挑戦─批判的教育研究の最前線』東信堂，pp.133-162
福岡安則（1993）『在日韓国・朝鮮人─若い世代のアイデンティティ』中公新書
フリック，U.（2002）（小田博志ほか訳）『質的研究入門─〈人間の科学〉のための方法論』春秋社
古角美之（2008）「兵庫県における子ども多文化共生教育の取組について」『JICA関西』(http://www.jica.go.jp/kansai/enterprise/kaihatsu/kaigaikenshu/report_hyogo/pdf/jissenhoukoku_01.pdf, 2012.4.24)
フレイレ，P.（1979）（小沢有作ほか訳）『被抑圧者の教育学』亜紀書房
法務省（2005）「第3次出入国管理基本計画」(http://www.moj.go.jp/nyuukokukanri/kouhou/nyukan_nyukan35.html, 2008.10.16)
─────（2009）「平成20年末現在における外国人登録者統計について」(http://www.moj.go.jp/nyuukokukanri/kouhou/press_090710-1_090710-1.html, 2007.4.24)
─────（2011）「平成23年6月末現在における外国人登録者数について」(http://www.moj.go.jp/

nyuukokukanri/kouhou/nyuukokukanri04_00011.html, 2012.8.13)
――― (2012) 法務省入国管理局平成24年2月22日報道発表資料「平成23年末現在における外国人登録者数について (速報値)」(http://www.moj.go.jp/nyuukokukanri/kouhou/nyuukokukanri04_00015.html, 2012.8.13)
松尾知明 (2007) 『アメリカ多文化教育の再構築―文化多元主義から多文化主義へ』明石書店
松田素二 (2001) 「文化／人類学―文化解体を超えて」杉島敬志編『人類学的実践の再構築―ポストコロニアル転回以後』世界思想社, pp.123-151
松田陽子 (2001) 「多文化共生社会のための異文化コミュニケーション教育―アイデンティティの視点から」『人文論集』36巻4号, 神戸商科大学, pp.241-268
松野良一 (2005) 『市民メディア論―デジタル時代のパラダイムシフト』ナカニシヤ出版
松本悦子 (2004) 「マイノリティとラジオ, その関係にみる問題点と可能性―神戸市N区を事例に」『社会学研究科年報』11号, 立教大学大学院社会学研究科, pp.119-131
水越伸 (1999) 『デジタル・メディア社会』岩波書店
箕浦康子編著 (1999) 『フィールドワークの技法と実際―マイクロ・エスノグラフィー入門』ミネルヴァ書房
宮島喬・太田晴雄 (2005) 「外国人の子どもと日本の学校―何が問われているのか」宮島喬・太田晴雄編『外国人の子どもと日本の教育―不就学問題と多文化共生の課題』東京大学出版会, pp.1-13
森本洋介 (2006) 「カナダにおけるメディア・リテラシー教育と市民の情報発信」『月刊社会教育』50巻10号, 国土社, pp.44-48
文部科学省 (2007) 「初等中等教育における外国人児童生徒教育の充実のための検討会について」(http://www.mext.go.jp/b_menu/shingi/chousa/shotou/042/gaiyou/07080305.htm, 2008.10.16)
矢野泉 (2005) 「外国人の子どもの人権と居場所」『横浜国立大学教育人間科学部紀要Ⅰ 教育科学』7集, pp.133-148
――― (2006) 「アジア系マイノリティの子ども・若者の居場所づくり」『横浜国立大学教育人間科学部紀要Ⅰ 教育科学』8集, pp.261-273
――― (2007) 「マイノリティの居場所が創る生涯学習」矢野泉編著『多文化共生と生涯学習』明石書店, pp.15-85
山岸みどり (1995) 「異文化間能力とその育成」渡辺文夫編著『異文化間接触の心理学』川島書店 pp.209-223
――― (1997) 「異文化間リテラシーと異文化間能力」『異文化間教育』11号, 異文化間教育学会, pp.37-51
やまだようこ (2007) 『質的心理学の方法―語りをきく』新曜社
山脇啓造 (2005) 「2005年は多文化共生元年？」『自治体国際化フォーラム』187号, 財団法人自治体国際化協会, pp.34-37
ユージン, E. R. (1975) (堀内克明訳編) 『アメリカ俗語辞典』研究社
郵政省 (2000) 『放送分野における青少年とメディア・リテラシーに関する調査研究会報告書』(http://www.soumu.go.jp/main_sosiki/joho_tsusin/top/hoso/pdf/houkokusyo.pdf, 2012.7.20)

UNESCO (1980) (永井道雄監訳)『多くの声,一つの世界―コミュニケーションと社会,その現状と将来 (ユネスコ「マクブライド委員会」報告書)』日本放送出版協会
吉富志津代 (2003)「第5回Re:C勉強会―多文化活動を支える側から」Re:C『わたし・体温・セカイ―多文化な子どもたちによる映像制作活動報告Re:C2002』特定非営利活動法人たかとりコミュニティセンター, pp.54-55
依光正哲編著 (2005)『日本の移民政策を考える―人口減少社会の課題』明石書店
Re:C (2003)『わたし・体温・セカイ―多文化な子どもたちによる映像制作活動報告Re:C2002』特定非営利活動法人たかとりコミュニティセンター
――― (2004)『Re:C 活動報告2003 (年次報告書)』特定非営利活動法人たかとりコミュニティセンター・ツールドコミュニケーション・ワールドキッズコミュニティ
――― (2005a)『Re:C 活動報告2004 (年次報告書)』特定非営利活動法人たかとりコミュニティセンター・ツールドコミュニケーション・ワールドキッズコミュニティ
――― (2005b)『Re:C 大好きクラブ (ニュースレター)』8号 (2005年2月), 特定非営利活動法人たかとりコミュニティセンター・ツールドコミュニケーション
――― (2006a)『Re:C 活動報告2005 (年次報告書)』特定非営利活動法人たかとりコミュニティセンター・ツールドコミュニケーション・ワールドキッズコミュニティ
――― (2006b)『Re:C 大好きクラブ (ニュースレター)』12号 (2006年3月), 特定非営利活動法人たかとりコミュニティセンター・ツールドコミュニケーション
――― (2007)『Re:C 活動報告2006 (年次報告書)』特定非営利活動法人たかとりコミュニティセンター・ツールドコミュニケーション・ワールドキッズコミュニティ
――― (2008)『Re:C 活動報告2007 (年次報告書)』特定非営利活動法人たかとりコミュニティセンター・ツールドコミュニケーション・ワールドキッズコミュニティ
レイブ, J. & ウェンガー, E. (1993) (佐伯胖訳)『状況に埋め込まれた学習―正統的周辺参加』産業図書
ロゴフ, B. (2006) (當眞千賀子訳)『文化的営みとしての発達―個人, 世代, コミュニティ』新曜社
わぃわぃTV (2010)「オレの歌」2010.9.3, http://www.tcc117.org/yytv/?p=139

【英語文献】

Bandura, A. (1977) "Self-efficacy: Toward a unifying theory of behavior change" Psychological Review, 84, (pp.191-125)
Banks, J. A. (1991) Multicultural Literacy and Curriculum Reform, "Educational Horizons" Volume 69, Number 3, Spring 1991. (pp.135-140), PI Lambda Theta
―――――(1993a) Multicultural Education for Young Children: Racial and Ethnic Attitudes and Their Modification. In Spodek, B. (Ed.), "Handbook of Research on the Education of Young Children" (pp.236-250), New York Macmillan
―――――(1993b) The Canon Debate, Knowledge Construction, and Multicultural Education, "Educational Researcher", June-July 1993 (pp.4-14)
Bennett, D. (1998) "Multicultural States: Rethinking Difference and Identity", New York: Routledge
Berry, J. W. (1980) Acculturation as Varieties of Adaptation in Padilla, A. M. (ed.),

"Acculturation: Theory, Models and Some New Findings", Boulder, CO: Westview., pp.9-26

Dowmunt, T. (1980) "Video with Young People", London: Interaction

―――――(1993) "Channels of Resistance: Global Television and Local Empowerment", British Film Institute

Geertz, C. (1973) "The Interpretation of cultures", New York: Basic Books

Hirsch, E. D. (1987) "Cultural Literacy: What Every American Needs to Know", Boston: Houghton Mifflin

Hornby, A. S. (2000) "Oxford advanced learner's dictionary of current English"(第6版) 增進会出版社

Kealey, D. & Ruben, B. D. (1983) Cross-Cultural Personnel Selection: Criteria, Issues, and Methods in Landis, D. & Brislin, R. W. (eds.), "Handbook of Intercultural Training", Vol 1: Issues in Theory and Design, New York: Pergamon, 1983 pp.155-175

Keefe, S. E. & Padilla, A. M. (1987) "Chicano Ethnicity", University of New Mexico Press

Rogoff, B. (1990) "Apprenticeship in Thinking: Cognitive Development in Social Context" New York Oxford, Oxford University Press

Rose, T. (1994) "Black Noise: Rap Music and Black Culture in Contemporary America", London: Wesleyan University Press

Sassen, S. (1991) "The Global City: New York, London, Tokyo", Princeton: Princeton University Press

Wenger, E. (1990) "Toward a theory of cultural transparency: Elements of a social discourse of the visible and invisible", Institute for Research on Learning: Palo Alto, University of California

[巻末資料1]
TCC 周辺小学校，神戸在日コリアン保護者の会での調査記録

【周辺小学校，多文化担当教諭インタビュー】
2006.7.1　　戊小学校，多文化担当教諭
2006.7.27　 丙小学校，多文化担当教諭
2006.8.1　　丁小学校，教頭
2006.8.19　 乙小学校，多文化担当教諭
2008.2.1　　乙小学校，多文化担当教諭
2008.3.11　 甲小学校，多文化担当教諭
2008.12.7　 辛小学校，賀来校長（オリニマダンの観覧席でのインフォーマルインタビュー）
2009.3.12　 甲小学校，多文化担当教諭
2010.11.1　 賀来指導主事

【学校関連行事における参与観察】
2006.2.17　 甲小学校コリアベトナムフェスティバル
2007.10.18　乙小学校コリアベトナムフェスティバル
2008.2.1　　甲小学校ベトナム語母語教室
2008.2.7　　甲小学校ベトナム語母語教室
2008.2.10　 兵庫県在日外国人教育研究協議会年次大会
2008.2.15　 甲小学校コリアベトナムフェスティバル
2008.3.6　　甲小学校ベトナム語母語教室
2008.10.16　乙小学校コリアベトナムフェスティバル
2009.2.1　　ベトナム人自助組織の旧正月で甲小学校メンバーによるムアラン披露
2009.2.20　 甲小学校コリアベトナムフェスティバル
2009.3.12　 甲小学校ベトナム語母語教室
2009.8.24　 甲小学校ベトナム語母語教室
2009.8.25　 甲小学校ベトナム語母語教室
2009.8.26　 甲小学校ベトナム語母語教室
2009.10.5　 乙小学校コリアベトナムフェスティバル
2009.11.26　甲小学校ベトナム語母語教室
2009.12.3　 甲小学校ベトナム語母語教室
2009.12.17　甲小学校ベトナム語母語教室
2010.1.21　 甲小学校ベトナム語母語教室
2010.2.3　　甲小学校ベトナム語母語教室
2010.2.5　　甲小学校コリアベトナムフェスティバル
2011.2.4　　甲小学校コリアベトナムフェスティバル
2011.9〜　　週1〜2回，甲小学校のスクールサポーターを務める

【神戸在日コリアン保護者の会における調査日程】
2008.3.13　保護者会代表金信鏞氏インタビュー
2008.6.22　神戸在日コリアン保護者の会主催オープンセミナー参与観察
2008.12.7　神戸在日コリアン保護者の会主催オリニマダン参与観察
2009.12.6　神戸在日コリアン保護者の会主催オリニマダン参与観察
2010.6.20　神戸在日コリアン保護者の会主催オープンセミナー参与観察
2010.12.5　神戸在日コリアン保護者の会主催オリニマダン参与観察
2011.4.23　神戸在日コリアン保護者の会主催オリニソダン参与観察
2011.5.7　神戸在日コリアン保護者の会主催オリニソダン参与観察
2011.6.26　神戸在日コリアン保護者の会主催オープンセミナー参与観察
2011.12.4　神戸在日コリアン保護者の会主催オリニマダン参与観察
2012.6.24　神戸在日コリアン保護者の会主催オープンセミナー参与観察

[巻末資料2]
おもな登場人物

【子どもたち】

ユン	1993年生まれ，女性。Re: Cプログラムに参加コミュニティラジオでDJを務める。ベトナム人
エリアネ	1991年生まれ，女性。Re: Cプログラムにおいて映像制作，コミュニティラジオのDJも務める。日系ブラジル人
ルマ	1990年生まれ，女性。Re: Cプログラムにおいてセルフドキュメンタリーを制作。ユミの妹。日系ブラジル人
アン	1996年生まれ，男性。Re: Cプログラムと甲小学校母語教室に参加。ベトナム人
オアン	1996年生まれ，女性。甲小学校母語教室に参加。ベトナム人
ビエット	1992年生まれ，男性。Re: Cプログラムに参加，Re: Cプログラムのホームページ制作。ユンの兄。ベトナム人
サン	1992年生まれ，男性。Re: Cプログラムに参加，映像やアニメーションを制作。ベトナム人
リン	1992年生まれ，女性。Re: Cプログラムに参加，ユンと共にコミュニティラジオ作りに参画。ベトナム人
ミリン	1992年生まれ，女性。Re: Cプログラムに参加，コミュニティラジオ作りに参画。ベトナム人
アイニ	1992年生まれ，女性。Re: Cプログラムに参加，2005年に映像作品作りに挑戦，未完。ベトナム人
チ	1993年生まれ，女性。Re: Cプログラムに参加，アイニと共に映像作品作りに挑戦，未完。ベトナム人
コックミ	1996年生まれ，女性。Re: Cプログラムに参加。チの妹。ベトナム人
ビイ	1993年生まれ，女性。TCCベトナム自助組織の母語教室の参加者，ユンと共にコミュニティラジオに出演。ベトナム人
ニャン	1988年生まれ，女性。Re: Cプログラムに参加。ベトナム人
ノック	1997年生まれ，女性。Re: Cプログラムに参加。ベトナム人
エリカ	1993年生まれ，女性。ユンの友人，ユンと共にコミュニティラジオに出演。日本人

【青年たち】

ミミ	1984年生まれ，女性。コミュニティラジオでDJを務める。ナムの姉。ベトナム人
ユミ	1984年生まれ，女性。コミュニティラジオでDJを務める。日系ブラジル人
スナ	1984年生まれ，女性。コミュニティラジオでDJを務める。在日コリアン3世
ナム	1986年生まれ，男性。ラップミュージシャン。ミミの弟。ベトナム人
リーダー坂下	Re: Cプログラムの2004年度リーダー。日本人
リーダー川本	Re: Cプログラムの2004年度リーダー。日本人
リーダー山木	Re: Cプログラムの2005, 2006年度リーダー。日本人

リーダー西川	Re: Cプログラムの2005年度リーダー。日本人
リーダー大田	Re: Cプログラムの2006年度リーダー。日本人
リーダー李	20代女性。Re: Cプログラムの初代リーダー。在日コリアン3世

【大人たち（NPO関係者，教員）】

金信鏞	1953年生まれ，男性。神戸在日コリアン保護者の会代表。在日コリアン2世
金千秋	女性。コミュニティラジオプロデューサー
日々野氏	TCCの代表者の一人，下部団体のコミュニティFMの代表。日本人
吉富志津代	TCCの代表者の一人，下部団体の翻訳通訳関連のNPO代表。日本人
村上氏	TCCの下部組織の常勤職員, Re: Cプログラムの担当者。日本人
ハイティ・タン・ガ	40代女性。TCCのベトナム系自助組織代表。ミミ，ナムの母。ベトナム人
杉本先生	甲小学校2006, 2007年度多文化担当教諭。日本人
賀来校長	辛小学校校長。神戸コリアン保護者の会のボランティアに若手教員を誘う。日本人
北山氏	甲小学校母語教室講師。TCCベトナム系自助組織スタッフも務めた。日本人

[巻末資料3]
ボランティアの学び

分類	趣旨	具体的内容	日付
共感	子どもの主体性尊重	子どもがメインなので一人ひとりの子どもにあわせて言いたいことを待ってあげる。とにかく子どもの出方を待つ。	2004.8.27
	子どもの主体性尊重	大人が子どもにプログラムを押しつけないで徐々に関係を作っていく。	2004.8.27
	子どもの主体性尊重	Re:Cにできることは、子どもが自分の気持ちをそのまま映像に表現するのを助けること。	2004.9.4
	賞賛	1人でページ検索をしていた年少のベトナム系の子どもに「大丈夫？　何がしたい？　わ！　すごいページ見てるね！」。	2004.9.4
	賞賛	アニメーション教室で各自が作品上映をし、制作意図を語り、全員で拍手して口々に良かった点を述べ合う。	2004.10.23
	理解	エリアネ、ニャンの語る来日直後の苦労にボランティアが相槌を打ち、苦労をねぎらう。	2004.11.27
	賞賛	日本人にはできない英語の発音、アジアの言葉をしゃべれるってかっこいい（ニャンが英越両語を披露したとき）。	2004.11.27
	賞賛	日本語だけでなくポルトガル語もできるエリアネ。	2004.11.27
	賞賛	来日2年半で獲得したニャンの日本語能力。	2004.11.27
	子どもの主体性尊重	ボランティアが自分でやらず、子どもを優先して手助けに徹するのはとても難しい作業。	2005.1.9
	理解	ニャンと人間関係ができて、何がやりたいかわかるのでやりがいを感じた。	2005.2.2
	理解	子どもたちが名乗るときの心の動きに葛藤を理解する。	2005.2.2
	理解	アイニ、チの撮影の難航に関して「2人の気持ちを大事にしていく」。	2005.2.26
	理解	（子どもたちに対して）お隣さんみたいな感覚を感じている。	2005.6.6
	理解	アニメーション制作で残酷表現を繰り返すサンに、「残酷表現を否定せずにコミュニケーションをとる」よう吉富氏から指示。	2005.7.2
	理解	サンの残酷なアニメーション表現に遅れてやって来た坂下が「すご〜いかっこいい！」とまずプラス評価。	2005.7.2
	理解	サンの残酷なアニメーション表現を見て日比野氏が「すごいのができてるな」とプラス評価。	2005.7.2
	理解・賞賛	ハンゲーム、モンスターゲーム等に夢中の子どもたちに坂下が「いや！　何？　これおもしろい！　やりたい」。	2005.7.2
	寄り添う	頑張ってきたのに普通高校にいけないことが判明して泣くあの子を見て悔しいやら悲しいやら。	2005.7.5
	寄り添う	僕にとってはRe:Cはギアを入れ替える場所。いいところを見てあげよう。悪口を言うときも親しみを込めて。	2005.7.5

[巻末資料3] ボランティアの学び　233

寄り添う	（子どもが制作した映像を見て）厳しい意見が出ても，必ず誰かがフォローして，メッセージが重層和音になっている。	2005.7.5
理解	表面的には一緒でも現実的には違う。それは頭に置いておく。（中略）家族のことはこちらからは聞かないとか。	2005.7.5
寄り添う	アイニとチは珍しいくらいオープンじゃない。でも，言いたくなかったら言わなくてもいいよって。	2005.7.5
寄り添う	Re: Cではいつもハッピーで楽しくしている。終わるとふうって息ついて素に戻る。	2005.7.5
賞賛	見学者に対して子どもたちの取り組むゲームやアニメーション制作を自慢するように紹介するボランティア。	2005.9.3
賞賛	明石大橋での写生会，美術部所属のミリンの絵の巧みさにボランティアが仰天して代わる代わるのぞきに来てほめる。	2005.10.8
子どもの主体性尊重	ボランティアはみんな本当はフォワードタイプの性格の人が多い。子どもと対しているときはオフェンスよりディフェンス・フォローに徹している。	2005.10.8
子どもの主体性尊重	Re: Cで一番やってはいけないのが，大人が勝手に次はこうしたら？ということ。	2005.10.12
子どもの主体性尊重	エリアネが撮りたいもの，したいことをする。サロンだったらその子がしたいことを，スタッフが読み取る。	2005.10.12
子どもの主体性尊重	どんな作品でもどんな評価を後に受けようとも，もうとにかく子どもがやりたいようにさせようと決めて関わる。	2005.10.12
共感	困ったときに話を聞く。相槌打つとか。共感するとか。大丈夫よって言うとか。	2005.10.12
賞賛	以前サンの残酷映像をほめたことを聞かれて「なんかほめてあげたいってのがあって，あ，この子アニメ作るんだって」。	2005.10.12
理解・受容	Re: C理念を外部で聞かれて，とっさに「子どもたちをとにかく受け入れるのが理念」と答えた。	2005.10.12
理解	エリアネの苦行のような日本史の試験勉強を見守る。言葉の意味がわからないまま丸暗記する努力を見つめる。	2005.11.26
賞賛	クリスマスカード作り，ユンがボランティアにサンタのペーパークラフトの作り方を伝授。難しくて悲鳴。ユンの技術をほめる。	2005.12.10
賞賛	クリスマス会にてサンのアニメ作品上映，あまりの面白さに人だかりができ，椅子から転げ落ちて笑う者続出。	2005.12.17
賞賛	パソコンゲーム研究の緻密さに驚嘆。	2006.1.14
賞賛	エリアネの話術の巧みさをほめる。	2006.2.25
理解	母親のしつけが厳しいと言い合う子どもたちは同じ同じと慰め合う。ボランティアは「そうなんだ」とうなずく。	2006.7.1
理解	ベトナム語でボランティアにわからないように悪口を言われたノックが悲憤。手を握り落ち着くまで一緒に悲しむ。	2006.7.8
理解	見学者に対して通っている定時制高校を紹介しようとして空回りしてしまったエリアネの無念を慰めるボランティア。	2006.8.12
賞賛	アルバイトをする弁当工場で優秀だとほめられて拍手された話をして再び拍手されるエリアネ。	2006.8.12

	賞賛	ニャンの完璧なバイリンガルぶりに。	2007. 7.21
	賞賛	ユン主演サン監督の短編映像作品上映，あまりの面白さにTCC中の人が集まり大笑い。	2007.12.22
対話	思いの具現化	子どもが言いたいことをカウンセリングみたいに引き出す。待ちと確認の繰り返しでそのこの思いを形にする。	2004. 8.27
	参加を引き出す	アイニ，チの映像制作の難航。2人の気持ちを大事に編集に取り組むには。	2005. 2.26
	参加を引き出す	強い意見を言われても，選べない状況に追い込まなければ子どもは選べる。そう信じて待つ。	2005. 5.31
	思いの具現化	コミュニケーションがとれてきてだんだん何を伝えたいのかわかってきて「あ，これだ！」って。	2005. 6. 6
	参加を引き出す	一緒にやっている感覚が活動の中で得られる。知人として一緒に付き合いながらこうしていこうよって。	2005. 6. 6
	傾聴	1対1でしゃべったらちょっとした本音を見せてくれるので1対1で話す機会を意識的に作っている。	2005. 7. 5
	傾聴	エリアネが泣きながら電話してきて川本を指名して話を聞いてもらったのは，川本が仲の良い第三者だったから。	2005. 7. 5
	人間関係作り	川本が日比野にしてもらった傾聴という行為をそのまま川本はエリアネに実践している。	2005. 7. 5
	傾聴	エリアネの話を聞く機会をつくり，インタビュー形式で1時間ほど今考えていることを語ってもらう。	2005. 9.17
	参加を引き出す	映像を編集するときは向こうがしゃべるのをまったりとか，何回も確認したりとか。	2005.10.12
	参加を引き出す	日比野さんがすごくおおらかで放牧的なので，その影響を受けて，まあ大丈夫大丈夫って。	2005.10.12
	参加を引き出す	サロンでのお菓子や携帯使用についてのルール決め。	2005.11.12
	参加を引き出す	クリスマスパーティ準備，ユンが作ったペーパークラフトをほめ，講師役を務めてもらうことをきっかけに責任者に。	2005.12.10
	傾聴	何もできないかもしれないけどとにかくここに来て話を聞かせて。	2006. 1.28
	思いの具現化	作文に介護士と通訳の2つの夢を書くエリアネ。話し合うと高齢ブラジル人をポルトガル介護するのが夢とわかる。	2006. 2.25
	傾聴	中卒で働いていることが知られるときの気持ち。働いているのはえらいか恥ずかしいか。	2006. 7. 1
	思いの具現化	ユン反差別作文の執筆，何を語りたいか。自分や身近に起こる差別はあってはいけないことだと知ってほしい。	2006. 9. 9
	母文化価値再発見	ユン，ラジオでベトナム料理を語り，周囲のベトナム文化への興味の存在に気づく。	2006.12.22
個別	母文化の吐露	1年位して初めてベトナムの女の子が「私ベトナムで豚飼ってたんだ」って話してくれたとき，ああ！と思った。	2004. 8.27
	葛藤の存在認識	「もうここからはエリアネが自分で戦わねばならない部分だから，信じよう」。家族との葛藤を抱えているエリアネに対し。	2004. 9. 4

[巻末資料3] ボランティアの学び 235

	個別性の認識	アニメ制作に夢中なチに対して，アイニが「チはすごい。でも私はああいうのめんどくさくっていやなの」とノートに書く。	2004.10.23
	個別性の認識	映像表現をアイニはやる気がなさそう。チはやりたいのに年上のアイニに遠慮している。	2005.3.19
	葛藤の存在認識	アイニ，派遣労働に興味。アイニにしてかなり真剣に将来を案じ，可能性を模索している。	2005.3.19
	個別性の認識	映像編集，エフェクトに興味を示すチ。	2005.4.2
	個別性の認識	ボランティアの喜ぶような発話をしつつ，年長のアイニを立てて出過ぎないようにするチの社会性の高さ，気配り。	2005.4.2
	個別性の認識	映像編集作業に来なかったアイニに対して，チが「アイニは勉強に燃えている。ああ見えてアイニはすごい。尊敬している」。	2005.4.2
	個別性の認識	ルマの映像作品：彼女がずっと悩んできたことが作品に昇華。少女から大人になる瞬間が奇跡的に記録された。	2005.6.6
	葛藤の存在認識	アイニとチの映像制作難航に関してボランティア間で議論，チが，映像はしたいがアイニが離れてしまうことを懸念。	2005.8.20
	個別性の認識	日系ブラジル人でも姉妹で全然違う。マイノリティの中の子どもの多様性を抑圧していないか。	2005.10.12
	個別性の認識	日本人かベトナム人か微妙な合間にいる彼らを押して引いて経験していく場としてここがある。	2005.10.12
	個別性の認識	何とか人だからではなくてその子のことを知ってくれる人が増えるのが共生につながる。	2005.10.12
	個別性の認識	アニメーションのとき「やっぱペルーの子は色使いが違う」ってそういう枠ではなく，その子個人として見てほしい。	2005.10.12
	母文化の吐露	母語を使うときにまつわる感情，母語日本語へのそれぞれのスタンス，リン，ユン，エリアネ。	2006.7.1
	個別性の認識	日本での将来の可能性，農業，漫画家に就業するためにどういうキャリアが可能か。	2006.7.1
	葛藤の存在認識	エリアネが中卒で働いていることへの羞恥心は大学生のボランティアには理解できなくてもやはり存在する。	2006.7.1
	個別性の認識	多文化共生サポーターについて，「うちは中国系ベトナム人なのに」。エリアネ，ミリン，サン。	2006.7.22
その他	関係の確認	ボランティアのバッグの中身を全部出して化粧用品を使ってボランティアの顔に化粧をするコックミ。	2004.9.4
	関係の確認	甘えつつ悪態をつくチ・コックミ姉妹。	2004.10.23
	関係の確認	やって来てもパソコンを開かず，終日ボランティアとおしゃべりをして過ごすアイニ，チ，コックミ。	2004.11.27
	サロンの意味	サロンが好きという日本人小学生「人が優しいところ，意地悪しないところ，ゆっくりしゃべるところ」。	2005.1.29
	サロンの意味	新しい人を受け入れようと敷居を低くする努力を感じる。	2005.2.26

サロンの意味	子どもと同じ目線で活動してはじめてわかる子どもたちの表現がある，1年単位で来てもらわないとわからない。	2005.2.26
関係の確認	協力隊に行ってしまうボランティア川本に「私らのビデオ，ホンジュラスに持ってけ」というチ。	2005.4.30
関係の形成	新参ボランティアにはどんどん仕事を振って，定着してもらう。無謀と思えることもどんどん任せよう。	2005.7.2
関係の形成	子どもとすぐに仲良くなれなくてもせめてボランティア同士は仲良くしよう。同じ釜の飯を食って。	2005.7.2
関係の形成	サンの残酷なアニメーション表現に戸惑うボランティアにユンがとりなし，ビエットがフォローを入れ，サンをかばおうとする。	2005.7.2
サロンの意味	国際協力や外国人支援といっても，結局は目の前の人との人間関係作り，それが基本。	
関係の確認	街中でチ，コックミが筆者を見つけて駆け寄って抱きつく。子どもに必要とされて居場所と癒しをもらっている。	2005.8.20
関係の確認	チ，コックミ姉妹と他の団体のスタッフとのトラブル。早々に止めずに，成り行きを見守ってそこから学ぶこともある。	2005.9.3
関係の形成	エリアネが語る片思いをミリンとユンが聞いてやり，コメント。3人のやりとりのマンガのような面白さにボランティア爆笑。	2005.9.17
関係の確認	久しぶりにやって来たチ・コックミ姉妹，抱擁，近況を語り，旧交を温める。	2006.7.1
関係の形成	スタッフ，ボランティア，子どもたちで外で「リレー大会」をする。参加者に連帯感，サンの駿足に一同驚愕。	2007.2.10
関係の確認	久しぶりにやって来たボランティアを囲んで子ども，ボランティア共に喜ぶ。「おかえり」と受け入れる。	2007.3.10

[巻末資料4]
コミュニティラジオで語られたテーマ

分類	テーマ	具体的内容
情報提供	祖国事情	ベトナムの位置, 日本との距離
		韓国の位置, 日本との距離
		韓国の食文化
		ブラジル, ワールドカップの優勝国
		ブラジルの位置, 日本との距離
		広大なブラジルの面積
		ブラジル食文化
		言葉紹介
		祖国のクリスマス事情
		ベトナム学校事情, 夏休みの長さ
		家事手伝いをこなすベトナムの子ども
		ベトナムの料理・食文化
		ブラジルからの出稼ぎは日系に連なる人に限る
		韓国恋愛事情
		韓国の教育熱心
		韓国のヘアカラー
		ベトナムファッション事情
		ベトナムレストラン事情
		夫婦別姓か同姓か
		韓国ではやっている在日韓国人歌手リ・アユミ
		ベトナムウェディングドレス事情
		ブラジルウェディングドレス事情
		韓国発のポッキーデイ
		各国の美人の基準
		韓国の冬 (寒い！ オンドルで火傷)
		ブラジルの冬 (南半球は夏と冬の時期が逆転)
		ベトナムの冬 (いつでも常夏)
		ブラジルのクリスマスツリーでも綿を雪に見立てて飾る
		ブラジルの税金と福祉システム
		韓国のタバコ税, 徴兵があるので男性は皆タバコを吸ってる韓国
		ブラジルでも生活保護始まる
		ベトナムの老後の過ごし方

		ベトナムのクリスマスと休暇事情
		ブラジルのキリスト教行事と休暇
		韓国はお墓まいりに行く日,皆故郷に帰る
		韓国はワールドカップのとき自主休暇
		母国語での新年の挨拶
		晴れ着のチョゴリ着付け事情
		韓国の若者の正月の過ごし方(留学体験より)
		韓国の正月家族と若者それぞれの過ごし方
		とにかく人が集まるベトナムの正月
		白い服を着るブラジルの正月
		日本料理を作る日系家庭
		世代が進むとブラジル料理もホテルのバイキングのような新年のパーティ
		移民当時のおばあちゃんたちの服装(もんぺ?)
	在日コミュニティ事情	在日ベトナムコミュニティのドラッグ予防キャンペーンのお知らせ
		増える在日ブラジル人学校
		帰化手続きの費用と書類数,申請理由
		就職差別,子どもに日本国籍をあげたい在日コリアンの親
		結婚差別を避けるための帰化
		韓国で活躍中のリ・アユミの日本の芸名は伊藤あゆみのなぜ?
		国際結婚・帰化手続き無料相談会の案内
		イトコのおっちゃんが言ってた「昔の帰化手続きはもっと大変だった」
		美味しいキムチサンド屋
		本国の料理と比べて日本ナイズされてるエスニック料理屋
		本場の味を維持しているお店は,コックさんも本国人で食材買出しに本国へ
		美味しい店,美味しくない店
		在日ベトナム人ラッパー,クリーム・クンベルについて
		今日本にいる理由(ブラジル移民と日本への還流)
		今日本にいる理由(父母のベトナム難民としての脱出)
		今日本にいる理由(強制連行を避けて日本へ)
	在日家庭事情	生活保護を受けていたミミの家庭
		それぞれの家でのクリスマスの過ごし方
		7・5・3した?(スナはした,ユミ・ミミはしてない)
		韓国アイデンティティを選んだ父
		祖父による難民船建造,覚悟と危険
		各家庭のクリスマス風景

		家庭料理, 自家製サラダドレッシング
		毎日の食事と特別なときの食事
		親戚は母国に住んでいる
	在日個人事情	名前と国籍 (何世か)
		韓国食文化に精通している
		母国語能力
		中学時代のいじめの経験
		父との衝突
		成人式案内葉書の不達
		国民年金の支払い
		ぴちぴちの女子高生
		それぞれの進路
視点の提示	日本と祖国の間	春と夏「ブラジル移民ドラマ」を見て感動した。日本の人に見てほしい
		日本の麻薬キャンペーンのポスターはなぜかわいい女の子？ 怖いことだよ
		日本で育ったからほとんど日本人なわたしら
		日本人の友達が教科書にも載ってなかった難しい言葉を知っている
		日本のものと韓国のものと境目がわからなくなってる
		日本の人と結婚しても国際結婚？
		日本人と結婚しても違和感ないけどひょんなところでこの流儀何？ってことにあ〜国際結婚だったんだと気づく
		日本と母国の文化の隔たりがあいまい
		レモンみたいな自分 (外は日本人, 中も日本人, でも国籍はブラジル)
		在日外国人児童への教育支援不足→子どもの非行犯罪→外国人差別の悪循環
		ジダンの頭突きへの日本メディアの無理解
		犯罪報道における外国人と日本人の取り扱いの差 (日本メディアの意識の遅れと差別の創造)
		帰化手続きお金かかりすぎ, 煩雑すぎ
		日本の結婚式マナー確認：異性の友達を結婚式に呼んでいいのか？
		日本の夏休みの宿題の多さ (ベトナムと比較して)
		日本の習慣に感じる違和感：お祝儀袋
		日本の習慣に感じる違和感：お返しはすぐ返すもの？
		日本の習慣に感じる違和感：お歳暮
		日本の他人へのクールさが寂しい (自文化として)
		日本も昔は人との距離が短かった？
		仲良くなるまで時間がかかる日本

		バイト先で「片言だから留学生？」と間違えられるKA
		顔で東南アジア系？フィリピン人？と言われるVA
		名前で外国人と言われるユミ
		外国人とわかったときの周囲の反応
		日本人の友人から日本語がひどいと批判された。日本の若者とどこがちがうのか（反発）
		日本の先輩が後輩をいじめるのは間違ってる
		でもうちの職場の店長はいい人
		日本語の乱れ，日本語感覚へのこだわり，でも自分たちも日本語の若者として日本語乱れてる
		韓国人の彼，愛してると言うくせに徴兵のことを話してくれない
		韓国人の彼，日本語を勉強しない
		留学後再訪した韓国で，人との距離の近さに憧れを感じた（異文化として）。
		その国の匂い，韓国は唐辛子臭い。日本は生臭いって外国の人が言ったけど感じない
		自分探しの中で韓国人がいや，反動で日本人もいや，でも今は人で見れるようになった
		日本の人と付き合っても距離感じたが韓国の人も異文化
		他人のことはどうでもいいと思えるようになった。
		日本人になりつつあって焦るユミ
		日本人に感じない違和感を家族に感じる。社会に出るともっと日本人的になるの？
		就職前にブラジルに一度帰っておばあちゃんに会ってルーツを確認したい
		会社では損のないように皆に合わせて家では自分を出せてるミミ
		昔は隠したい自分が強かったが，今では出したい感じが強い
		ハーフって言うな，ダブルだ
		私が帰化を希望する場合の理由：日本人と結婚して，家族と姓が違ったら寂しい
		成人式に伝統的な振袖を着てブラジルの日系人の祖母に見せたい（ユミ）
		成人式に伝統的チョゴリを着る（スナ）
		成人式の振袖は親戚のを借りる，髪の毛も自分で適当にする（ユミ）
	多文化な人々の間で	初めて外国人の友達に会えて安心した（スナとの出会いを語るユミ）
		ユミの妹の韓国留学と韓国からの留学生受け入れ経験
		ブラジルのワールドカップ優勝むかつく，韓国4位やし
		ミミの韓国旅行（普通に海外旅行を楽しむ難民家族）
		ベトナムに帰るという表現は素敵

		民族差別への日本とフランスやブラジルの温度差
		よく遅刻するユミ，遅刻する側の論理を説明，なぜ５分前行動なんて必要なの？
		韓国からの留学生が時間を守らないのはなぜ？
		こういう文化もあると知れたので，次は韓国語を勉強して会いたい
		ミミ想像がつかないブラジル料理
		他の出演者の母語の語感を楽しむ
		ミミの母のベトナムからの脱出に対して）ロマンティック
		（ユミの父の学生時代の日本帰化の拒否に対して）もったいない
		（ミミの父母のベトナムからの脱出に対して）すごい，尊敬
		（ミミの語るベトナム料理に対して）あれすごい好き，すごいおいしい！
		日本文化との間はぼやけてるのにお互いの家に行くと濃く異文化を感じる
自分たちのこと	将来の夢・抱負	旅行行こう
		スナ留学中，韓国に遊びに来て
		理想の結婚式と披露宴
		シングル最後の夜は３人でパーティしよう
		留学頑張れスナ
		今年の抱負：留学頑張ります
		今年の抱負：母国語を勉強する
		１年を振り返る，駄目な人間でもあきらめずやり通す
		意気込みだけでない具体的な計画
		計画的に家を出て自立したい，手に職をつけたい
		宅建をとって９月の就職に備えたい
		東京に行く前にみんなのアルバムを作って自分を励ますお守りにしたい
		１日１冊本を読む
		社会人として頑張る土台を作る
		報道制作の会社に入ってとにかく頑張る
		東京暮らしへのおそれ
	お互いへの評価・噂	不在のユミの噂話
		かわいい返事，ぶりぶり
		恋の話ばかりしている私たち
		ユミの前の彼と今の彼
		今の彼がユミを選んだ理由
		ユミ，呼吸困難になる

		ユミ，自転車トラブルでバイトに遅刻
		よく遅刻するユミ
		話してるうちに何が言いたいかわからなくなるとスパンと一言でまとめるユミ
		ミミはミキシングが上手。機械だけか？上手なのは
		本番中化粧をするユミ
		いつも皆にミスドを買ってきてくれるミミ
		かばんの中に飲み物をこぼしたユミ
		ド派手な結婚式をしそうなスナ
		サンバの衣装で結婚式をしそうなユミ
		ユミ3姉妹は似てるか似てないか
		ゲストとしてきたユミの妹の髪形がかわいい
		ミミのマフラーが華やか
		ユミの恋愛
		加藤夏希に似ているミミ
		寝坊大賞のユミ
		ラジオで話しながら携帯をいじるミミ
		ユミのラジオでの失敗
		突然テンションが高くなるスナ
		ミキサーを避けるユミ
		よく結婚出産の話題になる私たち
		ユミの日本語の間違い
		ユミの鼻歌が放送に乗ってしまった
		ユミの成人式の振袖への思い入れを茶化して笑う
		髪型の話し，留学前だからリンス使い切る
		成人式のぞうりをスリッパと言い違えたユミ，それを笑う2人
		3人お互いの会った頃の印象
		賢そうなのに実際はばかっぽかったスナ
		しっかりしてたが年下に見えたミミ
		あまり周囲が見えてなかったユミ
		きれいになったスナ
		セクシーになったユミ
		アイデンティティがしっかりしているスナでも，学校での成績はいまいちでびっくり
毎日の暮らし，世間話		大学の生活，試験結果得意科目
		夏休みの大学生とアルバイト
		季節と服装の話

		結婚式において微妙なお婿さんの役割
		橋の下から拾ってきた子，生ゴミから拾ってきた子って何で言うの？
		立命館大の学園祭でのコミュニティラジオ活動報告
		季節の話
		京都の紅葉を見に行きたい
		ユミの妹の携帯の待ち受けの赤ちゃんの写真を誤解した韓国の学生
		サンタの物真似
		父がクリスマス生まれだから私は神の子
		佛大ではクリスマス飾りを学校にしたら退学
		どんなクリスマスを過ごしたいか？
ラジオ番組制作について	技術に関して	しゃべり方，ミキシング技術への反省
		オープニングの変更
		これまでのオープニングテープへの反省
		ミキサー技術の向上
	番組中のトーク・表現	今後の抱負：これまでは恋愛や教育の話が多かったが，これからは住民登録とか制度上の問題も取り上げたい
		今後の抱負：よりセクシーに
		今後の抱負：軽い話に終始せず，どうでもいい話から真剣な話に突っ込んでいきたい
		今後の抱負：噛まないように
		最終回に7年の放送の歴史を振り返る
		話のつなげ方が下手
		3人で番組が作れるようになってすごい
		3人で補い合って作っているラジオ

落合知子（おちあい・ともこ）

1967年，東京都生まれ。1992年，筑波大学大学院修士課程環境科学研究科修了。1992年より青年海外協力隊，国際協力NGO民際センター専従職員など国際協力現場での活動を経て，2002年関西に移住。神戸市長田区において，たかとりコミュニティセンターなどをフィールドに外国人青少年の表現活動の支援・研究に従事。2009年神戸大学大学院博士課程国際協力研究科修了（学術博士取得）。
前京都大学大学院アジア・アフリカ地域研究研究科特任助教（2010-2011）。
現在，神戸大学大学院国際協力研究科研究員，兵庫県立大学経済学部非常勤講師。神戸市教育委員会学びの基礎力向上推進校補助員（スクールサポーター）。
共著書に『異文化との接点で―草の根協力の最前線から』時事通信社（1996.3）がある。

外国人市民がもたらす異文化間リテラシー
NPOと学校、子どもたちの育ちゆく現場から

2012年10月20日　第1版第1刷発行

著　　者	落合知子	
発 行 人	成澤壽信	
編 集 人	西村吉世江	
発 行 所	株式会社 現代人文社	

〒160-0004 東京都新宿区四谷2-10 八ッ橋ビル7階
電話：03-5379-0307（代表）　FAX：03-5379-5388
Eメール：henshu@genjin.jp（編集）　hanbai@genjin.jp（販売）
Web：www.genjin.jp
振替：00130-3-52366

発 売 所　株式会社 大学図書
印 刷 所　株式会社 平河工業社
装幀・本文　黒瀬章夫

検印省略　Printed in JAPAN
ISBN978-4-87798-527-1 C0036
©2012 Tomoko Ochiai

本書の一部あるいは全部を無断で複写・転載・転訳載などをすること、または磁気媒体等に入力することは、法律で認められた場合を除き、著者および出版者の権利の侵害となりますので、これらの行為をする場合には、あらかじめ小社または著者宛てに承諾を求めてください。